◇21世纪高职高专规划教材·公共基础系列

现代社交礼仪

（第3版）

主　编　张丽娟

副主编　李晓霞

U0362142

清华大学出版社

北京交通大学出版社

·北京·

内 容 简 介

本书遵循高职高专"以服务为宗旨，以就业为导向，注重实践能力培养"的教育原则，安排编写教学内容。本书全面系统地介绍了在现代社交活动中，人们应该遵守的各种礼仪规范和具体操作要求。

全书内容主要包括礼仪的认知、个人形象、交往礼仪、公共礼仪、通联礼仪、餐饮聚会礼仪、大学生校园礼仪、求职就业礼仪、公务礼仪、涉外礼仪等内容。本书内容丰富，涉及面广，具有较强的知识性、实用性和可操作性，可作为高职、中职院校的专业礼仪教材及企事业单位的礼仪培训资料，同时也是广大礼仪工作者和礼仪爱好者的理想读物。

图书在版编目（CIP）数据

现代社交礼仪/张丽娟主编. —3 版. —北京：北京交通大学出版社：清华大学出版社，2021.5

21 世纪高职高专规划教材. 公共基础系列

ISBN 978-7-5121-4439-2

Ⅰ．① 现… Ⅱ．① 张… Ⅲ．① 社交礼仪-高等职业教育-教材 Ⅳ．① C912

中国版本图书馆 CIP 数据核字（2021）第 060917 号

现代社交礼仪

XIANDAI SHEJIAO LIYI

责任编辑：吴嫦娥

出版发行：清华大学出版社　　　邮编：100084　　电话：010-62776969　　http://www.tup.com.cn

　　　　　北京交通大学出版社　　邮编：100044　　电话：010-51686414　　http://www.bjtup.com.cn

印 刷 者：北京鑫海金澳胶印有限公司

经　　销：全国新华书店

开　　本：185 mm×260 mm　　印张：14.75　　字数：376 千字

版 印 次：2009 年 1 月第 1 版　　2021 年 5 月第 3 版　　2021 年 5 月第 1 次印刷

定　　价：42.00 元

出版说明

　　高职高专教育是我国高等教育的重要组成部分，它的根本任务是培养生产、建设、管理和服务第一线需要的德、智、体、美全面发展的高等技术应用型专门人才，所培养的学生在掌握必要的基础理论和专业知识的基础上，应重点掌握从事本专业领域实际工作的基本知识和职业技能，因而与其对应的教材也必须有自己的体系和特色。

　　为了适应我国高职高专教育发展及其对教学改革和教材建设的需要，在教育部的指导下，我们在全国范围内组织并成立了"21世纪高职高专教育教材研究与编审委员会"（以下简称"教材研究与编审委员会"）。"教材研究与编审委员会"的成员单位皆为教学改革成效较大、办学特色鲜明、办学实力强的高等专科学校、高等职业学校、成人高等学校及高等院校主办的二级职业技术学院，其中一些学校是国家重点建设的示范性职业技术学院。

　　为了保证规划教材的出版质量，"教材研究与编审委员会"在全国范围内选聘"21世纪高职高专规划教材编审委员会"（以下简称"教材编审委员会"）成员和征集教材，并要求"教材编审委员会"成员和规划教材的编著者必须是从事高职高专教学第一线的优秀教师或生产第一线的专家。"教材编审委员会"组织各专业的专家、教授对所征集的教材进行评选，对所列选教材进行审定。

　　目前，"教材研究与编审委员会"计划用2～3年的时间出版各类高职高专教材200种，范围覆盖计算机应用、电子电气、财会与管理、商务英语等专业的主要课程。此次规划教材全部按教育部制定的"高职高专教育基础课程教学基本要求"编写，其中部分教材是教育部《新世纪高职高专教育人才培养模式和教学内容体系改革与建设项目计划》的研究成果。此次规划教材按照突出应用性、实践性和针对性的原则编写并重组系列课程教材结构，力求反映高职高专课程和教学内容体系改革方向；反映当前教学的新内容，突出基础理论知识的应用和实践技能的培养；适应"实践的要求和岗位的需要"，不依照"学科"体系，即贴近岗位，淡化学科；在兼顾理论和实践内容的同时，避免"全"而"深"的面面俱到，基础理论以应用为目的，以必要、够用为度；尽量体现新知识、新技术、新工艺、新方法，以利于学生综合素质的形成和科学思维方式与创新能力的培养。

　　此外，为了使规划教材更具广泛性、科学性、先进性和代表性，我们希望全国从事高职高专教育的院校能够积极加入"教材研究与编审委员会"中来，推荐"教材编审委员会"成员和有特色的、有创新的教材。同时，希望将教学实践中的意见与建议，及时反馈给我们，以便对已出版的教材不断修订、完善，不断提高教材质量，完善教材体系，为社会奉献更多更新的与高职高专教育配套的高质量教材。

　　此次所有规划教材由全国重点大学出版社——清华大学出版社与北京交通大学出版社联合出版，适合于各类高等专科学校、高等职业学校、成人高等学校及高等院校主办的二级职业技术学院使用。

21世纪高职高专教育教材研究与编审委员会

2021年4月

前　言

　　礼仪，是中华传统美德宝库中的一颗璀璨明珠，是中国古代文化的精髓。随着我国改革开放的不断深化，现代科学技术的不断进步，社会经济的不断发展，无论是物质文明还是精神文明都取得了显著成绩。尤其是现代交通业、通信业的发展将人们的交往范围扩展到了国外，不同地区的人们进行交流的机会也越来越多。与此同时，人们在交往的过程中也越来越重视彼此留给对方的印象，在诸多的领域要求自己和对方要按照约定俗成的礼仪规范去行事，这也是人类走向文明的一个重要标志。因此，我们身居礼仪之邦，就应成为礼仪之民。知书达理，待人以礼，已经成为当代大学生的一个基本素养。"绅士风度""淑女规范"则成为当代职场人所追求的形象典范。

　　为了适应我国经济社会发展的需要，满足高职高专学生人文教育的需求，在《现代社交礼仪》（第2版，2012年7月）的基础上，对部分知识进行了更新和完善，使本书更加适合当代大学生的特点和现代社会对人们的礼仪要求。

　　本书具有以下特色。

　　1. 角度新颖。本书从行为主体的角度出发，去探讨不同身份的人在不同场合，进行不同的活动时应遵守的礼仪规范。例如，大学生礼仪、谋职礼仪、商务礼仪、公务礼仪、涉外礼仪等。

　　2. 体例独特。本书各章开篇均设有"本章导读""学习目标"，使学生首先明确本章的基本内容、知识点和技能点；在导入正文之前通过一个典型"引例"和相应的"问题引入"模块，吸引学生对本章内容的关注，引发学生思考，让其对相关的礼仪知识有一个具体、形象的认识，从而产生学习兴趣；在章节的中间，穿插了"小案例""小知识""小资料""小思考"等，增加内容的可读性和知识的新颖性，以加深学生对理论知识的理解，开阔思维，对书中的重要观点起到了画龙点睛的作用；课后的"案例分析"及相应的"讨论题"可供师生共同分析讨论问题，产生互动，使学生对理论知识进行消化和理解，知道如何应用；"自测题""技能训练"为学生提供了巩固理论知识、参与实践、提高应用能力的平台，进一步提升学生对理论知识与实践运用相结合的能力。

　　3. 案例生动，图文并茂。为了提高教学效果和学习效率，本书将现代社交礼仪学的基本理论与生动有趣的实例结合并加以讲解，努力做到情景交融、图文并茂，形象生动，便于学生自学使用。

4. 注重实训。本书在介绍现代社交礼仪基本理论的基础上，特别加撰了"现代社交礼仪实训教学指导"部分，加强了对学习者实际操作能力的培养，有助于教师的实训教学。

5. 配有电子教学课件和课后自测题的参考答案，方便教师教学。

本书的配套电子教学课件和课后自测题的参考答案，可从北京交通大学出版社网站下载，或发邮件至 cbswce@jg. bjtu. edu. cn 索取。

本书的编撰与出版，得到了内蒙古财经大学职业学院、内蒙古商贸职业学院和北京交通大学出版社的大力支持和帮助，特此表示衷心的感谢。

另外，本书在编写过程中参阅了国内外大量的文献资料，限于篇幅，在此不能一一罗列，编者就此向著者表示诚挚的谢意。

由于作者水平有限，书中不当之处在所难免，希望广大读者和专家指正，我们将对您的批评和建议表示由衷的感谢。（联系方式：394510362@qq. com）

编　者

2021 年 1 月

目　录

第 1 章

礼仪的认知

【本章导读】

中华民族素有"礼仪之邦"的美誉，从古迄今承传着博大精深的礼仪文化。认识礼仪是人类文明和社会进步的重要标志，是现代人应有的基本素质，也是社会交往、商务活动和其他各项事业成功的一个重要条件。通过本章的学习，我们将在了解礼仪的起源与发展的基础上，理解礼仪的含义，掌握礼仪的特征和功能，明确礼仪在现代社交中的重要作用。

【学习目标】

1. 了解礼仪的起源与发展；
2. 理解礼仪的含义；
3. 掌握礼仪的特征、功能和作用；
4. 培养正确运用礼仪理念的能力。

【引例】

千里送鹅毛

唐朝时期，云南一少数民族的首领为表示对唐王朝的拥戴，派特使缅伯高向唐太宗贡献天鹅。路过沔阳河时，好心的缅伯高把天鹅从笼子里放出来，想给它洗个澡。不料，天鹅展翅飞向高空。缅伯高忙伸手去捉，只扯得几根鹅毛。缅伯高急得顿足捶胸，号啕大哭。随从们劝他说："已经飞走了，哭也没有用，还是想想补救的方法吧。"缅伯高一想，也只能如此了。到了长安，缅伯高拜见唐太宗，并献上礼物。唐太宗见是一个精致的绸缎小包，便令人打开，一看是几根鹅毛和一首小诗。诗曰："天鹅贡唐朝，山高路途遥。沔阳河失宝，倒地哭号啕。上复圣天子，可饶缅伯高。礼轻情意重，千里送鹅毛。"唐太宗莫名其妙，缅伯高随即讲出事情原委。唐太宗连声说："难能可贵！难能可贵！千里送鹅毛，礼轻情意重！"

资料来源：http://zhidao.baidu.com/question/257128692.html.

问题引入：

千里送鹅毛的典故体现了今天的哪些礼仪思想？

在不同的时代，礼仪规范都随着时代的变迁而发生着变化。在人类进入了 21 世纪的今天，礼仪已成为一个国家、一个民族文明程度的重要标志，成为衡量社会公众修养和道德水准的尺度。

1.1 礼仪的起源与发展

礼仪是与人类的历史和文化同时产生并同步发展的，经历了一个由无到有、由低级到高级的发展过程。不了解礼仪的起源与发展，没有对古代礼仪的继承和扬弃，就不可能有现代社交礼仪。

1.1.1 中华礼仪的起源与发展

1. 中华礼仪的起源

古人有言："中国有礼仪之大，故称夏，有服章之美，故称华。"古代华夏族正是以丰富的礼仪文化而受到了周边其他民族的赞誉。

中华礼仪的起源可以追溯到远古时代。在远古时代，由于社会生产力低下，原始人类认识自然的能力很低，为了生存和发展，必须与大自然抗争，"礼"就是人类对大自然认知过少而产生崇拜所引致的，礼是古人敬天畏神的观念和认识的反映。古经《礼记》曾对礼的起源做出概括的描述，大意是：远古时代，人们把黍米和猪肉放在滚烫的石上烤炙而食；在地上凿坑作为酒樽，用手掬捧而饮，并且用茅草茎捆扎成鼓槌来敲击土鼓，以表示对鬼神的祭祀。这就是远古时代拜神灵的礼仪，也就是礼的开始。后来，这些祭祀活动在历史发展中逐步完善了相应的规范和制度，正式成为祭祀礼仪。殷商时代盛行的先王崇拜和祖先崇拜，是中华民族古代礼仪的重要内容，标志着古代礼仪的形成。

随着人类对自然与社会各种关系认识的逐步深入，仅以祭祀天地鬼神祖先为礼，已经不能满足人类日益发展的精神需要和调节日益复杂的现实关系。于是，人们将事神致福活动中的一系列行为，从内容和形式扩展到了各种人际交往活动，从最初的祭祀之礼扩展到社会各个领域的各种各样的礼仪。

2. 中华礼仪的发展[①]

礼仪在其传承沿袭的过程中不断发生着变革。从历史发展的角度来看，其演变过程可以分为 5 个阶段。

1）礼仪的起源时期：夏朝以前（前 21 世纪前）

礼仪起源于原始社会，在原始社会中晚期（约旧石器时代）出现了早期礼仪的萌芽。整个原始社会是礼仪的萌芽时期，礼仪较为简单和虔诚，还不具有阶级性。内容包括：制定了明确血缘关系的婚嫁礼仪；区别部族内部尊卑等级的礼制；为祭天敬神而确定的一些祭典仪式；制定一些相互交往中表示礼节、恭敬的动作。

2）礼仪的形成时期：夏、商、西周三代（前 21 世纪—前 771 年）

人类进入奴隶社会，统治阶级为了巩固自己的统治地位把原始的宗教礼仪发展成符合奴隶社会政治需要的礼制，"礼"被打上了阶级的烙印。在这个阶段，中国第一次形成了比较完整的国家礼仪与制度。如"五礼"就是一整套涉及社会生活各方面的礼仪规范和行为标准。古代的礼制典籍亦多撰修于这一时期，如周代的《周礼》《仪礼》《礼记》就是我国最早

---

① http://www.gznc.edu.cn/jpk/lyxy_lyly/002/lvyouliyi_jiangyi.doc.

的礼仪学专著。在汉代以后两千多年的历史中，它们一直是国家制定礼仪制度的经典著作，被称为礼经。

3）礼仪的变革时期：春秋战国时期（前 771—前 221 年）

这一时期，学术界形成了百家争鸣的局面，以孔子、孟子、荀子为代表的诸子百家对礼教给予了研究和发展，对礼仪的起源、本质和功能进行了系统阐述，第一次在理论上全面而深刻地论述了社会等级秩序划分及其意义。

孔子对礼仪非常重视，把"礼"看成是治国、安邦、平定天下的基础。他认为"不学礼，无以立""质胜文则野，文胜质则史。文质彬彬，然后君子"。倡导"仁者爱人"，强调人与人之间要有同情心，要相互关心，彼此尊重。

孟子把"礼"解释为对尊长和宾客严肃而有礼貌，即"恭敬之心，礼也"，并把"礼"看作是人的善性的发端之一。

荀子把"礼"作为人生哲学思想的核心，把"礼"看作是做人的根本目的和最高理想，"礼者，人道之极也"。他认为"礼"既是目标、理想，又是行为过程。"人无礼则不生，事无礼则不成，国无礼则不宁"。

管仲把"礼"看作是人生的指导思想和维持国家的第一支柱，认为"礼"关系到国家的生死存亡。

4）强化时期：秦汉到清末（前 221—1911 年）

在我国长达两千多年的封建社会里，尽管在不同的朝代中，礼仪文化具有不同的社会政治、经济、文化特征，但却有一个共同点，就是一直为统治阶级所利用，礼仪是维护封建社会等级秩序的工具。这一时期礼仪的重要特点是尊君抑臣、尊夫抑妇、尊父抑子、尊神抑人。在漫长的历史演变过程中，它逐渐变成为妨碍人类个性自由发展、阻挠人类平等交往、窒息思想自由的精神枷锁。

综观封建社会的礼仪，内容大致有涉及国家政治的礼制和家庭伦理两类。这一时期的礼仪构成了中华传统礼仪的主体。

5）现代礼仪的发展时期（1911 年后）

辛亥革命以后，受西方资产阶级"自由、平等、民主、博爱"等思想的影响，中国的传统礼仪规范、制度受到强烈冲击。五四新文化运动对腐朽、落后的礼教进行了清算，符合时代要求的礼仪被继承、完善、流传，那些繁文缛节逐渐被抛弃，同时接受了一些国际上通用的礼仪形式。新的礼仪标准、价值观念得到推广和传播。

新中国成立后，逐渐确立以平等相处、友好往来、相互帮助、团结友爱为主要原则的具有中国特色的新型社会关系和人际关系。改革开放以来，随着中国与世界的交往日趋频繁，西方一些先进的礼仪、礼节陆续传入我国，同我国的传统礼仪一道融入社会生活的各个方面，构成了社会主义礼仪的基本框架。许多礼仪从内容到形式都在不断变革，现代礼仪的发展进入了全新的发展时期。大量的礼仪书籍相继出版，各行各业的礼仪规范纷纷出台，礼仪讲座、礼仪培训日趋火红，人们学习礼仪知识的热情空前高涨，讲文明、讲礼貌蔚然成风。今后，随着社会的进步、科技的发展和国际交往的增多，礼仪必将得到新的完善和发展。

中国——礼仪之邦

传说，明代初期，菲律宾地区的一位国王前来朝拜，因病逝世于中国，他临终前要求死后葬于中国，因为中国是"礼仪之邦"。公元13世纪初期，意大利旅行家马可·波罗曾盛赞中国是"东方的天堂"。在他的游记发表后，人们开始了解东方，了解中国。在欧洲人眼中，中国是一个物产丰富、文明昌盛、可望而不可即的仙境，是他们心目中的天堂。

的确，当世界上许多民族还没有形成的时候，我们的祖先就创造了无以匹敌的文明。中国的文明曾在几千年间影响着东方世界，中国曾因被外国人称为君子之国、文明典范而受到敬仰。至今，大凡到过日本，或跟日本人有过接触的人，都知道随处可见日本人频频鞠躬的礼节，听到"欢迎光临""请多关照"等礼貌用语，日本人称这种礼节为"唐风"。这个礼节是依照唐朝的礼制沿袭下来的，至今已成为日本的"国风"。

资料来源：刘小清. 现代营销礼仪. 大连：东北财经大学出版社，2002.

1.1.2   西方礼仪的渊源

在西方，"礼仪"一词，最早见于法语的"etiquette"，原意为"法庭上的通行证"。这个词一进入英文后，其词意有所扩展，不单指"法庭上的通行证"，还泛指"人际交往的通行证"，因为在社会生活的各个方面人们都必须遵守一定的规矩和准则。所以，在《新英汉辞典》中，"etiquette"一词有两个义项：一是礼节、礼仪；二是（同业间的）规矩、成规、格式。

西方的文明史，同样在很大程度上表现着人类对礼仪追求及其演进的历史。人类为了维持与发展血缘亲情以外的各种人际关系，避免"格斗"或"战争"，逐步形成了各种与"格斗""战争"有关的动态礼仪。例如，为了表示自己手里没有武器，让对方感觉到自己没有恶意而创造了举手礼，后来演进为握手礼；为了表示自己的友好与尊重，愿在对方面前"丢盔卸甲"，于是创造了脱帽礼等。

西方的礼仪主要是在社会活动中形成的规范行为。在古希腊和古罗马的文献典籍中，都有很多关于礼仪的论述。如在《爱的艺术》这部诗作中，古罗马的年轻诗人奥维德告诫与自己同龄的人，用餐时不可狼吞虎咽，也不可贪嗜杯中物。1716年出版的麦兰杰斯的著作《论接待权贵和女士的礼仪：兼论女士如何对男性保持雍容态度》为人们规定了一整套的行为规范。西班牙人佩特斯·阿尔冯希于1204年出版了《行为准则》，之后相继有了王室贵族及资产阶级所应遵循的行为准则。

中世纪更是西方礼仪发展的鼎盛时代。文艺复兴以后，欧美的礼仪有了新的发展，从上层社会对遵循礼节的烦琐要求到20世纪中期对优美举止的赞赏，一直到适应社会平等关系的比较简单的礼仪规则。历史发展到今天，传统的礼仪文化不但没有随着市场经济发展和科技现代化而被抛弃，反而更加多姿多彩，国家有国家的礼制，民族有民族独特的礼仪习俗，各行各业都有自己的礼仪规范，国际上也有各国共同遵守的礼仪惯例等。有的国家和民族对不遵守礼仪规范者，还规定了一定的处罚规则，有的已把礼仪作为公民就业前的"入门课"，被企业录用的大学毕业生，也必须先经过严格的礼仪培训，才能上岗工作。

1.2 礼仪的基础知识

1.2.1 礼仪的含义

礼仪包括"礼"和"仪"两部分。我国著名历史学家范文澜在《辞经概论》一书中指出："礼仪合言，皆名为礼，分言之则礼为体，仪为履。"意思是说礼是仪的根本，仪是礼的功用。所以，要准确把握礼仪的概念，首先要对"礼"和"仪"各自的含义有所了解。

"礼"的含义比较丰富，据《辞海》注释："礼"的本意为敬神，引申为表示敬意的通称。从文字的结构看，繁体字"禮"的左边是"示"，意为祭祀神灵，右边上方为祭物，右下方"豆"是礼器。所以"禮"就是把盛满祭物的祭具摆放在祭台上，献给神灵。

在《中国礼仪大辞典》中，对"礼"的解释为：特定的民族、人群或国家基于客观历史传统而形成的价值观念、道德规范以及与之相适应的典章制度和行为方式。"礼"的本质是"诚"，有敬重、友好、谦恭、关心、体贴之意。"礼"是人际间乃至国际交往中，相互表示尊重、亲善和友好的行为。可以说"礼"是一种交往行为的内在要求和伦理原则，是礼貌和礼节的综合体现。一般而言，礼貌是指人们在交往过程中相互表示敬意和友好的行为准则和精神风貌，是一个人在待人接物时的外在表现。它通过仪表及言谈举止来表示对交往对象的尊重，反映了时代的风尚与道德水准，体现了人们的文化层次和文明程度。礼节，通常是指人们在日常生活中，特别是在交际场合中，相互表示问候、致意、祝愿、慰问以及给予必要的协助与照料的惯用形式。礼节是礼貌的具体表现，具有形式化的特点，主要指日常生活中的个体礼貌行为。

"仪"，本意为竖立的木柱，引申为容貌、外表，亦指表率、标准、规则。这里的仪，表现为一种适应相互交往，并为交往所规定的行为方式及其秩序。它包含了仪容、仪表、仪态和仪式等多种意思。

仪容与仪表均指人的外表，只不过仪容更侧重于姿容、外表，仪表更侧重于服饰、装扮和风度，仪容、仪表表现个人的精神风貌和文明程度；仪态主要指人的姿态，包括身体各部位，特别是头、眼、脸、手、臂、足等动作所表达的意思；仪式则是一种正式的礼节形式，是指为表示礼貌和尊重，在较隆重的场合举行的、具有专门程序的、规范化的活动，如签字仪式、颁奖仪式、奠基仪式等。

综上所述，礼仪是对"礼"和"仪"的统称，是指在人际交往中，自始至终地以一定的、约定俗成的程序、方式来表现的律己、敬人的行为。"礼"是礼貌、礼节，"仪"是仪容、仪表、仪态和仪式，两者结合起来，即为礼仪。

1.2.2 礼仪的特征

礼仪作为人们在社会交往中必须遵守的行为规范，具有鲜明的时代特征和社会特征。这些特征主要表现在其规范性、操作性、传承性、差异性和变动性等 5 个方面。

1. 规范性

礼仪就是人们在交际场合待人接物时必须遵守的行为规范。所谓的规范就是指标准,这些标准是人们在长期、反复的社会实践中形成,使之成为人们在一切交际场所衡量他人、判断自己是否自律、敬人的一种尺度。总之,礼仪是约定俗成的一种自尊、敬人的惯用形式。因此,任何人要想在社交活动中表现得合乎礼仪,就必须对礼仪规范无条件地加以遵守。正如孔子所言:"非礼勿视,非礼勿听,非礼勿言,非礼勿动。"就是强调了礼仪的规范性这一特征。

【小案例】

邓小平戒烟

1985 年,邓小平在人民大会堂会见新加坡总理李光耀。邓小平有吸烟的习惯,工作人员按惯例把香烟递给他时,他却一口回绝:"烟,今天就不吸了,李光耀闻不得烟味的。"原来,1978 年邓小平曾访问新加坡,在他们的两次会面中,李光耀总理都没有吸烟。这件事邓小平一直牢记在心。

资料来源:陈烜. 旅游交际礼仪. 2 版. 大连:大连理工大学出版社,2009.

2. 操作性

礼仪是人们的行为准则中最简单、最普及、最易于实行的标准,必须具备简单易行、便于操作、应用性强的特性,这样才能被人们广泛地应用于交际实践,并受到广大公众的认可。否则,如果礼仪在行为规范、行为细节上过于繁杂,就会与现代社会的快节奏不相适应,而被逐步扬弃或简化。例如,清朝康熙年间,外国使臣觐见皇帝要行三跪九叩之礼,而今天的国外使节来我国任职早已不行此大礼了。

3. 传承性

礼仪是一个国家、民族传统文化的重要组成部分,具有鲜明的民族特色,离开了对本国、本民族既往礼仪成果的传承、扬弃,就不可能形成现代礼仪,这就是礼仪传承性的特定含义。对于既往的礼仪遗产,正确的态度不应当是食古不化、全盘接收,而应当是取其精华、去其糟粕,既有扬弃,又有继承。例如,我国封建社会要求女子必须做到的三从四德,在礼仪的演变过程中被废弃了,而那些优秀的礼仪,如尊老爱幼,则被传承下来。

4. 差异性

礼仪并非是放之四海而皆准的东西,当所处的国家不同、民族不同、场合不同、所具有的身份不同时,所要运用的礼仪往往会因此而各有不同,有时甚至还会大相径庭。例如,与朋友在家中小聚,适当提高声音是一种热情的表示,但如果在公共场所聚会,声音大了则会被人理解为不文明、粗鲁、不拘小节。再如,面对较年长的长辈倾听时应主动侧身靠近,以示尊重,但面对同龄异性仍主动侧身靠近就易导致误会。

【小思考】

一天,参加工作不久的杨安琪小姐被派到外地出差。在卧铺车厢里,碰到一位来华旅游的美国姑娘。美国姑娘热情地向杨安琪打招呼,使杨小姐觉得不与人家寒暄几句实在显得不够友善，便操着一口流利的英语，大大方方地与对方聊了起来。

交谈中，杨小姐有点没话找话地询问对方："你今年多大岁数了？"美国姑娘所答非所问地说："你猜猜看。"杨小姐自觉没趣，又问道："你这个岁数，一定结婚了吧？"更令杨小姐吃惊的是，对方居然转过头去，再也不理她了。一直到分手，两个人再也没说一句话。

请问这位美国姑娘是不是没礼貌呀？

资料来源：http://www.souku.com.cn/viewtitle.jsp? url＝5675723.

5. 变动性

礼仪规范不是一成不变的，它作为一种社会历史发展的产物，具有鲜明的时代特点。随着时代的发展变化，各国、各民族的礼仪不断发展完善，这是社会的进步、历史的必然。此外，由于世界经济的国际化倾向日益明显，各个国家、地区、民族之间的交往日益密切，礼仪也随之相互影响，相互渗透，相互取长补短，不断地被赋予新的内容，这就使礼仪具有相对的变动性。

1.2.3　礼仪的功能

概括地说，礼仪的功能是表示人们不同地位的相互关系和调整、处理人们相互关系的手段。礼仪的功能表现在以下几个方面。

1. 尊重的功能

尊重的作用即向对方表示尊敬、表示敬意，同时对方也还之以礼。礼尚往来，有礼仪的交往行为，蕴含着彼此的尊敬。只有彼此相互尊重，才能保持和谐、愉快的人际交往。每个人在人际交往中都处于平等地位，不管种族、国籍、肤色、社会地位如何。也只有尊重别人的人才能赢得别人的尊重，正如孟子所言："爱人者人恒爱之，敬人者人恒敬之。"

【小案例】

列宁的礼仪

有一次，列宁同志下楼，在楼梯狭窄的过道上，正碰见一个女工端着一盆水上楼。那女工一看是列宁，就要退回去给让路。列宁阻止她说："不必这样，你端着东西已走了半截，而我现在空手，请你先过去吧！"他把"请"字说得很响亮，很亲切。然后自己紧靠着墙，让女工上楼了，他才下楼。

资料来源：http://max.book118.com/html/2011/0904/519038.shtm.

2. 约束的功能

礼仪作为行为规范，对人们的社会行为具有很强的约束作用。礼仪一经制定和推行，久而久之，便形成了社会的习俗和社会的行为规范。任何一个生活在某种礼仪习俗和规范环境中的人，都自觉或不自觉地受到该礼仪的约束，自觉接受礼仪约束的人是"成熟的人"的标志；不接受礼仪约束的人，社会就会以道德和舆论的手段来对其加以约束，甚至以法律的手段来强迫。

3. 教化的功能

礼仪通过评价、劝阻、示范等教育形式纠正人们不正确的行为习惯，倡导人们按礼仪规范的要求协调人际关系，维护社会正常生活。讲究礼仪的人同时也起着榜样的作用，潜移默化地影响着周围的人。

4. 协调的功能

礼仪具有协调人际关系的功能。一方面，礼仪作为一种规范、程序，作为一种文化传统，对人们之间相互关系模式起着规范、约束和及时调整的作用；另一方面，某些礼仪形式、礼仪活动可以化解矛盾、建立新的关系模式。可见，礼仪对处理和发展良好的人际关系具有重要的现实意义。

1.2.4　礼仪的作用

讲究礼仪并非是个人的生活小节或小事，而是一个国家社会风气的现实反映，是一个民族精神文明和进步的重要标志。对于社会来说，礼仪能够改善人们的道德观念，净化社会风气，提高社会文化素质；对于个人来说，礼仪可以建立自尊和自爱，增强自信，为社会的人际交往铺平道路，处理好各种关系。正如孔子所言：礼仪是一个人"修身养性、持家立业、治国平天下"的基础。

在当代社会，礼仪已经渗透到了社会各个环节、各个角落，成为社会交往、事业成功、组织兴旺、国家富强以及国际间交往必不可少的重要手段。因此，在现代生活中，礼仪的重要作用主要表现在以下 3 个方面。

1. 有助于提高自身修养

在日常人际交往中，礼仪不仅反映着一个人的交际技巧和应变能力，更反映了一个人的气质、风度和教养。只有注重礼仪，才可以丰富人的内涵，增加人的"含金量"，从而提高自身素质的内在实力，更好地显示自身的优雅风度和良好的形象。正如我国著名的思想家颜元所言："国尚礼则国昌，家尚礼则家大，身尚礼则身修，心尚礼则心泰。"由此可见，学习礼仪，运用礼仪，有助于提高自身的修养，有助于"用高尚的精神塑造人"，真正提高个人的文明程度。

2. 有助于增进人际交往

有人称礼仪是人际交往的"润滑剂"。作为社会的人，我们每天都与他人交往，假如不能很好地与人相处，那么在生活中、事业上就会寸步难行，一事无成。俗话说："礼多人不怪。"人际交往，贵在有礼。加强个人礼仪修养，处处注重礼仪，可以使人们在社会交往中左右逢源，无往不利；在尊敬他人的同时也赢得他人的尊敬，从而使人与人之间的关系更趋融洽，使人们的生存环境更为宽松，使人们的交往气氛更加愉快。

3. 有助于推进社会文明

礼仪对于推动社会进步、发展社会主义精神文明具有重要的作用。《管子》中指出，"礼义廉耻，国之四维；四维不张，国乃灭亡"，将礼仪列为立国的精神要素之本。荀子也曾说过："人无礼则不立，事无礼则不成，国无礼则不宁。"反过来说，遵守礼仪，应用礼仪，将有助于净化社会的空气，提升个人、民族、全社会的精神品位。在现代社会中，人们常常把礼仪看作是一个民族的精神面貌和凝聚力的体现，是精神文明的一个重要组成部分。因此，学习礼仪、运用礼仪，与推进社会主义精神文明建设是殊途同归、相互配合、相互促进的。

只有弘扬中国"礼仪之邦"的礼仪文化，才能使我国更强、更好、更美地自立于世界民族之林。

本 章 小 结

在现代社会中，礼仪往往是衡量一个人文明程度的准绳，是一个国家社会风气的现实反映，是一个民族精神文明和进步的重要标志。礼仪已经渗透到了社会的各个环节、各个角落，无论是对个人，还是对社会的发展都起着越来越重要的作用。本章着重介绍了中西方礼仪的起源和发展，明确了礼仪的含义，阐述了礼仪的特征、功能和作用。

关 键 概 念

礼仪　礼貌　礼节　仪容　仪表　仪态　仪式

自测题

1. 填空题

(1) 中国礼仪起源于_____社会，在_____社会形成了比较完整的国家礼仪与制度。

(2) _____是礼貌的具体表现，具有形式化的特点，主要指日常生活中的个体礼貌行为。

(3) "礼尚往来"体现出了礼仪_____的功能。

2. 单项选择题

(1) 礼仪是社会公认的对他人表示尊重的一种（　　　）。

　　A. 法律规范　　　　B. 道德约束　　　　C. 交往规范　　　　D. 约定俗成

(2) 下列不属于我国古代礼典著作的是（　　　）。

　　A.《周礼》　　　　B.《春秋》　　　　C.《仪礼》　　　　D.《礼记》

(3) 礼仪的基本特征是规范性、操作性、传承性、差异性和（　　　）。

　　A. 强制性　　　　B. 不变性　　　　C. 随意性　　　　D. 变动性

3. 判断题

(1) 礼仪是人们长期生活习俗的积累，所以无所谓规范性。　　　　　　（　　　）

(2) 在现代社会中，礼仪往往是衡量一个人文明程度的准绳。　　　　　（　　　）

(3) 礼仪属于现代社会的范畴。　　　　　　　　　　　　　　　　　　（　　　）

4. 简答题

(1) 简述中华礼仪经历的发展阶段。

(2) 简述礼仪的基本功能。

(3) 试述礼仪的主要作用。

案例分析

应　聘①

一位教师带领学生前往一大集团公司应聘，老总是该教师的大学同学。工作人员为每位学生倒水，席间有位女生表示自己只喝红茶。学生们在有空调的大会议室里坐着，大多坦然接受服务，没有半分客气。当老总办完事情回来后，不断向学生表示歉意，竟然没有人应声。当工作人员送来笔记本，老总亲自双手递送时，学生们大都伸着手随意接过，没有起身也没有致谢。从头到尾只有一个同学起身双手接过工作人员递过来的茶和老总递来的笔记本时客气地说了声："谢谢，您辛苦了！"

最后，只有这位同学收到了这家公司的录用通知。有的同学很疑惑甚至不服："他的成绩并没有我好，凭什么让他去而不让我去？"教师叹气说："我给你们创造了机会，是你们自己失去了！"

讨论题：

1. 请结合案例分析这些同学失去机会的原因。
2. 这些同学有哪些行为是不合乎礼仪规范的？

技能训练

观察你周围的人，分析他们的哪些言行举止符合礼仪规范，哪些不符合礼仪要求。

---

① http://www.docin.com/p-360563.html.

第 2 章

个人形象

【本章导读】

个人形象，一般指一个人在人际交往中留给他人的总体印象，以及由此而使他人对其所形成的总体评价和看法。个人形象具体包括仪容、仪表和举止等。通过对本章内容的学习，能够根据自己的个人特点及要出席活动的性质来塑造自己的仪容、仪表，能够通过文雅的举止来体现自己的内在素质，进而获得人际交往的巨大成功。

【学习目标】

1. 掌握修饰仪容的基本方法；
2. 懂得在不同的场合如何来合理地着装；
3. 掌握站立、行走、就座、下蹲的礼仪要求。

【引例】

如 此 吃 相

在与自己的同事一道外出参加一次宴会时，财政局干事姜克美因为举止有失检点，从而招致了大家的非议。姜克美当时在宴会上为了吃得畅快，在开始用餐之后便一而再、再而三地减轻自己身上的"负担"。他先是松开自己的领带，接下来又解开领扣、松开腰带、卷起袖管，到了最后，竟然又悄悄地脱去自己的鞋子。尤其令人感到不快的是，姜克美在吃东西时，总爱有意或无意地咂巴其滋味，吃得訇然作响，并且其响声"一波未平，一波又起""一浪高过一浪"。姜克美在宴会上的此番作为，不仅令他身边的人瞠目结舌，而且也令他的同事们无地自容。大家就此纷纷指责姜克美：丢了自己的人，丢了单位的人，也丢了大家的人。

问题引入：

1. 姜克美有哪些做得不当的地方？
2. 如此吃相会对其造成怎样的影响？

2.1　仪容修饰

仪容，是指人的容貌和外观。其重点是人的容貌，包括一个人的头部和肢体，如头发、脸庞、眼睛、鼻子、嘴、耳朵，还包括人的手臂、手、腿和脚。虽然我们常说人的容貌是遗传的，是天生的，但是通过后天合理的美化也可实现美的效果。

在人际交往中，交往对象的仪容会受到对方的特别关注，好的仪容会使人感到愉悦，让人产生愉快的心情，形成良好的第一印象，为接下来的进一步交往打下良好的基础。

2.1.1　仪容修饰的基本要求

社交礼仪对仪容修饰总的要求是仪容要美。

1. 仪容要自然美

五官端正的面容、婀娜的身姿、白皙的肌肤都是大自然赋予人类宝贵的天赋之美。这种天赋是不能选择的，有的甚至是不可改变的。不管自己的自然条件如何，都应该学会扬长避短，要爱护和珍惜自己美的部分，使它更加魅力四射；对于不足的地方，也不要灰心丧气，可以通过合适的修饰手法来弥补自己的不足。对于自然美要有一个平常心态，毕竟在我们的生活中找不到一个十全十美的人。

2. 仪容要修饰美

为了使自身的仪容条件扬长避短，适度的修饰是应该的，也是必要的。对于仪容条件好的人而言，可以通过修饰使自己的美丽更加突出；对于那些条件不是很好的人来说，可以通过修饰使自己的缺陷得到弥补和矫正。俗话说，"三分长相，七分打扮"，这就说明了"修饰"在仪容美的塑造过程中所起的重要作用。

3. 仪容要内在美

仪容的内在美要求人们在日常生活中要不断地学习有关美的知识，不断地提高自己的文化素养和道德修养，只有这样才能真正地做到内在美和外在美的统一。

2.1.2　塑造完美仪容的方法

个人仪容美的塑造，主要体现在头发、面容、手臂和腿部 4 个方面。

1. 头发

头发是人体的"制高点"，非常容易引起他人的注意，所以对于仪容的修饰首先要"从头开始"。

1）勤于梳洗

勤于梳洗，保持头发的干净整洁，是对头发最基本的要求。头发暴露在外面，而且头皮皮脂腺分泌油脂，容易沾染上脏东西，所以要经常梳洗。

【小知识】

如何正确洗头发

多长时间洗一次头发是正确的呢？是不是每天洗头发对头发就好呢？一般来说，中性皮肤的人，冬天每隔 4～5 天，夏天每隔 3～4 天洗一次；油性皮肤和干性皮肤的人，要分别缩短或延长 1～2 天。在洗发时，不要选择那些碱性很强的洗发水，最好是略微带些酸性的，以免头发变得干枯，容易脱落，要选用性质温和的洗发水，例如含有氨基酸、蛋白质等活性剂的洗发水。

洗发前应先将头发梳顺，用温水洗发，水温在 37～38 ℃最适宜，过烫的水容易使头发受损伤而变得松脆易折断，而水温过低，去油腻的效果又不好。另外，在洗发时不要大力用指甲抓头皮，要用手指的指腹按摩头皮；要确保彻底冲洗干净洗发水，不然会伤害发质。

资料来源：http://www.rayli.com.cn/0003/2004-10-14/L0003003001_109507.html.

2）长短要适中

从社交礼仪的角度讲，为了给对方留下良好的印象，为了取得社交的成功，有必要考虑一些影响头发长短的因素。

（1）性别因素。对于女性，可以留短发，除特殊需要外，是不可以剃成光头的；对于男性，可以留长发，但也不能长发披肩，只有那些艺术工作者，为了凸显自己的个性，可以把头发留得稍长些，或者梳辫挽髻。

（2）身高因素。头发长短的选择，在一定程度上要考虑自己的身高。对于女性来讲，头发的长短与身高成正比。也就是说，个子高，长发更适合；对于一个个子比较矮的女性来讲，短发更适合，显得精干，如果留着一头披肩长发，只会显得更矮。

（3）职业因素。职业对头发长短的选择影响很大，甚至不同的职业对头发长短都有特殊的要求。例如，对于男性服务人员，头发长短的要求是前不覆额，侧不掩耳，后不触领。对于女性服务员来说，头发长度不宜长过肩部，不宜挡住眼睛，如果头发过长，需要将头发扎起来或盘起来。这些要求不仅适用于服务行业的从业人员，对于商务人士、政府官员也同样适用。

（4）年龄因素。对于头发长短的选择，年龄也是必须考虑的因素。年轻的女士留披肩长发，会显得更加美丽，如果披肩长发出现在年过花甲的老妇人头上，则会令人哗然，所以，对于年龄大的女性来讲，短发是最佳的选择。

3）发型要得体

发型是指头发的整体造型，在选择发型时除了要考虑自己的喜好外，更重要的是要考虑自己的个人条件和所处的场合。

（1）个人条件。个人条件是指一个人的发质、脸形、肤色、年纪、身材、着装、性别等。在这些个人条件中脸形对发型的选择影响最大。例如，对于女性来讲，鹅蛋脸形，也就是平时所说的瓜子脸，是最理想的脸形，这种脸形适合任意一种发型；三角脸形的人，头顶部的头发宜具有蓬松感，两侧的头发要紧贴脸部；圆脸形的人适合留直线型长发或高耸型盘发；长脸形的人适合留蓬松卷发或留有齐眉刘海的发型等。此外，在选择发型时着装也是要考虑的重要因素，在正式的场合，女性身着套装，可将头发挽在颈后，显得端庄、干练；穿着运动装时，可将头发扎成马尾辫，显得青春、活泼、潇洒；穿着晚礼服时，可将头发挽在颈后结低发髻，显得庄重、高雅。

（2）所处的场合。在日常生活中，由于人们的职业、身份、工作环境等的不同，在选择发型时也应该有所区别。对于那些经常在政务、商务、学术等比较正式的场合工作的人来说，发型应该庄重保守一些；对于那些经常活动于社交场合的人来说，发型则应该新颖别致一些；一些比较怪异的发型，只适合那些从事艺术工作的人。

4）美化要适度

在美发时，不仅要求美观大方，而且要亲切自然，过分地雕琢头发不仅会损伤发质，而且会浪费时间和金钱，如果美发不当，还会影响其社交形象。

（1）烫发。不管采用何种方式、何种材料去烫发，都会对头发造成一定的损伤，所以在烫发时一定要选择质量好的药水。此外，在烫发时要考虑一下是否适合本人的发质、年龄和职业等。一般来说，发量少而发质硬者，最适宜选择具有飘动感的大波浪形的发型，这样既能增加头发的丰满感，又能消除粗硬感。发量多而发质硬者，则应在做发型前削薄头发，然后用较大的发卷做发型。如果不加处理就做发型，会使头部因过多的卷曲而显得头重脚轻。

（2）染发。中国人历来以黑发为美，假如自己的头发不够黑亮，特别是早生白发，可将头发染成黑色。如果为了追求时尚，也可将头发染成其他的颜色，但不能染得五颜六色，在选择染发的颜色时也要考虑一下自己的个人条件、身份、职业及所处的场合等因素。

【小知识】

如何正确使用香水

香水是女性美容的化妆品之一，也是居室中常备的物品。香水不仅具有除臭、添香、止痒、消炎、防止蚊叮虫咬等功效，而且还能刺激大脑，使人兴奋，消除疲劳。但使用香水亦有讲究。

（1）最好将香水洒在手腕、颈部、耳后、太阳穴、臂弯里、喉咙两旁或膝头等不完全暴露的部位，这样香味会随着脉搏跳动、肢体转动而飘溢散发。此外，为避免香水对皮肤的刺激，也可将其洒在衣领、手帕处，但千万不要将香水搽在面部，这样会加速面部皮肤老化。

（2）不要在毛皮衣服上洒香水，因为香水中的酒精成分会使毛皮失去光泽。

（3）香水不宜洒得太多、太集中，最好在离身体 20 cm 处喷射。如果在 3 m 以外还可以嗅到身上的香水味，则表明用得太多。

（4）搽用香水后不宜晒太阳，因为阳光的紫外线会使搽过香水的部位发生化学反应，严重的会引起皮肤红肿或刺痛，甚至诱发皮炎。

（5）不要同时将不同牌子的香水混用，因为那样会使香水变味或无效。

（6）夏日出汗后不宜再用香水，否则汗味和香味混杂在一起，给人留下污浊、不清新的感觉。因此，多脂多汗处忌洒香水，以免怪味刺鼻。

（7）患有支气管哮喘或过敏性鼻炎的人，最好不要用浓香的香水。

资料来源：http://4haozi.blogdriver.com/4haozi/701567.html.

2. 面容

面容，是人最重要的形象特征，人的形象主要是靠脸来表现的。尽管它仅占人体总面积的 5%，但人体其他的部位，再也找不到像脸那样富有表现力的特征，有那么多吸引人的信号。在社交活动中，到底怎样的一张脸才是理想的呢？爱美的女性一定会说漂亮的脸是最理想的，那什么样的脸才算漂亮呢？由于每个人的文化背景不同，审美观不同，所以对其评价标准也是不一样的。例如，有的国家认为女性嘴大为美，所以女孩子在很小的时候就用特制的工具将嘴撑大，来塑造美女的形象。在我国则是以"柳叶弯眉、大眼睛、双眼皮、高鼻梁、樱桃小嘴儿……"作为衡量美女的标准。

面容的美化，主要通过化妆和整容来实现。对于整容来讲，如果不是颜面上存在重大问题，大可不必受皮肉之苦。对于面容的美化主要是通过化妆来实现的，化妆是比较灵活的，可根据自身的特点和所处场合的不同来化不同的妆。

化妆是一门学问，也是一门艺术。要想通过化妆取得美化面容的效果，也不是一件容易的事，它需要长时间练习，才能熟练而准确地掌握各种化妆技巧。

1）化妆的基本要求

（1）淡雅为主。从化妆自身的特点和规律来看，化妆者将所化之妆恰如其分地融入自己身体各部，若有若无，自然而然，好像天生如此，才是化妆的最高境界。按照通行的审美心理来说，如果没有从事特殊的职业或出席特殊的场合，浓妆艳抹是难以让人接受的。

（2）扬长避短。化妆提倡扬长避短。在扬长和避短中，重点是避短。因为长即便不扬，也还过得去；而短不补，却真是看不过眼；如果只扬长不避短，缺点就更凸显了。因此，如果能够巧妙地通过化妆，突出优势、修饰平庸、弥补缺陷，则可以达到美化自身形象的目的。

（3）认清自我。化妆首先要认识自己面容的情况，如肤色、肤质，以及面容的优势和缺陷等基本条件，只有这样才能选择合适的化妆品和正确的化妆手法，增强眉毛、眼睛、鼻子、面颊、嘴唇的美感和表现力。

（4）区别对待。化妆也要"具体问题具体分析"，根据自身各部位的特点，运用不同的化妆技巧进行美化。切忌千篇一律，或者盲目仿效时髦的化妆方法。

（5）协调整体。

① 要协调部位。要求各个部位所化之妆统一起来，形成格调、色调协调的整体，只有这样才能取得完美的效果。否则，局部的妆化得再精彩，整个人也出不了"彩"。

② 要协调服饰。不同色调的服装往往需要不同色调的化妆品，不同款式搭配的服饰往往需要不同的化妆手法。服饰与化妆协调一致，才会获得整体美的效果。例如身着素雅的连衣裙，就应选择清淡的妆相。

③ 要协调环境。化妆要与不同的环境、场合、社交气氛相协调、相适应。如在工作场合应该化淡妆；出席喜庆活动，可以化稍浓的妆；出席丧葬活动或看望病人可以不化妆等。

2）化妆的禁忌

（1）修饰避人。化妆属于个人隐私，原则上只能在家中进行。特殊情况下，需要在其他场合临时补妆，也应选择隐蔽之处。在许多国家，单身女子在饭店、舞厅、街头等公众场合当众化妆、补妆，往往会被视作风尘女子。

（2）化妆不要妨碍他人。有些人将自己的妆化得过浓、过重，香气四溢，令人窒息，这种化妆不仅没有取得美化面容的效果，还会使他人远离自己。

（3）勿使化妆出现残缺。如果出现残妆，要及时进行补妆。在炎热的夏季，这一点尤其要注意，否则就会给对方留下懒惰、低俗的印象。

（4）勿使用别人的化妆品。每个人面部的情况都不一样，为了防止皮肤疾病的传播，不要借用别人的化妆品。

（5）勿评论别人的化妆。化妆是个人的事，无论是当面还是背后，都不要随便评论别人的化妆，因为不同国家、不同民族、不同地区的文化传统和宗教信仰都不一样，所以审美情趣不同，化妆也存在差异，如果随便评论别人的妆容，是对对方的不尊重；如果让对方听见，还会让对方很难堪。

【小思考】

化妆风景线

阿美和阿娟是一所美容学校的学生，初学化妆非常感兴趣，走在大街上，总爱观察别人的妆容，因此发现了一道道奇特风景线：一位中年妇女没有做其他化妆，光涂了一个嘴唇，而且是那种很红很艳的唇膏，只突出了一张嘴；另一位女士的妆容看起来真的很漂亮，只可惜脸上精彩纷呈，脖子却很粗糙，在脸庞轮廓上有明显的分界线，像戴了面具一样。再看，还有的女士用粗的黑色眼线将眼睛轮廓包围起来，像个"大括号"，看上去那么的生硬、不自然；还有一位很漂亮的女士，身穿蓝色调的时装，却涂着橘红色的唇膏……

资料来源：http://max.book118.com/html/2011/0904/519038.shtm.

问题引入：

请帮助阿美和阿娟分析：针对以上几种情形，自己化妆时应注意哪些问题？

---

3. 眼睛

眼睛是心灵的窗口，是人际交往中被他人注视最多的部位，在修饰面容时应多加注意。

1）保洁

眼睛的保洁主要是要求将眼部的分泌物及时清理，不要给人留下不洁的印象。另外，如果患有眼病，应尽快治疗，尽量避免参加社交活动，因为眼疾的传染性是很强的。

2）眉毛的修饰

眉毛要经常梳理，如果眉毛长得比较乱，还要经常进行修整，在修整自己眉毛的同时，仍要兼顾个人的条件，选择适合自己的眉形，但在修饰眉毛的过程中，不主张过度修饰，更不能将眉毛剃光。

3）眼镜

眼镜在人们的现代生活中所起的作用已经不仅仅是矫正视力，它还具有一定的修饰功能。在佩戴眼镜时，要经常擦拭眼镜，使其保持干净亮洁。在社交活动中不适合佩戴太阳镜，如果佩戴了，在双方进行交往时要将太阳镜摘掉，当然也不可将太阳镜架在头上，不要给人一种"不识庐山真面目"的感觉。如果患有眼疾，戴有色眼镜时，要向对方说明。另外，在选择眼镜时要选择一款适合自己的眼镜，要充分考虑自己的身材、脸形和肤色等条件。例如，圆脸形的人不适合戴圆镜框和方镜框的眼镜，最好是选择圆中带方的；皮肤较黑的人应该选择明亮的镜框，皮肤白皙的人可以选用浅色镜架，皮肤发黄的人，宜选择暖色调镜框等。

4. 耳朵

耳朵虽然不是位于面部的正面，但也在人的视线之内，仍然要给予足够的重视。对于耳朵最重要的是要做到卫生，无论是在洗脸还是洗澡时都要顺便洗一下耳朵。此外，还要经常清理耳朵中的分泌物，但切记不要在别人面前操作。爱美的女性还要注意，不能随便在耳郭上打孔，更不能在耳郭上打很多的孔或过度地进行修饰。

5. 鼻子

对于鼻子最重要的是做到鼻腔清洁，不要让分泌物堵塞鼻孔。在清理分泌物时，不可"当众上演"那一幕，更不能将分泌物用手指"发射出去"。另外，当鼻毛长出鼻孔时，一定要修剪，否则就会给人留下邋遢的印象。

6. 嘴

1）保持口腔的清洁

保持口腔清洁最基本的要求是口腔无异味。要做到这一点必须经常刷牙，而且要采用正确的刷牙方式。正确的刷牙要做到"三个三"：每天刷牙三次，每次刷牙要在餐后三分钟进行，每次刷牙不能少于三分钟。除了刷牙之外还要进行洗牙，一般情况下，成人每半年洗一次牙即可。通过洗牙可以及时除去影响牙齿美观的牙斑，保护牙齿，同时还能发现口腔问题，及时地进行治疗。另外，为了保持口腔无异味，在工作或者参加社交活动前，不要吸香烟，不要吃带味的食物，如韭菜、葱、蒜等。

2）不要发出异响

人体内发出的声音，如咳嗽、哈欠、喷嚏、打嗝等统称为异响。在社交场合一定要进行自律，不要发出异响，但也不必强求于人。如果在大庭广众之下发出异响，一定要向周围人道歉；如果是别人发出异响，最好的做法就是视而不见。

3）胡须

男性如果不是出于宗教信仰和民族习惯，最好不要留胡须。在社交场合，男性如果胡子拉碴，尤其是在面对女性的时候，会给对方留下非常不好的印象，而且以这样的形象抛头露面，也是很失礼的。

【小知识】

如何彻底去除嘴里的蒜味

吃完大蒜后，嘴里残留的气味主要来源于蒜蓉，它是大蒜中一种有机硫化物成分——叫作"硫化丙烯"的辣素。"硫化丙烯"能透过口腔细胞膜表面，使它的味道长时间存留在口腔内。研究发现，吃一汤匙的蒜汁（大约相当于一瓣蒜）后，蒜味会在人体内持续停留16个小时。因此，通常在吃了大蒜后，即使过了两三天，嘴里和身上仍会散发或轻或重的蒜味。

有些人会尝试嚼口香糖或茶叶来缓解口气，但还是不能彻底去除蒜味。在这里，给大家介绍一个好方法：吃完大蒜后，喝一杯牛奶，牛奶中的蛋白质会与大蒜发生反应，就可以有效去除蒜味了。不过，喝牛奶时，注意要小口慢咽，让牛奶在口腔中多停留一会儿，而且最好喝温牛奶，这样效果会更好。

此外，还有一些简单易行的方法，也能减轻蒜味。比如吃了大蒜后，嚼一些花生仁、核桃仁或杏仁等蛋白质含量较高的食物，让蒜中的辣素"硫化丙烯"与蛋白质结合，就可以使口中的蒜味去除；用醋或酒漱口也能减轻蒜味。

资料来源：http://tieba.baidu.com/f? kz=161074322.

7. 手臂

手臂无论在工作中还是在社交活动中均是使用最频繁的身体部位。人们把手臂誉为"第二张脸"，可见手臂的形象对人们整体形象的塑造具有重要意义。

1）手掌

在人们的日常生活中，手是接触到他人或他物最多的身体器官，出于卫生、健康的需要，要经常洗手。在洗手后，要用一些护肤品，保持手部皮肤的细嫩光滑。

指甲是最容易藏污纳垢的地方，所以要经常修剪指甲，大体上每周应该修剪一次，通常指甲的长度不应该长过指尖。长指甲不利于健康，不方便于劳动，也容易伤害到别人。

【小知识】

如何正确洗手

正确的洗手方法是：打开水龙头后，用流动的水冲洗手部，应使手腕、手掌和手指充分浸湿；打上肥皂或洗涤液，均匀涂抹，搓出沫儿，让手掌、手背、手指、指缝等都沾满，然后反复搓揉双手及腕部。整个搓揉时间不应少于30秒，再用清水冲洗，冲洗时把手指尖向上，双手向上，让水把香皂泡沫顺手腕冲下，这样不会使脏水再次污染手尖和手掌。标准洗手步骤：掌心对掌心搓擦，手指交错掌心对手背搓擦，手指交错掌心对掌心搓擦，两手互握互搓指背，拇指在掌中转动搓擦，指尖在掌心中搓擦。

资料来源：http://ks.cn.yahoo.com/question/1306113015597.html.

2）手臂

按照社交礼仪的要求，在非常正式的政务、学术、外交、商务场合，手臂是不可以裸露在衣物之外的，尤其是肩部，在非正式的场合则没有严格的要求。另外，还应该注意手臂的汗毛。有些人手臂的汗毛特别重，应做适当的处理，最好的方法就是进行脱毛。爱美的女性要注意，在穿无袖衫的时候，一定要将腋下的汗毛处理干净，否则被人看到是很失礼的。

8. 腿部

1）脚

脚的清洁卫生也不能掉以轻心，要做到勤洗脚，要经常更换袜子，不要穿破损的袜子，如果有必要可以在自己的提包里或者在办公室抽屉里备上一双新的袜子，以应不时之需。

在正式的场合，是不能光着脚穿鞋的，必须要穿袜子，更不能穿露趾的凉鞋或拖鞋。

2）腿

在正式的场合，男性的腿是坚决不能裸露在外的，也就是说在正式场合男性必须要穿长裤，否则两条"飞毛腿"裸露在外实在是不雅。对于女性也是一样，在正式的场合，可以穿长裤，也可以穿长裙，但绝对不能穿短裤或者超短裙，在穿裙子时不能光着腿，必须要穿长筒袜，因为在欧美国家，光着腿穿裙子被视为"性感"的做法。

【小资料】

出卖你的不雅小动作

（1）挖鼻孔、掏耳朵。当众挖鼻孔、掏耳朵是一种不雅的动作，尤其在餐厅当别人正在进餐，或喝茶、咖啡时，这种不雅的小动作往往会令他人感到厌恶。

（2）失声大笑。无论听到什么惊天动地的趣事，都要保持基本的礼貌。旁若无人地放声大笑，不仅会让自己陷入尴尬的境地，同时也会吓别人一跳，给他人留下不好的印象。

（3）抖腿。特别是当我们坐在连排座椅上时（如电影院），如果有人抖腿会让他人感到很烦躁，跷着二郎腿哆嗦会给人一种心忙的感觉，同时这也是一种不文明的表现。

资料来源：https://www.jianshu.com/p/1c7af6e565ac.

2.2　服饰礼仪

服饰，是人的外在表象，由服装本体及其延伸饰物所构成。延伸饰物包括首饰、帽子、发夹、围巾、腰带、领带、提包、胸花、鞋子、眼镜、手套和手表等。莎士比亚说过，"一个人的穿着打扮，就是他的教养、品位、地位的最真实的写照"。这说明服饰不仅起到遮羞、蔽体、御寒的作用，还具有装饰、美化、显示其地位和身份的功效。从这个意义上讲，服饰可以被视为是一种非语言信息媒介，能够展示出一个人的喜好、涵养、审美情趣、心态等，也能体现出一个社会、一个时代的经济、政治、文化的发展状况和文明程度。

【小思考】

穿着打扮要与身份相符

王某是一个大型旅游景区营销部的经理。有一次，在与一位台湾商人洽谈业务前已做了大量的准备工作。到了双方会面的那一天，他又对个人形象刻意做了一番修饰：上身着一件花格子T恤衫，下身穿一条比较前卫的牛仔裤，头戴一顶刻有景区标志的遮阳帽，脚穿一双旅游鞋。特别值得一提的是，为了显示自己工作经验颇为丰富，王某留起了胡须，近半个月都没有刮过胡须。毫无疑问，王某想给对方一个时尚、能干的印象。然而事与愿违，对方看到王某这一身打扮，却皱起了眉头，业务最后也没谈成。

试分析王某业务没谈成的原因。

资料来源：毛用春. 旅游接待礼仪. 北京：现代教育出版社，2011.

2.2.1　穿着服装应遵循的原则

TPO原则是在进行服装穿着时应遵循的基本原则。T、P、O分别是三个英文单词的第一个字母，T代表着时间（time），P代表着地点（place），O代表场合（occasion）。

1. 时间原则

时间指每一天的早、中、晚3个时间段的变化，也指春夏秋冬四季的变化。时间原则要求着装时要考虑时间的变化，随着时间的变化而更换不同的衣服。例如，在炎热的夏季，穿着色彩清淡、透气性好、面料要薄一些的衣物，这样不仅自己穿着舒适，也会给别人留下清爽的感觉；冬天穿着保暖、轻便、面料要厚一些的衣服，应尽量避免臃肿不堪。

2. 地点原则

地点原则要求在不同的场所，着装应该有所不同，特定的场所要穿着与之相协调的衣物。例如，现代年轻女性所喜爱的露背装、超短裙，如果出现在欧美国家的大街上，会成为一道亮丽的风景；如果出现在阿拉伯国家的大街上，就显得有点不尊重该国家的风俗习惯了。

3. 场合原则

场合是指特定活动的性质、规模等。不同的场合对服装有不同的要求。场合原则要求着装要与场合和谐，只有这样才能取得美的效果。例如，在出席喜庆的场合时，着装的颜色应该鲜艳一些、喜庆一些；在出席丧葬活动时着装的颜色要朴素、庄重一些；在社交场合着装要时尚一些；在工作场合着装要庄重、大方一些等。

综上所述，TPO原则可概述为：衣着要考虑时间的变化，顺应自然；要因地制宜、尊重对方、尊重环境；衣着要与场合和谐，适合当时庄重、随意、喜庆或悲哀的环境气氛，同自己的角色相协调。

2.2.2　服装与肤色、体型相协调

1. 服装与肤色

人的肤色会随着所穿衣服的色彩而发生微妙变化，因此在选择服装和面料时，最好注意同自己的肤色相适宜，起到扬长避短的作用。一般来讲，肤色白的人，适合穿各种颜色的衣服；肤色偏暗的人，适合选择明朗的色彩，避免穿黑色、深紫色等暗色调的衣服；肤色偏黄的人不适合穿黄色、米色的衣服；颜面发红的人，适合穿白色或浅色衣服，不适合穿蓝色、绿色色系的衣服，因为粉红色和蓝绿色对比会使人的脸色发紫。

2. 服装与体型

由于人的体型差别很大，除了极少数的人有理想的体型外，绝大多数人的体型都有不完美的地方，因此在选择服装时，应该先了解自己的形体缺陷，选择适合自己形体特征的服装，来弥补自己的不足，达到扬长避短的效果。

（1）体型矮胖者：适合于选择深色竖条纹的衣服，裤腿不要过短过肥，不要把衬衫放到裤子里面。

（2）体型瘦高者：适合穿着浅色横条纹的衣服，尽量减少身体的外露，不适合穿着无领的衣服。

（3）体型瘦小者：适合穿着简单而直线型的服装，服装尽量得体。

（4）臀部肥大者：适合穿着深色的西装裤，忌穿浅色的带光泽的裤子，避免突出臀部，暴露弱点。

（5）腿短粗者：尽量选择偏短的衣服，稍长的深色直筒裤，或者过膝盖的筒裙。

（6）腿细长者：适合穿着长裙，如A字裙，不适合穿短裙。

3. 服装的配色

在色彩中，白色、黑色、灰色和棕色都是安全色，也是基本色。它们最容易和别的颜色进行搭配，并取得较好的效果。作为商务工作人员，在公务场合、商务场合，着装应该突出庄重保守的风格，以深色为佳，严格来讲全身上下不要超过3种颜色，即所谓的"三色原则"。

在对服装进行配色时，可遵循下列3种方法。

（1）统一法。在配色中选择统一色系中明暗度不同的颜色进行搭配，以便创造和谐之美，适合于在工作场合和庄重的社交场合进行搭配。例如，深蓝色的西服里面配浅蓝的衬衫。

（2）对比法。在配色中使用冷暖、深浅或明暗相反的色彩进行搭配，这种搭配方式突出个性，适合于各种场合的着装配色。例如，黑色和白色进行搭配。

（3）呼应法。在配色中某些相关的部位采用同一种色彩，以便相互呼应。例如，男士在

穿着西装时，鞋和包的颜色往往是相同的。

【小知识】

色 彩 哲 学

黑色：象征神秘、悲哀、静寂、死亡，或者刚强、坚定、冷峻

白色：象征纯洁、明亮、朴素、神圣、高雅、空虚、无望

黄色：象征炙热、光明、希望、高贵、权威

大红：象征活力、热烈、激情、奔放、喜庆、福禄、爱情、革命

粉红：象征柔和、温馨、温情

紫色：象征高贵、华贵、庄重、优越

橙色：象征快乐、热情、活力

褐色：象征谦和、平静、沉稳、亲切

绿色：象征生命、新鲜、青春、新生、自然、朝气

浅蓝：象征纯洁、清爽、文静、梦幻

深蓝：象征自信、沉静、平稳、深邃

灰色：象征中立、和气、文雅

2.2.3　商务人士的服饰规范

1. 男士西装的穿着规范

1）西装的选择

无论是在正式的工作场合、商务场合还是在社交场合，西装都是男性服装的首选，而且西装几乎成为世界性的通用服装，可谓男女老少皆宜。西装在选择和搭配上是很有讲究的。选择西装既要考虑颜色、尺码、价格、面料和做工，又不可忽视外形线条和比例。西装不一定必须讲究料子高档，但必须裁剪合体，整洁笔挺。一般来说，色彩较暗、沉稳且无明显花纹图案的黑色、深蓝、深灰色西装，适用场合广泛，穿用时间长，利用率较高。

2）衬衫的选择

穿着西装一定要搭配带领的长袖衬衫。衬衫的颜色应与西服颜色协调，不能是同一种颜色。一般而言，白色衬衫配各种颜色的西服效果都不错。在正式场合，男士不宜穿色彩鲜艳的格子或花色衬衫。衬衫袖口应长出西服袖口 1～2 cm，穿西装时必须把衬衫的下端置于裤子里。如果因为一些特殊原因需要在衬衫里面穿着背心，要注意背心的颜色不要深于衬衫的色彩，免得二者"反差"鲜明。此外，在正式庄重的场合，穿着西装必须打领带，打领带时衬衣领口扣子必须系好，不打领带时衬衣领口扣子应解开。

3）领带与西装的搭配

如果说手提包是女性的特权，那么领带就是男性的专利。领带被称为西装的灵魂。同样一套西装，搭配上不同的领带，马上就会改变着装者的身份和形象。

领带的面料以真丝为最佳，领带的颜色一般与衣服的颜色一致，或是形成鲜明的对比。领带的花纹很多，不同的花纹代表着不同的含义，如碎花代表体贴，圆点代表关怀，方格代

表热情，斜条纹代表果断等，因此，在不同的场合应该搭配不同图案的领带。

打领带时衬衫的扣子要扣好，领带的最下端要处于腰带的中间位置，领带夹要夹在衬衫的第3粒和第4粒扣子之间，并把领带固定在衬衫上。如果穿西装背心、羊毛衫时，领带应放于其内侧，且下端不能露出领带头。

下面介绍三种最常用的领带打法。

（1）简式结：又称马车夫结，适用于质料较厚的领带，最适合打于标准式及扣式领口的衬衫，将其宽边以180°由上往下翻转，并将折叠处隐藏于后方，待完成后可再调整其领带长度，这是最常见的一种结形（见图2-1）。

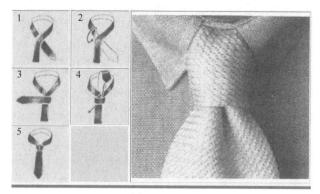

图2-1 简式结打法

（2）浪漫结：浪漫结是一种完美的结形，故适合用于各种浪漫系列的领口及衬衫。完成后将领结下方的宽边压以皱褶可缩小其结形，窄边亦可将它往左右移动使其小部分出现于宽边领带旁（见图2-2）。

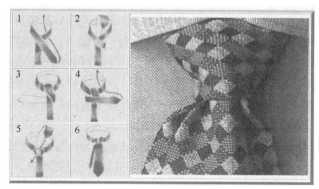

图2-2 浪漫结打法

（3）温莎结：此种结形因其宽度较一般结形宽，故十分适合使用在意大利式领口（八字领）的浪漫系列衬衫上，最适合与浪漫细致的丝质领带相互搭配（见图2-3）。

4）纽扣

西装的纽扣有单排、双排之分。双排扣的西服要把纽扣全部系上，以示庄重。单排两粒扣，只扣上面一粒纽扣，三粒扣则扣上面两粒或中间一粒，也可以全部不扣，以示帅气、潇洒。

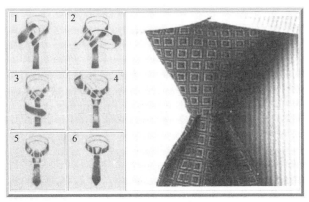

图2-3 温莎结打法

5）商标

在西装上衣左边袖子上的袖口处，通常会缝有一块商标。在正式穿西装之前，切勿忘记将它先行拆除。这种做法，等于是对外宣告该套西装已被启用。假如西装穿过许久之后，袖子上的商标依旧停留于原处，有招摇过市之嫌，难免会见笑于人。

6）鞋袜与西装的搭配

在正式的场合，男士的鞋子应该是黑色或者深咖啡色的皮鞋，而且最好是系带儿的皮鞋。袜子的选择首先要考虑颜色，黑色、灰色或深蓝色等深色的袜子是最佳选择，要尽量与裤子的颜色相近，男士穿西装忌穿白色袜子和肉色袜子。其次，穿西装时还要注意袜口的长短，如果过短，在走路或者坐下时袜口露出来，就会影响着装者的整体形象。最后，袜子的面料要选择棉质的，避免产生异味。在穿西装时还要注意裤管不能过短，站起来，裤管正好能触及鞋面，后面能垂直遮住1 cm的鞋帮就可以了。

【小资料】

西装与领带、领结的起源

西装起源于100多年前的欧洲，据说是由渔民发明的。它原流行于西方国家，以庄重舒适、挺括美观而风靡于世，现已成为世界各国普遍认同和喜爱的男士服装。

据说最原始的"领带"来自古时候山林里的日耳曼人，是他们系在脖子上为使兽皮不致脱落的草绳。而真正使领带成为上流社会时尚的是法国国王路易十四。有一天，他看到一位大臣上朝时，在脖子上系了一条白绸巾，还在前面打了一个领结，显得十分漂亮。路易十四极为赞赏，当即宣布以领带为高贵的标志。

资料来源：张百章，何伟祥. 公关礼仪. 大连：东北财经大学出版社，2005.

2. 男性饰品的佩戴

1）腰带

腰带除了固定裤子之外，还有一定的装饰作用。选择一款质地上乘的皮带，可以增加着装者的风度和气质。在穿着西装时，只能扎皮带，不能扎塑料的和金属质地的腰带。腰带在与裤子的颜色进行搭配时，可以采用同色、类似色、对比色进行搭配。黑色的皮带适合任何一种裤子。

2）手表

手表、钢笔、打火机在西方被视为男士的三大配料，被视为身份的象征，在正式的场合，男士应该佩戴简单的机械表，不适合佩戴电子表、卡通表等休闲手表，手表一般应该戴在左手上。此外，一支高档的钢笔同样也是男士经济实力的象征，但要注意不能将钢笔放在西装左胸部的外兜里，如果没有公文包应该将钢笔放在西装内侧的兜里。

3）公文包

在公务场合，男士所用公文包，颜色一般应选择黑色、深褐色或棕色。在皮包里可以装上钢笔、记事本、纸巾、名片包、手机和钥匙等物件。对于穿西装的男士而言，不能将这些物品放在西装的外兜里，这样会破坏西服的美感，尤其不能将手机和钥匙一同挂在腰间，这样做被视为新世纪最土气的做法。

3. 女士的着装规范

中国的女性在社交场合喜欢穿着的传统礼服是旗袍，在工作场合一般则是穿着职业套装。

1）旗袍

旗袍是中国独特的、富有民族风格的传统女装，其原型是清朝旗装大衫，民国时期开始流行，至今经久不衰。旗袍的魅力在于造型简练、端庄秀丽，能充分展示东方女性人体的自然美。穿旗袍应注意以下几个方面。

（1）要看穿着场合。不同面料的旗袍有不同的适应场合。例如，缀有亮片的丝绸旗袍，最适合夜间社交场合，闪光的旗袍与环境融为一体，既光彩照人又和谐自如，但它不适合在白天穿着赴会，以免引人侧目。此外，在社交场合穿着的旗袍要长些，千万不要穿短旗袍，还要注意扣好衣领，给人以端庄周正之感。如果匆忙中忘扣衣领就到社交场合亮相，那是失礼行为。

（2）穿前要仔细检查旗袍，尤其是拉链。旗袍在洗涤时，链齿容易脱落或产生绽裂，因此穿前一定要仔细检查，以免临场拉链失灵，造成尴尬。

（3）所穿内衣要长短得体，色彩浓淡适宜，不露痕迹。

（4）在穿着旗袍时要穿丝袜和高跟鞋，不宜穿露趾凉鞋，以免破坏旗袍雍容、端庄的特征。

（5）特殊身材，如太胖或太瘦的女性，旗袍不宜裁制得过分贴身，而应把周身放大 2～3 cm，以免体型"原形毕露"，或臃肿不堪，或瘦骨嶙峋，使不足之处更突出。

（6）长度在膝上 3～10 cm 的短旗袍，两边的衩口不能太高，下摆也不宜太窄。但长旗袍的衩口倒可开得高些，一般来讲，旗袍下摆的开衩长短要与身高成正比。

（7）在穿着旗袍时要注意自己的行为举止，不能骑自行车，挤公共汽车，更不能在路上奔跑。

【小思考】

旗 袍 风 波

一位在西欧颇有身份的女士来华访问，下榻北京一家豪华大酒店。酒店以贵宾的规格隆重接待：总经理在酒店门口亲自迎接，从大堂入口处到电梯走廊，都有漂亮的服务员夹道欢迎和问候，贵宾入住的豪华套房里摆放着鲜花和水果，西欧女士对此十分满意。陪同入房的总经理见女士兴致很高，为了表达酒店对她的心意，主动提出送一件中国旗袍，她欣然同意，并随即让酒店裁缝给她量了尺寸。总经理很高兴能送给尊敬的女士这样一件有意义的礼品。

几天后，总经理将赶制好的鲜艳、漂亮的丝绸旗袍送来时，不料这位洋女士却面露愠色，勉强收下，后来离店时却把这件珍贵的旗袍当作垃圾扔在酒店客房的角落里。总经理大惑不解，经多方打听才了解到，原来这位洋女士在酒店餐厅里看到女服务员都穿旗袍，误以为那是女侍者特定的服装款式，认为赠送旗袍，是对自己的不尊敬，故生怒气，将旗袍丢弃一边。总经理听说后啼笑皆非，为自己当初想出这么一个"高明"的点子而懊悔不已。

试问：这位总经理错在哪里？你了解哪些西方服务禁忌？

资料来源：http://blog.tianya.cn/blogger/post_show.asp? BlogID=261657&PostID=8318578.

2）套装

在正式的商务场合、政务场合或学术场合，套装是女性的首选。套装，其上身为一件女式西装，下身是一条裤子或一条半截式的裙子，裙子更能体现女性的美丽。准确地说，女式西装，其实最早是由男式西装演变而来的。然而一旦将潇洒、刚健的西装上衣与柔美、雅致的代表女性化服装的裙子组合到一起，二者便刚柔相济、相得益彰、大放异彩，套裙也就因此脱颖而出了。

在穿着套裙时，需要注意的主要问题大致有以下5个。

（1）套裙应当大小适度。一套做工精良、面料优质且大小适宜的套裙，穿在一位白领丽人的身上，无疑会为之增添无限魅力。一般而言，套裙之中的上衣最短可以齐腰，而其中的裙子最长则可以达到小腿的中部。如果上衣再短，或者裙子再长，便会给人以勉强或散漫的感觉。此外，上衣或裙子均不可过于肥大或包身。过于肥大的套裙易于使着装者显得萎靡不振，而过于包身的套裙则往往会令着装者"引火烧身"，惹来麻烦。

（2）套裙应当穿着到位。在穿着套裙时，必须依照常规的穿着方法，将其认真穿好，令其处处到位。尤其要注意：上衣的领子要完全翻好，衣袋的盖子要拉出来盖住衣袋；不允许将上衣披在身上，或者搭在身上；裙子要穿得端端正正，上下对齐之处务必对齐。

特别需要指出的是，商界女士在正式场合露面之前，一定要抽出一点时间仔细地检查一下自己所穿衣裙的纽扣是否系好、拉锁是否拉好。在大庭广众之下，如果上衣的衣扣系得有所遗漏，或者裙子的拉锁忘记拉上、稍稍滑开一些，都会令着装者一时无地自容。

（3）套裙应当考虑场合。在出席商务场合时，职业女性一般以穿着套裙为佳；在出席宴会、舞会、音乐会时，可酌情选择与此类场面相协调的礼服或时装，如果依旧穿套裙，则会使自己与现场"格格不入"，并且还有可能影响到他人的情绪；在外出观光旅游、逛街购物，或者进行锻炼健身时，一般则以穿着休闲装、运动装等便装为宜，如果在这种场合还穿着套裙的话，不仅"劳而无功"，而且还会使他人觉得着装者煞有介事。

（4）套裙应当协调妆饰。高层次的穿着打扮，讲究的是着装、化妆与佩饰风格统一，相辅相成。因此，在穿着套裙时，不可以化浓妆，主要是因为女性在工作岗位上要突出的是工作能力、敬业精神，而非自己的性别特征和靓丽容颜，所以只需化淡妆即可。

（5）套裙应当兼顾举止。虽说套裙最能够体现女性的柔美曲线，但如果着装者举止不雅，在穿套裙时对个人的仪态毫无要求，甚至听任自己肆意而为，则依然不会将套裙自身的美感表现出来。穿上套裙之后，女性在站立时要又稳又正，不可以双腿叉开，东倒西歪，或是倚墙靠壁而立；就座以后，务必注意姿态，切勿双腿分开过大，或是跷起一条腿来，脚尖抖动不已，更不可以脚尖挑鞋直晃，甚至当众脱下鞋来；在行走之时或取放东西时，有可能对着装者产生一定程度的制约。由于裙摆所限，穿套装者走路时不能够大步流星地奔向前去，而只宜以小碎步疾行，行进之中，步子以轻、稳为佳，不可走得"嗵嗵"直响；需要去取某物时，若其与自己相距较远，可请他人相助，千万不要逞强，尤其是不要踮起脚尖、伸直胳膊费力地去够，或是俯身、探头去拿，以免使套裙因此而开裂。

4. 女性饰品的佩戴

1）女性在佩戴饰品时应遵循的原则

（1）与服装相协调的原则。饰品的色彩、质地、款式要与服装相协调，如艳丽的服装要选择色彩淡雅的饰品，深色单调的服装要选择色彩明亮的饰品，宽松的服装要选择粗犷、松散的饰品。

（2）与形体相协调的原则。选择饰品时要考虑佩戴者的年龄、体型、发式、脸形等特点。例如，圆形脸佩戴耳坠比较适合，要符合反其道而行的原则。

（3）以少为佳的原则。饰品对于佩戴者起着"画龙点睛"的修饰作用，因此不是越多越好，不可把饰品作为显示自己身份或经济实力的象征，进行炫耀，佩戴太多只能显得俗气。

（4）与场合相适应的原则。如运动和旅游时间不适合佩戴饰品，在工作场合适合佩戴一些较小的饰品，在社交场合可以佩戴少量饰品等。

2）女性在佩戴饰品时应遵守的礼仪

（1）戒指。戒指一般戴在左手，而且最好只戴一枚，至多两枚。戴两枚戒指时，可戴在左手两个相邻的手指上，也可戴在两只手对应的手指上。戒指的佩戴可以说是表达一种沉默的语言，往往暗示佩戴者的婚姻和择偶状况：戒指戴在中指上，表示已有了意中人，正处在恋爱之中；戴在无名指上，表示已订婚或结婚；戴在小手指上，暗示自己是独身者；如果把戒指戴在食指上，表示无偶或求婚。有的人手上戴了好几个戒指，炫耀财富，这是不符合礼仪规范的。

（2）项链。项链也是受到女性青睐的主要首饰之一。它的种类很多，大致可分为金属项链和珠宝项链两大系列。佩戴项链应和自己的年龄及体型相协调，如脖子细长的女士佩戴仿丝链，能显得玲珑娇美；马鞭链粗实成熟，适合年龄较大的妇女选用。此外，佩戴项链也应与服装相呼应，如身着柔软飘逸的丝绸衫裙时，宜佩戴精致细巧的项链，显得妩媚动人；穿单色或素色服装时，宜佩戴色泽鲜明的项链，使服装色彩可显得丰富而活跃。

（3）耳环。耳环也叫耳坠，是女性耳朵上的饰物。在选择佩戴耳环时，要依据佩戴者的脸形而定，如果是长形脸，应选择大耳环；方形脸应选择圆形、心形、椭圆形的耳环；圆形的脸则应选择耳坠，利用人的视觉原理改变脸的轮廓。在佩戴耳环时要注意，每只耳朵只能戴一只耳环。

（4）手链和手镯。手链和手镯一般都戴在左手上，如果戴两个手镯，应每只手上戴一个，而手链一般只能戴一条。此外，手链和手镯不能同时佩戴，手链和手镯都不应该与手表戴在同一只手上。在有些国家，手镯的佩戴有其特殊的含义，戴在右手上表示独身自由，不受约束；戴在左手或双手表示已经结婚。

（5）脚链。只有在非正式场合才允许佩戴脚链，而且只能戴一条，如果穿高筒袜要戴在袜子外面，不能戴在里面，这样不仅不美观，还会被人误解为"静脉曲张"。

（6）胸花。选择胸花要考虑服装的色彩、衣料和款式。如红色的衣服可以配黄色或者本色的胸花，形成暖色调的和谐之美；白色的衣服可配天蓝色和翠绿色的胸花，形成冷色调的协调美。如果穿西装，一般应该将胸花戴于上衣左侧领上，若穿无领衣服应该戴于左胸部，第一粒扣子和第二粒扣子之间。在正式的商务活动场合，女士最好不要佩戴胸花。

2.3 举止礼仪

2.3.1 站姿

站姿是指人的双腿在直立静止状态下所呈现出的姿势。正确的站姿会给人以挺拔劲秀、舒展俊美、庄重大方、精力充沛、信心十足、积极向上的印象。站姿是步态和坐姿的基础，一个人想要表现出得体雅致的姿态，首先要从规范站姿开始。

1. 站姿标准

（1）头部微微抬起，面部朝向正前方，双眼平视，下颌微微内收，颈部挺直。

（2）双肩平正，微微放松，呼吸自然，腰部直立，上体自然挺拔。

（3）双臂自然下垂，处于身体两侧，手指自然弯曲，指尖朝下，中指压裤缝。

（4）两腿立正，两脚跟并拢，双膝紧靠在一起；两脚"V"形分开，成 $45°\sim60°$，注意提起髋部，身体的重量应当平均分布在两条腿上。

2. 站姿的基本形式

1）后背式站姿

两腿稍分开，两腿平等，比肩宽要窄，两手在背后轻握放在后腰处，右手贴在左手的外面。这种站姿优美中略带威严，易产生距离感，所以是保安人员常用的一种站姿。

2）前腹式站姿

两脚呈"V"形，双手相交放在小腹部，右手搭在左手上。这种站姿，男子可以将两脚分开，但距离不要超过 20 cm。女子可以用小"丁"字步，即一脚稍微向前，脚跟靠在另一脚的内侧。这种姿势端正中略有自由，郑重中略有轻松，一般是常用的接待站姿。

3）侧立式站姿

两脚呈"V"形，两手放在腿部两侧，手指稍弯曲，呈半握拳状。

3. 不良的站姿

1）身体歪斜

在站立时身子不够端正，出现了探脖、塌腰、耸肩、撅臀、屈膝等不雅的姿态。

2）双腿叉开过大

站立时间过久，可以通过叉开双腿缓解一下腿的疲劳，但出于文明礼貌，不能将双腿叉开过大，尤其对于女性，在任何情况下都不能将双腿叉开。

3）两脚随意乱动

人在站立时，双脚不能随意乱动，更不能将双脚从鞋里解放出来。

4）表现自由散漫

在站立时要做到站有站相，不能随便爬、扶、倚、靠在其他的物品上，也不能用脚去踩踏其他的物品，这样会给人留下无精打采、自由散漫的坏印象。

2.3.2　行姿

行姿是指一个人在行走过程中的姿势。行姿是站姿的延续动作，是在站姿的基础上展示人的动态美。无论是在日常生活中还是社交场合，走路往往是最引人注目的身体语言，也最能表现一个人的风度和活力。

1. 对行姿的基本礼仪要求

1）昂首挺胸

在行走时，要目视前方，上身直立，无论是背部、腰部还是膝关节都避免弯曲，使全身看上去是在一条直线上。

2）双肩平稳，双臂自然摆动

在行走时双肩要平稳，不能左右摇晃，更不能将双手横向或同向摆动。在摆动时也要有节奏，一般来讲摆动的幅度以 30°～35°为宜。

3）步幅要适中

步幅是指在行走过程中每一步的长度。一般来讲，男性步幅为 40 cm，女性步幅为 36 cm。当然控制步幅的长度，还要考虑行进的目的和所穿的衣服。有时也可以将步子迈得大一点，但也不能太大。对于女性，在穿着礼服和职业套装时，步子要稍小一些。

4）全身协调、匀速行进

在行走时，没有特殊事情，要始终保持匀速，不能忽快忽慢，而且行走的轨迹要在一条直线上，否则会引起人们的警觉。一般来讲，行走的速度男性 105～110 步/min，女性 118～120 步/min。

2. 不良的行姿

1）瞻前顾后、方向不定

在行走时，人们要走好自己的路，不能东看西看，否则会让周围的人产生怀疑。

2）声响过大

女性在行走时一定要注意自己的鞋跟，不要与地面发出"嗒嗒"的声音，尤其是在比较寂静的医院、图书馆和寝室等场所，要格外注意，不要打扰他人的工作和生活。

3）速度多变

在社交场合，行走时要尽量保持匀速，不能时而停止，时而奔跑。

2.3.3　坐姿

坐姿是指人在就座之后所呈现出的姿势。符合礼仪规范的坐姿能够给人以文雅、稳重、优美、大方的感觉，它体现着一个人的内在素质和精神风貌。

1. 坐姿的标准要求

（1）入座时要轻、稳、缓。要以轻盈缓慢的步伐走到椅子面前，然后转身轻而稳地落座，并将左脚和右脚并排自然摆放。女士入座时，若是着裙装，应用手将裙子稍稍拢一下，避免将裙子坐皱，不要坐下后再拉拽衣裙，那样非常不优雅，如果用力过大还会将裙子拉坏，闹出笑话。

（2）正式场合一般讲究左进左出，即入座时从椅子的左边入座，离座时也要从椅子左边离开，这是一种礼貌。女士入座尤要娴雅、文静、柔美。如果椅子位置不合适，需要将椅子抬起来，再将它搬到合适的位置，然后入座。直接在地上拉动椅子，或者坐在椅子上移动位置，都会影响到别人，是有违社交礼仪的。

（3）神态从容自如，面带笑容，双目平视，嘴唇微闭，微收下颌，在入座时如果需要别人站立，一定要使用礼貌用语，譬如："劳驾，请让一下"；在别人给予便利时要说"谢谢"。如果坐在自己周围的人不认识，要主动问好。

（4）双肩平正放松，两臂自然弯曲放在腿上，亦可放在椅子或是沙发扶手上，以自然得体为宜，掌心向下，不要将手夹在大腿中间，或放于脑后。

（5）坐在椅子上，要立腰、挺胸，上身挺直，不允许仰头靠在座位背上，低头注视地面，左顾右盼，闭目养神或是摇头晃脑。

（6）双膝自然并拢，双腿正放或侧放，双脚并拢或交叠或呈小"V"形。男士两膝间可分开一拳左右的距离，脚态可取小八字步或稍分开以显自然洒脱之美，但不可尽情打开腿脚，那样会显得粗俗和傲慢，更不能在老者面前高跷"4"字腿，因为"4"与"死"谐音，这样做触犯了老人的禁忌。对于女性，在任何情况下，不管采用哪种坐姿都要将膝盖紧紧地并在一起。另外，在坐定以后，脚部不要以脚尖对人，这样做对人很不尊敬，且不能踩踏其他的物品，也不能抖动双腿，使桌子随之颤抖。

（7）坐在椅子上，应至少坐满椅子的 2/3，宽座沙发则至少坐 1/2，坐得太少会给人一种不自信的印象，还有可能摔倒；做得过多，显得就座者有点懒散，对对方不够尊重。如果坐的时间不是很长，少于 10 分钟左右则不要靠椅背，时间久了，可轻靠椅背。

（8）谈话时应根据交谈者方位，将上体、双膝侧转向交谈者，上身仍保持挺直，不要出现自卑、恭维、讨好的姿态。讲究礼仪要尊重别人但不能失去自尊。另外，如果对方是站着，一定要从座位站起来和对方交谈，如有特殊情况不能站立要和对方说明原因，并表示歉意。

（9）离座时要自然稳当，右脚向后收半步，而后站起，不能突然站起，以免惊吓其他人。如果椅子的位置有碍站立，要先将椅子抬起后移动，避免发出响声。

2. 坐姿的种类

1）标准式坐姿

上身正直上挺，双肩正平，两手放在双腿上，双膝并拢，小腿垂直地面，两脚自然分开，成 45°。

2）重叠式坐姿

重叠式也叫"二郎腿"式，是在标准式的基础上，两腿向前，一条腿提起，腿窝落在另一条腿的膝盖上的姿势。跷"二郎腿"一般被认为带有一定的不严肃性，是一种不庄重的坐姿。但是，如果能够注意上边的小腿往回收，贴住另外一条腿，脚尖向下这些要求，重叠式坐姿不仅外观优美文雅，大方自然，而且还可以充分展示女子的风采和魅力（见图 2-4）。

3）后点式坐姿

两小腿后曲，脚尖着地，双膝并拢（见图 2-5）。

图 2-4 重叠式坐姿

图 2-5 后点式坐姿

【小知识】

男士的标准坐姿

男士标准坐姿要求"坐如钟",即体态稳重,不摆动身体,不抖动腿。坐正,上身挺直,双腿略分开,双肩平正放松,两臂自然弯曲。双手分别放在双膝上,也可放在椅子或是沙发扶手上,注意掌心应向下。两膝间可分开一拳左右的距离,脚态可取小八步或稍分开以显自然洒脱之美。与女士坐姿不同,男士落座后不宜双手叠放在一起,那样会显得不大方,缺少阳刚之气。此外,双腿也不要并拢,双脚稍分,但不可尽情打开腿脚,那样会显得粗俗和傲慢。

2.3.4 蹲姿

蹲姿不像站姿、行姿、坐姿那样使用频繁,因而往往被人所忽视。在日常生活中,人们对于掉在地上的东西,一般是习惯弯腰将其捡起,但从礼仪的角度而言,这种姿势是不合适的。

优雅的蹲姿,一般采取下列两种方法。

1. 交叉式蹲姿

下蹲时右脚在前,左脚在后,右小腿垂直于地面,全脚着地。左腿在后与右腿交叉重叠,左膝由后面伸向右侧,左脚跟抬起,脚掌着地。两腿前后靠紧,合力支撑身体。臀部向下,上身稍前倾。

2. 高低式蹲姿

下蹲时左脚在前,右脚稍后(不重叠),两腿靠紧向下蹲。左脚全脚着地,小腿基本垂直于地面,右脚脚跟提起,脚掌着地。右膝低于左膝,左膝内侧靠于左小腿内侧,形成左膝高、右膝低的姿势,臀部向下,基本上以右腿支撑身体(见图 2-6)。

3. 蹲姿禁忌

(1)弯腰捡拾物品时,两腿叉开,臀部向后撅起,是不雅观的

图 2-6 高低式蹲姿

姿态。

（2）两腿展开平衡下蹲，其姿态也不优雅。

（3）下蹲时注意内衣"不可以露，不可以透"。

2.3.5 手姿

手姿又叫手势，是在表示意思时用手所做出的姿势，是人们在交往时常用的动作之一。恰当优美的手姿同样能够展示一个人的涵养和气质。

1. 标准手姿

1）垂放

垂放是最基本的手姿，一般在站立时采用，双手可以自然下垂，也可以将双手叠放或相握于小腹前，在进行叠放时右手在上，左手在下。

2）背手

一般在站立、行走时采用，将双臂伸到身后，双手相握，可以显示出权威、镇静的态势，一般保安、军人经常采用这种手姿。

3）持物

在拿东西时，可以用一只手，也可以用双手，在给别人递接物品时要用双手，在持物时不要跷起无名指或小拇指。

4）鼓掌

鼓掌通常是表示欢迎、祝贺和支持的一种手势，右手在上，左手在下，不要反之，否则有鼓倒掌嫌疑。

2. 引导手势

1）横摆式

横摆式是在表示"请"时常用的手势。横摆式具体又可分为单臂横摆式和双臂横摆式。具体做法是：四指并拢，拇指自然分开，手掌自然伸直，手心向上，肘微弯曲，腕低于肘。开始做动作时手势应该从腹部之前抬起，以肘为轴轻微向一旁摆出，到腰部并与身体正面成 45°时停止。头部和上身微向伸出手的一侧倾斜，另一手下垂或放于身后，目光注视宾客，面带微笑，表示对对方的欢迎（见图 2-7）。

图 2-7 横摆式

2）斜摆式

请客人入座时，手势应摆向座位的地方。伸手要先从身体的一侧抬起，到高于腰部后，再向下摆去，使大小臂成一斜线（见图 2-8）。

3）直臂式

直臂式是在指引方向时常用的一种手势。手指并拢，掌伸直，屈肘从身前抬起，向指示的方向摆去，摆到肩的高度时停止，肘关节基本伸直（见图 2-9）。注意指引方向时，不能用食指指出，这样很不礼貌。

图 2-8 斜摆式   图 2-9 直臂式

2.3.6 表情

1. 目光

人们形象地称眼睛是"心灵的窗口",目光接触也是心灵的接触。眼神是人深层心理的一种自然表现,喜、怒、哀、乐等情感都会从目光的微妙变化中反映出来。从礼仪的角度来讲,适宜地运用目光至少应该注意以下几点。

1)要注意视线接触的角度(即目光的方向)

一般来说,在社交中,大家比较喜欢的是平视,这样可以使交流直接而顺畅,因此平视是视线接触的最好角度,仰视和俯视都会使双方的心理产生差距。

2)把握视线接触的长度(即目光接触时间的长短)

如果在与一个人谈话过程中,对方很少注视你,且注视你的时间不超过整个相处时间的30%,这似乎就说明这个人并不在乎你。同样的道理,如果一位长辈与晚辈谈话时,能够多一些目光的接触,这将对年轻人起到很大的鼓励作用。目光长时间的接触和交流是对对方最大的支持与肯定,同样对方会受到良好情绪的感染,对己也抱有兴趣。

3)正确运用目光的变化

在与人交谈时,要注意目光的变化。例如,在交谈中,始终保持目光的接触,表示对对方所说的内容感兴趣;在交谈中,目光不固定,表示对对方说话的内容不感兴趣;在交谈中,如果想中断自己的谈话,可将目光移向他处;对于对方讲错话而感到害羞时,不要将目光移向他处,要用谅解的目光继续注视对方,否则对方会认为在嘲笑他;当双方缄默不语时,要停止注视对方,以免尴尬。

2. 眉毛

眉毛也能传递信息,虽然其生动性和丰富性不如眼睛,但也能表达人的真实情感,不同的眉毛形状代表不同信息:双眉平展,表示欢悦与平和;眉毛微挑,表示询问和怀疑;眉毛紧锁,表示不满、畏难、厌烦、思索;眉毛耷拉,表示无奈、遗憾、毫无兴趣;双眉向上斜立,表示愤怒和仇恨。

为了展现良好的形象和修养,在交往时双眉要保持平和,不要随意变换眉毛的形状。

3. 嘴

嘴的传情达意能力仅次于眼睛,不同的嘴部动作代表不同的含义。其中,笑是最能体现嘴部动作的一个表情,笑的种类又有很多,不同种类的笑代表了不同的含义。在大笑、微笑、狂笑、苦笑、傻笑中最适合社交场合用的是微笑，微笑体现出亲切、温馨，能有效地缩短人与人之间的距离，给对方留下良好的第一印象。

1）微笑的种类

（1）自信的微笑。这种微笑充满了自信和力量，一个人即使在遇到困难时，如果能微笑以待，一定能战胜困难。

（2）礼貌的微笑。这种微笑像春风化雨一样能滋润人的心田。

（3）真诚的微笑。这种微笑可以对他人表示尊重、理解和同情。

2）微笑的动作要领

头正，下颌微收，面部轻柔，眼神聚光有神，双眉舒展微微上扬，双唇微闭，牙齿微合，嘴角略向后收，面颊肌向上送。

【小思考】

微笑也要有分寸

某日华灯初上，一家饭店的餐厅里客人满座，服务员来回穿梭于餐桌和厨房之间，一派忙碌景象。这时一位服务员跑去向餐厅经理汇报，说客人投诉有盘海鲜菜中的蛤蜊不新鲜，吃起来有异味。

这位餐厅经理自信颇有处理问题的本领和经验，于是不慌不忙地向投诉客人的那个餐桌走去。一看，那不是老食客张经理嘛！他不禁心中有了底，于是迎上前去一阵寒暄："张经理，今天是什么风把您给吹来了，听服务员说您老对蛤蜊不大对胃口……"这时张经理打断他说："并非对不对胃口，而是我请来的香港客人尝了蛤蜊后马上讲这道菜千万不能吃，有异味，变了质的海鲜，吃了非出毛病不可！我可是东道主，自然要向你们提意见。"餐厅经理接着面带微笑，向张经理进行解释，蛤蜊不是鲜货，虽然味道有些不醇正，但吃了不要紧的，希望他和其余客人谅解包涵。

不料此时，在座的那位香港客人突然站起来，用手指指着餐厅经理的鼻子大骂起来，意思是，你还笑得出来，我们拉肚子怎么办？你应该负责任，不光是为我们支付治疗费而已。这突如其来的兴师问罪，使餐厅经理一下子怔住了！他脸上的微笑一下子变成了哭笑不得。到了这地步，他揣摩着如何下台阶，他在想，总不能让客人误会刚才我面带微笑的用意吧，又何况微笑服务是饭店员工首先应该做到的。于是他仍旧微笑着准备再作一些解释，不料，这次的微笑更加惹起了那位香港客人的恼火，甚至于流露出想动手的架势，幸亏张经理及时拉拉餐厅经理的衣角，示意他赶快离开现场，否则简直难以收场了。

事后，这一微笑终于使餐厅经理悟出了一些道理来。

问题引入：

分析上述案例，餐厅经理和香港客人之间产生误会的主要原因是什么？如果你是该餐厅经理，你会如何做？

资料来源：http://blog.tianya.cn/blogger/post_show.asp? BlogID＝261657&PostID＝8318578.

本 章 小 结

　　随着人类文明程度的不断提高，人们越来越重视自己在别人心目中的形象。本章内容对个人形象塑造的途径进行了系统的阐述，主要体现在仪容、服饰、举止3个方面。在仪容方面主要介绍了在眼、鼻、嘴及四肢进行修饰时应该注意的问题；在仪表方面介绍了男士在穿着西装和女士在穿着旗袍和职业套装时的穿着规范；在举止方面介绍了站立、行走、坐、蹲等方面应该注意的礼仪规范。

关键概念

仪容　仪表　仪态　举止　服饰　目光　微笑

自测题

1. 填空题

（1）仪容修饰的基本要求是_____、_____和_____。

（2）服装配色的方法有统一法、_____和_____。

（3）发型是指头发的整体造型，在选择发型时除了要考虑_____外，更重要的是要考虑自己的_____和_____。

（4）作为职业工作人员，在公务场合、社交场合，着装应该突出_____的风格，以_____色为佳。严格地讲，全身上下着装不得超过_____种颜色。

（5）西装袖口上的商标，穿着时一定要_____，否则有伤大雅。

2. 判断题

（1）不管穿什么，戴什么，只要自己喜欢就可以了，不用在意别人的评价。　　　（　　）

（2）女士在站立时，如果感觉很累，可以将双腿叉开。　　　（　　）

（3）对于长脸形的女性来说，为了和自己的脸形搭配，可以戴一副长耳环。　　　（　　）

（4）参加葬礼时应该穿深色的衣服，在参加婚礼时应该穿颜色鲜艳的衣服。　　　（　　）

（5）在利用目光进行交流时，为了表示对对方的尊敬，要一直注视对方的眼睛。（　　）

3. 简答题

（1）社交礼仪对化妆有什么要求？化妆时有什么禁忌？

（2）着装的 TPO 原则是什么？

（3）女性在佩戴首饰时有哪些原则？

（4）简述社交礼仪对站姿的要求。

案例分析

如此面试怎能成功

　　一次，有位教师带着三个毕业生同时到一家公司应聘做业务员。面试前教师怕学生面试紧张，同人事部主任商量让三个学生一起面试。三位学生进入人事部主任办公室时，主任上前请三位学生入座。当主任回到办公桌前，抬头一看，欲言又止，只见两位同学坐在沙发上，一个跷起二郎腿，而且两腿不停地摇晃，另一个身子松懈地斜靠在沙发一角，两手攥握手指咯咯作响，只有一个同学端正地坐在椅子上等待面试，人事部主任起身非常客气地对两位坐在沙发上的学生说："对不起，你们两位面试已经结束了，请退出。"两位学生四目相对，不知何故，面试怎么什么都没问，就结束了。

资料来源：于立新. 国际商务礼仪实训. 北京：对外经济贸易大学出版社，2003.

讨论题：

1. 请问你知道案例中两位学生被提前结束面试的缘故吗？
2. 如果你去参加面试，你该如何塑造自己的形象呢？

技能训练

1. 化妆练习：利用所学知识练习大学生的化妆技巧。
2. 仪态练习：将学生分成两组，对所学的几种站姿、坐姿、行姿、蹲姿、手姿及微笑进行练习，一组做，另外一组找出其中不符合礼仪规范的地方。

第3章
交往礼仪

【本章导读】

一个人在现代社会中想要生存、发展，都不可避免地要与其他人进行交往，如何与人交往，成为适应社会发展的必修课程。通过本章的学习，学生能够为走向社会做好更加充分的礼仪准备，了解交往礼仪的内容，掌握交往时需要注意的各种礼仪规范，熟悉会面礼仪、交谈礼仪、访送礼仪、馈赠礼仪须知，顺利处理好各种人际关系。

【学习目标】

1. 了解交往礼仪的内容；

2. 掌握交往礼仪的各种规范；

3. 理解交谈礼仪；

4. 熟悉会面礼仪、访送礼仪和馈赠礼仪须知。

【引例】

如 此 交 往

某县政府办公室秘书陈某工作能力很强，领导对他也很信任。一年秋天，天气预报说寒流要提前到来，县里决定尽快完成秋收任务，防止减产。陈某跟随一位副县长到某乡督促秋收。到了该乡，发现大片成熟的农作物还没收割，副县长就把乡长找来问是怎么回事。乡长解释说是因为机械化程度低，外出打工的劳力又多，所以秋收进度就慢了。副县长问乡长打算怎么办，乡长为难地说，没什么好办法。副县长还没说话，陈某一听不高兴了，说："没办法也得想办法，一定要在寒流到来之前完成任务！"乡长一听就火了，说："你算老几呀，用得着你指手画脚。"副县长赶快打圆场，指示乡长请求当地企业和驻军帮忙。事后，副县长对陈某说，你用心是好的，但不应该那样对乡长说话。回到县城，办公室主任问副县长，陈某表现怎么样，副县长笑笑说，这小子"有点儿愣"。主任听到这个评价，觉得脸上无光，对陈某也开始留意了起来。一留意，便发现陈某果真"有点儿愣"——这样的秘书不适合在领导身边工作，于是便把他调离了。

资料来源：http://gfzslcq.blog.sohu.com/83050369.html.

问题引入：

1. 陈某的话有什么不妥？

2. 陈某如此表现会给自己带来怎样的影响？

美国著名的学者乔治·枚奥说过："尊重别人就是尊重自己，发现别人的优点，实际上就等于肯定自我，那说明你宽容，说明你谦虚，说明你好学。"我们在交往礼仪过程中善于接受对方、重视对方、赞扬对方，才能顺利地处理好交往过程中的人际关系。

3.1 会面礼仪

与人打交道时一些基本礼仪往往决定个人的成功。见面要称呼、介绍、握手、交换名片和交谈，当然这些程序不一定都要做到，但是会面时无论熟悉与否，不可避免地要经历其中一个或几个环节，规范称呼、介绍、握手、交换名片和交谈的礼仪将更有助于个人获得社交的成功。

3.1.1 称呼

称呼是指人们在正常交往应酬中，彼此之间所采用的称谓语。在日常生活中，称呼应当亲切、准确、合乎常规。正确恰当的称呼，体现了对对方的尊敬程度，同时也反映了自身的文化素质。

根据社交礼仪规范，正确、适当的称呼应注意三点：一要合乎常规；二要照顾习惯；三要入乡随俗。

总之，对于生活中、工作中和外交中的称呼，以及称呼的禁忌等都要细心掌握，认真区别。

1. 生活中的称呼

（1）对自己的亲属，一般应按约定俗成的称谓称呼，但有时为了表示亲切，不必拘泥于称谓的标准。此外，应注意亲缘关系或血缘关系的一些简单称呼，如姑舅子女间互称"表兄""表妹"，叔伯子女间互称"堂兄""堂姐"等。

（2）向外人称呼自己的亲属，要用谦称。称自己长辈和年龄大于自己的亲属，可加"家"字，如"家父""家母""家兄"等；称辈分低的或年龄小于自己的亲属，可加"舍"字，如"舍弟""舍妹""舍侄"等。至于称自己的子女，可称"小儿""小女"等。

（3）称呼他人的亲属，要用敬称。一般可在称呼前加"令"字，如"令尊""令堂""令郎""令爱"等。对其长辈，也可加"尊"字，如"尊叔""尊祖父"等。

（4）对朋友、熟人间的称呼，既要亲切友好，又要不失敬意。一般可称为"你""您"；或视年龄大小在姓氏前加"老""小"相称，如"老高""小夏"等。

（5）对有身份者或长者，可用"先生"相称，也可在"先生"前冠以姓氏。对德高望重的长者，可在其姓氏后加"老"或"公"，如"郭老""夏公"等，以示尊敬。

称呼在礼仪演变的过程中，已经简化了许多，尤其一些谦称和敬称在人们的日常生活中已经很少用了，只是在书信往来过程中还会使用。

2. 工作中的称呼

在工作岗位上，人们彼此之间的称呼是有其特殊性的，要庄重、正式、规范。选择正确、适当的称呼，反映着自身的教养、对对方尊敬的程度，甚至还体现着双方关系发展所达到的程度和社会风尚。工作中的称呼包括职务性称呼、职称性称呼、行业性称呼、学衔性称呼和姓名性称呼等。

1）职务性称呼

以交往对象的职务相称，以示身份有别、敬意有加，这是一种最常见的称呼。常见的有三种情况：一是称职务，如"主任""经理"等；二是在职务前加上姓氏，如"王经理""刘秘书"等；三是在职务前加上姓名（适用于极其正式的场合），如"张丽董事长""王强总经理"等。

2）职称性称呼

对于具有职称者，尤其是具有高级、中级职称者，在工作中直接以其职称相称。如"高教授""王研究员"等。

3）行业性称呼

在工作中，有时可按行业名称进行称呼。对于从事某些特定行业的人，可直接称呼对方的职业，如"老师""医生""律师"等；也可以在职业前加上姓氏、姓名，例如，"李会计""王丽老师"等。

4）学衔性称呼

对于有学位、军衔的，可以称呼其头衔。尤其在学术场合，采用这种称呼更加适合。如"××博士""工学博士××"等。

5）姓名性称呼

在工作岗位上称呼姓名，一般限于同事、熟人之间。通常有三种情况：一是可以直呼其名；二是只呼其姓，要在姓前加上"老""大""小"等前缀，如"老张""小王"等；三是只称其名，不呼其姓，通常限于同性之间，尤其是上司称呼下级、长辈称呼晚辈，在亲友、同学和邻里之间，也可使用这种称呼。

3. 外交中的称呼

在涉外交往中，一般对男子均称"××先生"。对女子可称"××夫人""××女士"或"××小姐"，其中对地位较高、年龄稍长的已婚女子称"夫人"，对未婚女子称"小姐"；对不了解其婚姻情况的女子既可称"小姐"也可称"女士"。近年来，"女士"已逐渐成为对女性最常用的称呼。

【小思考】

称　呼

李嫣大学毕业后进入了一家出版社。在出版社，大部分员工都在一个平台上办公，邻桌两位年轻的女编辑互相称呼"亲爱的"，她俩称呼对面身材魁梧的男同事为"大肥"，管后面高度近视的中年男人叫"眼镜"。而自己是一个新来的员工，和同事之间该怎么称呼才恰当，实在令李小姐感到头痛。

资料来源：http://edu.gongchang.com/article-19461-314574.html.

问题引入：

1. 请思考李嫣为什么对于同事的称呼感到头痛？
2. 工作中的称呼应注意哪些讲究？

---

4. 称呼禁忌①

1）使用错误的称呼

使用错误的称呼，主要在于粗心大意，用心不专。常见的错误称呼有以下两种。

其一误读，一般表现为念错被称呼者的姓名。例如，"仇""郇""查""盖"这些姓氏就极易读错。避免犯此错误，一定要做好先期准备，必要时不耻下问，虚心请教。

其二误会，主要指对被称呼者的年纪、辈分、婚否以及与其他人的关系做出了错误判断。例如，将未婚妇女称为"夫人"，就属于误会。

2）使用过时的称呼

有些称呼，具有一定的时效性，一旦时过境迁，若再采用，难免贻笑大方。例如，法国大革命时期人民彼此之间互称"公民"。在我国古代，把官员称为"老爷""大人"，若将它们全盘照搬进现代生活中，就会显得滑稽可笑，不伦不类。

3）使用不通行的称呼

有些称呼，具有一定的地域性，例如，北京人爱称他人为"师傅"，山东人爱称他人为"伙计"，但是在南方人听来，"师傅"等于"出家人"，"伙计"肯定是"打工仔"。中国人把配偶、孩子经常称为"爱人""小鬼"，而有些外国人则将"爱人"理解为进行"婚外恋"的"第三者"，将"小鬼"理解为"鬼怪""精灵"，可谓是南辕北辙，误会太大了。

4）使用不当的行业称呼

学生喜欢互称为"同学"，军人经常互称"战友"，工人可以称为"师傅"，道士、和尚可以称为"出家人"，在业内这样的称呼无可厚非。但以此去称呼"界外"人士，可能会引起对方的不满，他会认为自己被讽刺。

5）使用庸俗低级的称呼

在人际交往中，有些称呼在正式场合切勿使用。如"哥们儿""姐们儿""死党""铁哥们儿"等称呼，就显得较为庸俗，档次不高。

6）使用绰号

称呼关系一般者，切勿自作主张给对方起绰号，更不能随意以道听途说来的绰号去称呼对方。至于一些对对方具有侮辱性质的绰号，如"北佬""鬼子""鬼妹""拐子""秃子""罗锅""四眼"等，则更应当免开尊口。

【小案例】

得体的称呼

著名传记作家叶永烈在着手写陈伯达传记时，必须采访陈伯达，采访时究竟怎样称呼陈伯达，叶永烈颇费了一番心思。采访的前一天晚上，叶永烈辗转反侧，明天见到了陈伯达到底该叫他什么呢？叫他陈伯达同志，不合适，因为陈伯达是在监狱服刑的犯人；叫他老陈，也不行，因为陈伯达已经是 84 岁的老人了，而自己才 48 岁。究竟应怎样称呼他呢？突然叶永烈灵机一动，称呼他陈老，这是再恰当不过的称呼了。果然，第二天采访时，叶永烈一声"陈老"的亲切得体的称呼，令陈伯达听了感动万分，眼里充满了泪花。由此可见，一个得

---

① 金正昆. 社交礼仪教程. 北京：中国人民大学出版社，2005.

体的称呼真可谓是交际的"敲门砖"。

资料来源：http://sxyjjh. blog. hexun. com/5553296 _ d. html.

3.1.2　介绍

现代人要生存、发展，就需要与他人进行必要的沟通，以寻求理解、帮助和支持。介绍是人际交往中与他人进行沟通、增进了解、建立联系的一种最基本、最常规的方式，是人与人进行相互沟通的出发点。

在社交场合，如能正确地利用介绍，不仅可以扩大自己的交际圈，广交朋友，而且有助于自我展示、自我宣传，在交往中消除误会，减少麻烦。

一般来说，介绍有三种方式：自我介绍、他人介绍和集体介绍。

1. 自我介绍

自我介绍，实际上是一种自我推荐，意在向他人说明自己的具体情况。在社交活动中，如欲结识某些人或某个人，而又无人引见，如有可能，即可向对方自报家门，自己将自己介绍给对方。如果有介绍人在场，自我介绍则被视为不礼貌的。

1）自我介绍的时机

在什么场合需要进行自我介绍呢？这可以说是自我介绍中最关键的问题。一般而言，在应聘求职时、应试求学时、在社交场合中与不相识者相处时、有不相识者表现出对自己感兴趣时、有不相识者要求自己做自我介绍时，或者有求于人而对方对自己不甚了解时都有必要进行适当的自我介绍。

2）自我介绍的内容和形式

自我介绍的内容，应视交际目的来决定内容的繁简。自我介绍的形式一般有以下几种。

（1）应酬式。适用于某些公共场合和一般性的社交场合，这种自我介绍最为简洁，往往只包括姓名一项即可。例如，"你好，我叫张浩。""你好，我是李波。"

（2）工作式。适用于工作场合，它包括本人姓名、供职单位及其部门、职务或从事的具体工作等。例如，"你好，我叫张强，是金洪恩电脑公司的销售经理。""我叫李波，我在北京大学中文系教外国文学。"

（3）交流式。适用于社交活动中，希望与交往对象进一步交流与沟通，大体应包括介绍者的姓名、工作、籍贯、学历、兴趣及与交往对象的某些熟人的关系。例如，"你好，我叫王强，我在伊利公司上班。我是李波的老乡，都是呼市人。""我叫王朝，是李波的同事，也在北京大学中文系就职，我教中国古代汉语。"

（4）礼仪式。适用于讲座、报告、演出和庆典仪式等一些正规而隆重的场合，主要包括姓名、单位和职务等，同时还应加入一些适当的谦辞、敬辞。例如，"各位来宾，大家好！我叫李强，是海尔公司的销售经理。我代表本公司热烈欢迎大家光临我们的展览会，希望大家……"

（5）问答式。适用于应试、应聘和公务交往。问答式的自我介绍，应该是有问必答，问什么就答什么。例如：

——"先生，你好！请问您怎么称呼？（请问您贵姓？）"

——"您好！我叫张强。"

主考官："请介绍一下你的基本情况。"

应聘者："各位好！我叫李波，现年 26 岁，河北石家庄市人，汉族……"

3）自我介绍的分寸

自我介绍中，既要表现出友好、自信和善解人意，还应力戒虚伪和媚俗。

（1）时间。在进行自我介绍时要把握好时机，要在适当时间进行自我介绍。所谓适当的时间，也就是对方有空闲，而且情绪较好，又有兴趣时，这样就不会打扰对方。自我介绍时还要简洁，尽可能地节省时间，以半分钟左右为佳。为了节省时间，做自我介绍时，还可利用名片、介绍信加以辅助。

（2）态度。进行自我介绍时，态度一定要自然、友善、亲切而随和，表现落落大方，彬彬有礼，语速要正常，语音要清晰。

（3）内容真实。进行自我介绍要实事求是。自我介绍时措辞要适度，不可为取悦于对方而自吹自擂、夸大其词。当然，也不能为了表现自己谦虚就进行自我贬低。

2. 他人介绍

在人际交往活动中，经常需要在他人之间架起人际关系的桥梁。他人介绍，又称第三者介绍，是指经第三者为彼此不相识的双方引见、介绍的一种交际方式。他人介绍，通常是双向的，即对被介绍双方做一番介绍。有时，也可进行单向的他人介绍，即只将被介绍者中某一方介绍给另一方。

1）他人介绍的介绍者

为他人做介绍的介绍人，在不同场合由不同的人来担任。为别人做介绍，根据社交场合的不同最合适的介绍人会有所区别。

（1）在一些家庭聚会等场合，介绍人一般由女主人来担当。

（2）在公务交往中，介绍人一般可以由三种人来担当。第一种称为专业对口人员。例如，王老师请了一位教授到学校做讲座，那么，王老师就有义务为这位教授与校领导之间做介绍，因为王老师和这位教授专业对口，王老师就是专业对口人员。第二种是公关礼宾人员，像外事办公室的同志、办公室的主任或者秘书、接受委托的接待陪同人员、接待办公室的同志等。第三种是在场人里面职务最高的，这种情形一般出现在有贵宾到场的情况下，礼仪上讲究身份对等，需要职务最高的人充当介绍人。

（3）普通社交场所，与双方都有交往或与双方都熟悉的人。

2）他人介绍的时机

介绍人为他人做介绍时，处于当事人之外，介绍者与被介绍者都要注意一些细节。因此介绍前，必须充分考虑到被介绍人双方有无相识的必要或愿望。必要时可询问被介绍人的意见，以防为他人做介绍时冷场。在为不同国籍人士做介绍时，宜先要考虑两国的禁忌等。

一般来说，为他人做介绍的时机主要包括以下几种：

① 在家中接待彼此不相识的客人时；

② 在办公地点，接待彼此不相识的来访者时；

③ 与家人外出，路遇家人不相识的同事或朋友时；

④ 陪同亲友，前去拜访亲友不相识者时；

⑤ 打算推荐某人加入某一交际圈时；

⑥ 接受为他人做介绍的邀请时。

3) 他人介绍的顺序

在为他人做介绍时谁先谁后，是一个比较敏感的礼仪问题。应当遵守"尊者有优先知情权"的原则，也就是说应让尊者优先了解情况。这就需要首先确定双方地位的尊卑，先介绍位卑者，后介绍位尊者。根据规则，为他人做介绍时的礼仪顺序大致有以下几种：

① 介绍上级与下级认识时，先介绍下级，后介绍上级；

② 介绍长辈与晚辈认识时，先介绍晚辈，后介绍长辈；

③ 介绍年长者与年幼者认识时，先介绍年幼者，后介绍年长者；

④ 介绍女士与男士认识时，先介绍男士，后介绍女士；

⑤ 介绍已婚者与未婚者认识时，先介绍未婚者，后介绍已婚者；

⑥ 介绍同事、朋友与家人认识时，先介绍家人，后介绍同事和朋友；

⑦ 介绍来宾和主人认识时，先介绍主人，后介绍来宾；

⑧ 介绍参会的先到者与后来者认识时，先介绍后来者，后介绍先到者。

4) 他人介绍的方式

根据实际需要的不同，为他人做介绍的方式主要有以下几种。

（1）一般式。一般式又称标准式，以介绍双方的姓名、单位和职务等为主，适用于正式场合。例如，"请允许我来为两位引见一下。这位是卡秀公司营销部主任商小姐，这位是新鹊集团副总江嫣小姐。"

（2）简单式。简单式是指只介绍双方姓名一项，甚至只提到双方姓氏而已，适用于一般的社交场合。例如，"我来为大家介绍一下：这位是谢总，这位是徐董，希望大家合作愉快。"

（3）附加式。附加式又称强调式，用于强调其中一位被介绍者与介绍者之间的关系，以期望引起另一位被介绍者的重视。例如，"大家好！这位是飞跃公司的业务主管洋先生，这是小儿刘放，请各位多多关照。"

（4）引见式。引见式是指介绍者将被介绍双方引到一起即可，适用于普通场合。例如，"两位认识一下吧，大家其实都曾在一个公司共事，只是不在一个部门，请两位自己介绍一下。"

（5）推荐式。推荐式是指介绍者经过精心准备再将某人举荐给某人，介绍者通常对前者的优点加以重点介绍。通常，适用于比较正规的场合。例如，"这位是阳远先生，这位是海天公司的赵海天董事长。阳先生是经济学博士，管理学专家。赵总，我想您一定有兴趣和他聊聊吧。"

（6）礼仪式。礼仪式是一种最为正规的他人介绍，适用于正式场合。在语气、表达和称呼上都更为规范和谦恭。例如，"孙小姐，你好！请允许我把北京远方公司的执行总裁李力先生介绍给你。李先生，这位就是广东润发集团的人力资源部经理孙晓小姐。"

5) 他人介绍的注意事项

在为他人做介绍时，态度要热情友好、认认真真，不要给人以敷衍了事或油腔滑调的感觉。作为被介绍者，在被介绍给他人时，应表现出想结识对方的诚意。一旦介绍人开始介绍，除贵宾与长者外，被介绍者一律应起立，并以正面面向对方，不能只看介绍人，还要注视被介绍者的眼睛。随着介绍人的介绍，向对方点头致意，来呼应其介绍。待介绍完毕后，应热情地和对方握手，并以"您好""很高兴认识您""久仰大名""幸会"等语句问候对方。

如在"您好"之后再重复一遍对方的姓名或称谓，则不失为一种亲切而礼貌的反应。

3. 集体介绍

集体介绍是他人介绍的一种特殊形式，被介绍者一方或双方都不止一人，大体可分两种情况：一是为少数人和多数人做介绍；二是为多数人和多数人做介绍。

1）集体介绍的时机

① 规模较大的社交聚会，有多方参加，各方均可能有多人参加，为各方做介绍；

② 大型的公务活动，参加者不止一方，而参加各方不止一人；

③ 涉外交往活动，参加活动的宾主双方皆不止一人；

④ 正式的大型宴会，主持人一方人员与来宾均不止一人；

⑤ 演讲、报告、比赛等，参加者不止一人；

⑥ 会见、会谈，各方参加者不止一人；

⑦ 婚礼、生日晚会，主事人与来宾双方均不止一人；

⑧ 举行会议，应邀前来参加会议者往往不止一人；

⑨ 接待参观者、访问者，前来的宾客不止一人。

2）集体介绍的顺序

进行集体介绍的顺序可参照他人介绍的顺序，也可酌情处理。但注意越是正式、大型的交际活动，越要注意介绍的顺序。

（1）"少数服从多数"。当被介绍者双方地位、身份大致相似时，应先介绍人数较少的一方。

（2）强调地位、身份。若被介绍者双方地位、身份存在差异，应将地位和身份高者放在尊贵的位置，最后加以介绍。

（3）单向介绍。在演讲、报告、比赛、会议或会见时，往往只需要将主角介绍给广大参加者。

（4）人数多的一方介绍。若一方人数较多，可采取笼统的方式进行介绍。如"这是我的家人""他们是我的同学"等。

（5）人数较多各方的顺序介绍。若被介绍的不止两方，需要对被介绍的各方进行位次排列。排列的方法可以其负责人身份为准，或以其单位规模为准，或以单位名称的英文字母顺序为准，或以抵达时间的先后顺序为准，或以座次顺序为准，或以距介绍者的远近为准等。

如果在座的各位不分地位的尊卑，多方介绍也可按照一定的次序，如顺时针方向或逆时针方向，自右向左或自左向右，依次进行。如果进行"跳跃式"的介绍，就会对被后介绍的人造成伤害。

3）集体介绍的注意事项

集体介绍的注意事项与他人介绍的注意事项基本相似。除此之外，还应再注意以下两点：

① 不要使用易生歧义的简称，在首次介绍时要准确地使用全称；

② 介绍时要庄重、亲切，切记不可使用对方的绰号，以免使对方陷入尴尬之地。

3.1.3　名片

名片是社交人士必备的沟通交流工具，名片像一个人简单的履历表，精美的名片让对方印象深刻，也能体现出个人形象和单位形象。如何使用名片则是一门值得研究的学问。

1. 名片的制作

（1）名片最规范、最通用的规格是 9 cm（长）×5.5 cm（宽）。此外，境外人士有时也将名片制作成 10 cm（长）×6 cm（宽），有些女士专用的名片则制作成 8 cm（长）×4.5 cm（宽）。

（2）名片的颜色，基本上以白色、米色、浅蓝色等淡色为主，杂色名片令人看得眼花缭乱，不宜选择。

（3）名片在材质选择上，只适合选用纸质的。金属、塑料、木质等名片不适合社交场合使用。

（4）名片的图案，允许有企业的标志、蓝图、主导产品简介等。名片不宜印人像、漫画、花卉、宠物等图案。

（5）名片的字体，应该用汉语简体字。在少数民族聚居区和外资企业等使用的名片，可以酌情使用少数民族文字、汉语繁体或外文。最好在名片的正反两面，分别以简体汉字和另外一种文字印制相同的内容，而不要将两种文字交错印在同一面上。为了方便别人阅读，尽量不要采用行书、草书、篆书或花体字印制名片，更不要亲自手写。

（6）印制名片，通常有两种版式可以选择。一是横式，行序由上而下，字序由左而右；二是竖式，行序由右而左，字序由上而下。如果是用两种文字印制同一张名片，要避免一面横式，一面竖式。

2. 名片的分类

（1）应酬式名片。应酬式名片又称本名式名片，名片上除了本人名字外，最多加上本人的籍贯或字号。

（2）公务式名片。公务式名片上应该包括单位、本人称呼和联络方式等内容。

（3）社交式名片。社交式名片上通常包括个人姓名、联络方式、家庭住址和邮编等内容。其中姓名印于名片中间，联络方式印于名片右下方。在社交场所使用最多的是社交式名片。

（4）单位式名片。单位式名片主要包括单位全称和联络方式。

3. 名片的用途

对现代人而言，名片是一种物有所值的实用型交际工具。在人际交往中，名片的用途可以归纳为以下 10 种。

1）自我介绍

初次会见他人，以名片作辅助进行自我介绍，不但可以详细地说明自己的身份，增强对方对自己的印象，而且还可以节省时间。

2）结交朋友

主动递上名片给别人，表示对对方的友好、信任和希望深交之意，可以为结交朋友"铺路架桥"。但没有必要每逢遇见陌生人，便上前递上自己的名片。

3）维持联系

名片犹如"袖珍通信录"，利用它所提供的信息，便于与名片的提供者保持联系。名片上所提供的各种联络方式，使人们的"常来常往"变得更加现实和方便。

4）业务介绍

公务式名片上列有归属单位的信息，因此可以利用名片为本人及所在单位进行业务宣传、扩大交际面，争取潜在的合作关系。

5）通知变更

利用印有变更的新名片向老朋友打招呼，可以及时地向老朋友通报本人的最新情况。如晋升职务、乔迁新居、变换单位、电话改号等，方便及时沟通。

6）拜会他人

初次到他人居所或工作单位进行拜访时，将本人名片交给对方的门卫、秘书或家人等，转交给被拜访者，以便对方确认"来者何人"，并决定见与不见。这种做法比较正规，可避免冒昧造访。

7）简短留言

若所拜访之人不在，或者需要请人转达某件事情时，可在名片上写下几行字，或一字不写，然后将它留下，或托人转交。这样做，会使对方如见其人，不至于误事。

8）用作短信

在名片的左下角，以铅笔写下几行字或短语，寄交或转交他人，如同一封长信一样正式。若内容较多，也可写在名片背面。

【小知识】

西方人的名片

西方人在使用名片时通常写有几个法文单词的首字母，它们分别代表如下不同的含义。

p. p. 意即"介绍"，通常用来把一个朋友介绍给另一个朋友。当你收到一个朋友送来左下角写有"p. p."字样的名片和一个陌生人的名片时，意思是朋友为你介绍了一个新朋友，应立即给新朋友送张名片或打个电话。

p. f. 意即"敬贺"，用于节日或其他固定的纪念日。

p. c. 意即"谨唁"，用于重要人物逝世时，表示慰问。

p. r. 意即"谨谢"，用于收到礼物、祝贺信或收到款待后表示感谢。它是对收到"p. r."或"p. c."名片的回复。

p. p. c. 意即"辞行"，在分手时用。

p. f. n. a. 意即"恭贺新禧"。

n. b. 意即"注意"，提醒对方注意名片上的附言。

9）用作礼单

向他人赠送礼品时，可将本人名片放入其中，或将名片装入一个不封口的信封中，将该信封固定于礼品外包装的上方，说明"此乃何人所赠"的标准做法。

10）替人介绍

介绍某人去见另外一人时，可用回形针将本人名片（居上）与被介绍人名片（居下）固定在一起，必要时可在本人名片左下角写上意即"介绍"的法文缩写"p. p."，然后将其装入信封，再交予被介绍人。这是一封非常正规的介绍信，是会受到高度重视的。

4. 名片的交换

1）交换名片的时机

遇到以下几种情况，需要将自己的名片递交他人，或与对方交换名片。

① 希望结识对方；

② 表示自己对对方重视；

③ 被介绍给对方；

④ 对方提议交换名片；

⑤ 对方向自己索要名片；

⑥ 登门拜访对方；

⑦ 通知对方自己的情况变更；

⑧ 有意获得对方的名片。

【小知识】

不需要交换名片的场合

碰上以下几种情况，不必把自己的名片递给对方，或与对方交换名片。

① 对方是陌生人；

② 不想认识对方；

③ 不愿与对方深交；

④ 对方对自己并无兴趣；

⑤ 经常与对方见面；

⑥ 双方之间地位、身份、年龄差别很大。

2）交换名片的方法

欲使名片在人际交往中正常地发挥作用，需要在交换名片时做得得法。

（1）双方交换名片。双方交换名片时，最正规的做法是位卑者应当首先把名片递给位尊者。在一般情况下，也不必过分拘泥于这一规定。一个人与多人交换名片时，应讲究先后次序，或由近而远，或由尊而卑，或先女后男。一定要依次进行，切勿挑三拣四，采用"跳跃式"。

（2）递上自己的名片。递名片给他人时，应郑重其事。最好是起身站立，走上前去，使用双手，应用双手拇指和食指执名片两角，让文字正面朝向对方，并交予对方。若对方是少数民族或外宾，则最好将名片上印有对方认得的文字的那一面面对对方。将名片递给他人时，口头应有所表示，可以说："请多指教""多多关照""今后保持联系""我们认识一下吧"等，或是先自我介绍一下。

（3）接受他人的名片。当他人表示要递名片给自己或交换名片时，应立即停止手中所做的一切事情，起身站立，面含微笑，目视对方。接受名片时，宜双手捧接，或以右手接过。接过名片，首先要看，即要用半分钟左右的时间，从头至尾将其认真默读一遍，若有疑问，则可当场向对方请教。此举意在表示重视对方。接受他人名片时，应口头道谢，或重复对方所使用的谦辞敬语，如"请您多关照""请您多指教"等，切不可一言不发。

若需要当场将自己的名片递过去，最好在收到对方名片后再递上自己的名片，不要左右开弓。

（4）索取他人的名片。若索要他人的名片，可以采用以下几种方式。

① 应委婉地提出要求，不要直言不讳地向对方索取名片。

② 主动交换，把自己的名片先递给对方，对方也会"礼尚往来"，这种方法被称为"交易法"。

③ 提议，"×××，认识您很高兴，不知道能不能有幸和你交换一下名片。"这种方法被称为"激将法"。

④ 谦虚询问，"希望以后有机会继续向您请教，不知道怎么向您请教比较方便？"这种方法被称为"谦恭法"。

⑤ 询问对方，"认识您很高兴，不知道以后怎么和您联系比较方便？"这种方法被称为"平等法"。

（5）婉拒他人索取名片。当他人索取本人名片，而不想给对方时，不宜直截了当拒绝，应以委婉的方法表达此意。可以说："对不起，我忘带名片了"，或者"抱歉，我的名片用完了"等。不过若手中正拿着自己的名片，又被对方看见了，这样讲显然不合适。若本人没有名片，而又不想明说时，也可以上述方法委婉地表述。如果自己名片真的没有带或是用完了，自然也可以这么说，不过不要忘了加上一句"改日一定补上"，并且一定要言出必行，付诸行动；否则会被对方理解为自己没有名片，或成心不想给对方名片。

5. 名片的存放

参加一次社交活动之后，收到了许多名片，如果只是往家里或办公室里随手一放，不去整理，那么当有事急于寻找一位曾经结识的朋友帮忙时，可能会很难马上找到所想要的那张名片。因此，对名片的管理十分必要。

（1）当在不同场合交换名片时，务必详尽记录与对方会面的人、事、时、地、物。交际活动结束后，应回忆复习一下刚刚认识的重要人物，记住他的姓名、单位、职务、行业等。第二天或过两三天，主动打个电话或发个 E-mail，向对方表示能够结识很高兴，或者适当地赞美对方的某个方面，或者回忆你们愉快的聚会细节，让对方加深对自己的印象和了解。

（2）对名片进行分类管理。可以按地域分类，如按省份、城市等；也可以按行业分类；还可以按人脉资源的性质分类，如同学、客户、专家等。

（3）养成经常翻看名片的习惯，工作的间隙，翻一下名片档案，给对方打一个问候的电话，发一个祝福的短信等，让对方感觉到你的存在和对他的关心与尊重。

（4）定期对名片进行清理。将手边所有的名片与相关资源数据做一次全面整理，依照关联性和重要性、长期互动与使用概率、数据的完整性等因素，将它们分成三类：第一类是一定要长期保留的；第二类是不太确定，可以暂时保留的；第三类是确定不要的，当确定不要时应做销毁处理。

3.1.4　握手

会面礼仪包括注目礼、点头礼、握手礼、鞠躬礼、举手礼、吻手礼、屈膝礼、拥抱礼和亲颊礼等。其中，握手礼是现在最通行的见面问候礼节，是表示友好的一种方式。

1. 握手的时机

① 遇到久未见面的熟人时；

② 在比较正式的场合与相识之人道别时；

③ 自己作为东道主迎送客人时；

④ 向客户辞行时；

⑤ 被介绍给不相识者时；

⑥ 在外面偶遇同事、朋友、客户或上司时；

⑦ 感谢他人的支持、鼓励或帮助时；

⑧ 向他人赠送礼品或表示恭喜、祝贺时；

⑨ 他人向自己颁发奖品或表示恭喜、祝贺时；

⑩ 应邀参与社交活动见到东道主时；

⑪ 对他人表示理解、支持或肯定时；

⑫ 对他人遭遇挫折或不幸而表示慰问、支持时。

【小知识】

不宜握手的情况

（1）对方手部有伤；

（2）对方手里拿着较重的东西；

（3）对方忙着别的事，如打电话、用餐、主持会议或与他人交谈等；

（4）对方与自己距离较远；

（5）所处环境不适合握手。

2. 握手的顺序

在社交场合，要不要握手的决定权在尊者手里，如果尊者主动先伸手，位卑者要与之握手；如果尊者没有伸手，位卑者最好采用其他的会面礼节，如点头致意等。在进行握手时，具体顺序如下：

① 职位、身份高者与职位、身份低者握手，应由职位、身份高者首先伸手；

② 女士与男士握手，应由女士首先伸手；

③ 已婚者与未婚者握手，应由已婚者首先伸手；

④ 年长者与年幼者握手，应由年长者首先伸手；

⑤ 社交场合的先到者与后来者握手，应由先到者首先伸手。

3. 握手的方式

（1）握手时一定要用右手。双方将右手向各自的侧下方伸出握住对方的右手即可。

（2）握手时间一般以 3～5 s 为宜。当然，过紧地握手，或是只用手指部分漫不经心地接触对方的手都是不礼貌的。时间过长，尤其是和异性握手，则可能会被怀疑为居心不良。

（3）握手的距离为 1～1.5 m。距离过大，显得有意在和对方保持距离；距离过小，手臂难以伸直，也不太雅观。

（4）握手的力度要适中，既不可过轻，也不可过重。

（5）要热情友善，握手时双目应注视对方，微笑致意或问好。

（6）需要与多人同时握手时，应按由尊到卑的顺序进行，切忌交叉握手。

4. 握手的分类

1）单手相握

双方用右手单手相握，这是最常用的握手方式。单手相握又可分为以下三种方式。

（1）"平等式握手"。自己的掌心向左与对方握手。地位平等或为了表示自己不卑不亢多采用这种方式。

（2）"友善式握手"。自己掌心向上与对方握手。这种握手方式能够显示自己谦恭、谨慎的态度。

（3）"控制式握手"。自己掌心向下与对方握手。这种握手方式让自己显得自高自大，基本不予采用。

2）双手相握

双手相握又称"手套式握手"，即用右手握住对方右手后，再以左手握住对方右手的手臂。这种方式，适用于亲朋好友之间，以表达自己的深厚情谊。

5. 握手的禁忌

（1）握手时忌讳用左手。

（2）与人握手时，眼睛忌讳东张西望，应正视对方。

（3）握手时，左手不要拿着报纸或公文包等物品，更不要插在口袋里。

（4）不要在握手时争先恐后，应当依照顺序依次而行。

（5）一般情况下不允许戴着手套与他人握手。

（6）握手时不要戴着墨镜，如有特殊情况应向对方说明原因并致歉。

（7）不要拒绝与他人握手。

（8）不可交叉握手。

（9）握手时不要抓着对方的手来回摇摆。

（10）握手时不要点头哈腰，滥用热情，显得过分客套。

（11）握手时要虎口相对，不要仅握住对方的手指尖。

（12）不能用脏手与人相握，更不能在与他人握手之后，立即揩拭自己的手掌。

（13）在握手时要起身站立，如果不能站起来要向对方说明原因并致歉。

6. 其他见面礼仪

1）拱手礼

拱手礼始于上古，有模仿戴手枷奴隶的含义，意为愿为对方做奴仆，后来拱手逐渐成了相见或感谢时常用的一种礼节。其姿势是起身站立，上身挺直，两臂前伸，双手在胸前高举抱拳，通常为左手握空拳，右手抱左手，拱手齐眉，上下略摆动几下。

2）拥抱礼

拥抱礼和亲吻礼流行于欧美国家。拥抱礼多用于官方和民间的迎送宾客或祝贺致谢等社交场合。拥抱礼的礼仪规范是：双方相对而立，上身稍稍前倾，各自右臂偏上，左臂偏下，右手环拥对方左肩部位，左手环拥对方右腰部位，彼此头部及上身向右相互拥抱，然后再向左拥抱一次，最后再向右拥抱一次，共拥抱三次。

3）亲吻礼

行亲吻礼时，往往伴有一定程度的拥抱。不同关系、不同身份的人，相互亲吻的部位不尽相同。同辈之间、同性之间贴面，异性之间可以吻脸；尊长对晚辈是吻额头，晚辈应吻长辈的下颌或面颊。在许多国家的迎宾场合，宾主往往以握手、拥抱、左右吻脸、贴面颊的连续动作来表示最真诚的敬意。

4）合十礼

合十礼是佛教国家和地区（如泰国、缅甸、斯里兰卡、老挝和中国云南省等）通用的见面礼节。行合十礼时，要求端庄、端正、起立，同时要求手位规范，即指尖朝上，双手手掌相对。此外，应注意手掌高度不同，意味着对交往对象的尊重程度不同。一般情况下，指尖应位于胸部。

5）鞠躬礼

鞠躬礼是人们在生活中对别人表示恭敬的一种礼节，既适用于庄严肃穆、喜庆欢乐的仪式，也适用于一般的社交场合。在一般社交场合，晚辈对长辈、学生对老师、下级对上级、表演者对观众等都可以行鞠躬礼。行鞠躬礼时，须脱帽、呈立正姿势，面带笑容，目视受礼者。男士双手自然下垂，贴放于身体两侧裤线处；女士双手下垂搭放在腹前，然后上身前倾弯腰。弯腰的幅度可根据施礼对象和场合决定度数，一般是 15°～30° 鞠躬，而 90° 大鞠躬常用于特殊情况。

鞠躬礼在东南亚一些国家较为盛行，如日本、朝鲜和韩国等。所以，在接待这些国家的外宾时，可行鞠躬礼致意。行鞠躬礼一般有三项礼仪准则：受鞠躬礼应还以鞠躬礼，地位较低的人要先鞠躬，并且鞠躬要相对深一些。

6）吻手礼

吻手礼是法式礼节，主要流行于中西欧地区。吻手礼一般要求是男士吻女士的手，被吻对象是已婚妇女，吻手的特定部位为手背。英法两国喜欢"吻手礼"，不过在英国和法国，行这种礼的人也仅限于上层人士。男士同上层社会贵族妇女相见时，如果女士先伸出手做下垂式，男士则可将其指尖轻轻提起吻之；但如果女士不伸手则不必行吻手礼。

3.2　交谈礼仪

人际交往始于交谈。所谓交谈，是指两个或两个以上的人所进行的对话，它是人们彼此之间交流思想情感、传递信息、进行交际、开展工作、建立友谊、增进了解的最为重要的一种形式。交谈是人的知识、阅历、才智、教养和应变能力的综合体现。在我国古代，人们就讲究在人际交往中"听其言，观其行"。这是因为言为心声，只有通过交谈，交往对象彼此之间才能够了解对方，并且被对方所了解。在交际应酬中，要使交谈圆满成功，就得讲究交谈的礼仪。一般而言，交谈具有以下 5 个特征。①

1. 内容多样

进行交谈，可以有一个主题，也可以自由漫谈，但应该有的放矢，使人有所获益。

---

① 金正昆. 社交礼仪教程. 北京：中国人民大学出版社，2005.

2. 双向沟通

交谈是一种双边或多边的活动，它要求各方积极参与，达成共识，产生共鸣，形成互动，而不能只是单向的"一言堂"。

3. 相互包容

在交谈中，每个人都要有容人的雅量，不仅要自己说话，而且也要允许对方说话，要彼此适应，求同存异。

4. 随机应变

交谈在实际操作中可长可短，灵活多变，所以要求谈话者应该能够见机行事，反应迅速。

5. 真实自然

交谈应当言之有物，表达应当合乎情理。此外，还必须言之有据，而且表现自然。不能为了单方面追求效果就言而无信、巧言令色、过度做作。

社交礼仪中对交谈有一系列详尽的规范，主要体现在交谈语言、交谈主题和交谈方式三个方面。

3. 2. 1 交谈语言

在任何社会场合中，真诚和热情是交谈的基础。古人云："与人善言，暖若锦帛；与人恶言，深于矛戟。"只有开诚相见、坦率耿直、谦虚谨慎，尊重他人的谈话，才能使人感到亲切融洽。

在语言方面，交谈的总要求是：文明，礼貌，准确。语言是组织交谈的载体，交谈者对它理当高度重视，精心斟酌。

1. 语言要文明

在社交场合要使用文明语言，应杜绝以下现象。

（1）讲粗话。口中吐出"老头儿""小妞"等称呼，是很失身份的。

（2）讲脏话。讲起话来骂骂咧咧，非但不文明，反而自我贬低，十分无聊。

（3）讲黑话。一说话就显得匪气十足，令人反感、厌恶。

（4）讲荤话。把绯闻、色情或"荤段子"挂在口边，会显得低级趣味。

（5）讲怪话。说话怪声怪气、黑白颠倒，让人难生好感。

（6）讲气话。说话时意气用事、发牢骚或指桑骂槐，很容易伤害人、得罪人。

2. 语言要礼貌

1）常用口语化的礼貌语

礼貌用语，简称礼貌语，是指约定俗成的表示谦虚、恭敬的专门用语。主要有"您好""请""谢谢""对不起""再见"等。

2）常用书面化的礼貌语

初次见面，说"久仰"；许久不见，说"久违"；等待客人，说"恭候"；客人到来，说"光临"；探望别人，说"拜访"；起身作别，说"告辞"；中途先走，说"失陪"；请人别送，说"留步"；请人批评，说"指教"；请人指点，说"赐教"；请人帮助，说"劳驾"；托人办事，说"拜托"；麻烦别人，说"打扰"；求人谅解，说"包涵"。

3. 语言要准确

在交谈中，语言必须准确，否则不利于各方之间的沟通。具体要求如下。

1) 发音要准确

在交谈中，要求发音标准。读错音、念错字、口齿不清、含含糊糊或者音量过大过小，都让人听起来费劲，而且有失身份。

2) 语速要适中

在讲话时，语速要快慢适中，语速过快、过慢或忽快忽慢，都会影响沟通效果。

3) 口气要谦和

在谈话中，说话的口气一定要做到亲切谦和，平等待人。切勿随便教训或指责别人。

4) 内容要简明

在交谈时，应力争做到言简意赅，点到为止，不讲废话。

5) 要少用方言

在公共场合交谈时，应用标准的普通话，不能用方言、土话；否则，就会影响沟通效果。

6) 要慎用外语

在一般交谈中，应讲中文，讲普通话。无外宾在场，最好慎用外语；否则，会有卖弄之嫌。

3.2.2　交谈主题

与人谈话最困难的应该是话题的选择。一般在交际场中，与人交谈的第一句话是最不容易的，正所谓"万事开头难"。因为你不熟悉对方，不知道对方的性格、嗜好和品性，又受时间的限制，不容许多做了解或考虑，而又不宜冒昧地提出特殊话题，因此，谈话主题的选择就成了一个重要的问题。

1. 宜选的主题

古希腊伟大的思想家亚里士多德曾经指出："交谈由谈话者、听话者和主题等三个要素组成，要达到施加影响的目的，就必须关注此三要素。"交谈的主题，是交谈的中心内容，只有选择好谈话的主题，才有助于交谈的顺利进行。

1) 既定的主题

既定的主题，即交谈双方已约定，或者其中一方先期准备好的话题。例如，寻求别人帮助、征求意见、传递信息或讨论问题等，往往都属于主题既定的交谈。选择这类主题交谈，最好双方商定或约定，至少也要得到对方的认可。既定的主题一般比较适用于正式交谈。

2) 高雅的主题

高雅的主题，即内容文明、优雅，格调高尚、脱俗的话题。例如，文学、艺术、哲学、历史、地理和建筑等，都适合作为高雅的话题。高雅的主题一般适用于各类交谈，要求交谈对象是知音，忌讳不懂装懂，班门弄斧。

3) 轻松的主题

轻松的主题，即谈论起来令人轻松愉快、身心放松、饶有情趣、不觉劳累厌烦的话题。例如，文艺演出、奥运赛事、当前流行、时装、美容美发、体育比赛、电影电视、休闲娱乐、旅游观光、名胜古迹、风土人情、名人逸事、烹饪小吃和天气状况等。轻松的主题一般适用于非正式交谈，允许交谈者各抒己见。

4）时尚的主题

时尚的主题，即以此时、此刻、此地正在流行的事物作为谈论的话题。例如，在2008年北京奥运会召开期间，金牌、世界纪录和各种体育项目等都成为时尚的话题。

5）擅长的主题

擅长的主题，是指交谈双方，尤其是交谈对象有所研究、有兴趣、有可谈之处的话题。例如，与医生交谈，可谈健身祛病；与学者交谈，可谈治学之道；与作家交谈，可谈文学创作等。

2. 忌谈的主题

1）个人隐私的主题

个人隐私，即个人不希望别人了解的事。在交谈中，如对方的年龄、收入、婚恋、家庭、健康和经历等涉及个人隐私的话题，切勿随意加以谈论。

2）捉弄对方的主题

在交谈中，切不可挖苦对方所短，调侃取笑对方，或尖酸刻薄、油腔滑调、乱开玩笑而让对方出丑。俗话说："伤人之言，重于刀枪剑戟。"以此类捉弄对方的主题为中心展开交谈，会影响甚至损害双方关系。

3）非议旁人的主题

有些人极喜欢在交谈之中传播闲言碎语，制造是非，无中生有，造谣生事，非议其他不在场的人士。常言道："来说是非者，必是是非人。"非议旁人，不能证明自己待人诚恳热情，反倒证明自己缺乏教养，是拨弄是非之人。

4）倾向错误的主题

倾向错误的主题，主要是指违背社会伦理道德、生活堕落、思想反动、政治错误和违法乱纪等的主题，这类主题在谈话之中也应避免。

5）令人反感的主题

在交谈中有时因为不慎，会谈及一些令交谈对象感到伤感、不快的话题，或者令对方不感兴趣的话题，如凶杀、惨案、灾祸、疾病、死亡、挫折等话题都是令人反感的。碰上这种情况出现时，应立即转移话题，必要时要向对方道歉。

3.2.3 交谈的方式

成功的交谈，不仅需要讲究内容，而且还要注意方式。常见的交谈方式主要有倾泻式、评判式、启发式和跳跃式4种。

1. 倾泻式

这种方式是以对听者最大的信赖为基础，敞开自己的心灵之窗，将自己的喜、怒、哀、乐全部告诉对方，让其帮助评判和选择。

2. 评判式

这种方式需要抓住对方谈话时的间隙，恰如其分地插话，以表明自己的看法或表示自己的关切，这样有益于促进思想感情的交流。但插话不是粗鲁地打断对方的话，更不是妄加评论。

3. 启发式

这种方式是对于那些拙于辞令的人，要循循善诱，多方面进行启发，让其吐露心声。

4. 跳跃式

由于日常交往中的交谈，大部分是聊天性的，没有固定的目的和主题，这就要注意适当转换话题，找出那些大家都感兴趣的话题来谈，这种交谈方式就被称为"跳跃式"。

【小案例】

汪海的幽默

汪海有一次去美国考察，在一次新闻发布会上遇到了许多记者的提问。一位意大利记者问："你们生产的运动鞋为什么叫'双星'？是不是代表你们常讲的物质文明和精神文明？"汪海微笑地点了点头，说："还可以这样理解：一颗星代表东半球，一颗星代表西半球，我们要让'双星'牌运动鞋潇洒走世界。"对这番豪言壮语，一位美国记者却不以为然，问道："请问先生您脚上穿的是什么鞋？"其用意非常明了：如果你穿的是"双星"牌，那自然没话说，但如果穿的是洋货，意味着连自己都不愿穿"双星"牌，还谈什么潇洒走世界？不料，汪海十分沉着自信地答道："在贵国这种场合脱鞋是不礼貌的，但是这位先生既然问起，我就破例了。"说着他把自己的鞋脱了，高高举起，指着商标处，大声说道："Double Star！"这时，场上响起了热烈的掌声，不少记者争相拍下这一镜头。第二天，美国纽约各大报纸在主要版面上纷纷刊登出这幅照片。《纽约时报》一位记者评述道："在美国脱鞋的共产党国家有两个人，一个是苏联的领导人赫鲁晓夫，他脱鞋敲桌子表明了一个共产党大国的傲慢无礼；一个是来自中国的双星集团总经理，他脱鞋表明了中国的商品要征服美国市场的雄心！"

问题引入：

汪海的成功之处在哪里？

3.3　访送礼仪

前往亲朋好友的居所拜访做客，是在日常人际交往中不可缺少的应酬。人们往往在办公室等较正式的场合拜访他人时，都比较重视自己的言行举止，小节之处也绝不忽视，而去他人居所拜访时，许多人则忽视了自己的身份和行为。结果不仅未能联络双方感情，还影响了个人的形象，乃至组织的声誉。

【小案例】

接待冷淡，断送生意

泰国某政府机构一项庞大的建筑工程向美国工程公司招标。经过筛选，最后剩下四家公司。泰国派遣代表团到美国与各家公司商谈。代表团到达芝加哥时，那家公司在忙乱中出了差错，没有仔细核查飞机到达的时间，未去机场迎接泰国客人，但是泰国代表团在芝加哥找了一家商务中心旅馆。他们打电话给那位美国经理，经理局促不安地道歉，泰国人同意第二天上午11点在经理室会面。第二天美国经理按时在办公室等候，直到下午3点接到泰国代表的电话："我们一直在旅馆等候，始终没人来接我们，我们对这样的接待不习惯，我们订了下一个目的地的机票，再见。"

问题引入：

美国这家公司断送生意的原因是什么？

3.3.1　拜访礼仪

1. 约定

拜访他人应有约在先，这是做客之道的首要原则。当有必要去拜访他人时，首先要考虑主人是否方便，因为在现代竞争的社会中，每个人都有自己的日程安排，不约而至往往会打乱对方的计划，对其工作和生活造成诸多不便。同时对拜访者本人来讲，事先未曾约定的访问也有可能劳而无功，对方不一定会在家中恭候，因此拜访前要事先约定。具体来说，约定礼仪要注意以下几点。

1）约定时间

对于时间的选择，首先要考虑主人的方便，一日三餐的吃饭时间、午休时间、凌晨与深夜等都不宜拜访他人。没有预约，也不要贸然前往。预先约好时间，最符合礼仪规范，确有急事临时决定拜访，时间要短，还须对自己的突然拜访表示歉意。

2）约定地点

拜访者宜有约在先，主要是与被拜访者共同商定拜访做客的时间与地点，在这个问题上应该客随主便。一般来说，被拜访者乐于在家中接待关系较为密切的朋友，以示双方的友谊非同寻常，但如果居所过于窄小，恐怕就不方便了。

3）约定人数

一般情况下，前去拜访做客的人数不宜过多。拜访同性的单身朋友时，可以只身前往。拜访已婚的朋友时，应与配偶或恋人一同前去。如带小孩做客，要事先教育小孩子懂礼貌，否则会妨碍宾主双方。如果有要事相商，最好不要带小孩儿去。此外，未经约定或未征得被拜访者的同意，最好不要带其他人，特别是不要带被拜访者不熟悉的人前去做客；否则会被看作是对被拜访者的不礼貌、不尊重。

4）如约而至

守时守约，即遵守时间，说话算数是基本的礼仪规范。参加各种活动，应按约定时间到达。过早抵达，会使主人因未准备好而难堪；迟迟不到，则让主人和其他客人等候过久而失礼。因故迟到，要向主人和其他客人表示歉意。万一因故不能赴约，要有礼貌地尽早通知主人，并以适当的方式表示歉意。

2. 拜访

1）拜访礼节

（1）拜访的个人礼仪。首先为了向被拜访者表示敬重和对此次拜访的重视，在拜访做客前应"梳妆打扮"一番，服饰应根据被拜访者的身份、双方的关系和拜访活动所处的场合等进行选择，最好选择那些穿起来显得高雅、庄重而又不失亲切、随和的服装。衣冠不整、蓬头垢面则被视为对主人不敬。

（2）拜访时要准备礼物。为被拜访者及其家人选择一份有纪念意义或有实用价值的礼物，如家居用品、水果、地方特色产品等。

2）做客礼节

（1）先行通报。按照事先约定的时间来到被拜访者的居所后，如无人迎候，在进门之前应首先敲门或按门铃，以通报自己的到来。敲门时声音不宜太大，也不要反复不止，轻轻用手指头在门上敲几声就可以了。按响门铃的时间也不要太长，可先按三四秒钟，稍等片刻，若室内仍无反应，可以同样长的时间再按一下，不要用手一直按着门铃直至主人开门才终止，这也是不礼貌的表现。一般情况下，若敲门或按响门铃几分钟后，房门仍未开启，就应该自觉离去，此时继续敲门或到其他住户门前徘徊，或通过窗户向内窥探，都是不礼貌的行为，除非确定室内有人且需要帮助。

（2）施礼问候。主人亲自开门相迎，见面后应立即向其问好，如主人夫妇同时起身相迎，则应首先问候女主人，同时送上礼物。遇到主人的同事、亲属时要主动打招呼、问候，忌讳旁若无人、不搭不理。经主人允许进入室内后，不要过分谦让。有时尽管洽谈的事情所需时间很短，也应在室内谈，不宜在走廊或门口谈。

（3）应邀入室。在接受主人邀请后，进入室内之前，应在门垫上擦净鞋底，如发现主人家中铺着地毯时，应在主人同意后，换上指定的拖鞋。进门后，在进入客厅之前，应脱下外套、帽子，并将随身携带的皮包等物一同交给主人代为存放。如果主人忘记了，就将外套和帽子放在自己的双膝上，皮包放在右手下方的地板上，不能乱扔、乱放，以免引起主人的不满。

在主人家中时，要注意自己的仪态，落落大方，彬彬有礼。当主人递上茶水或水果之类的东西时，应微微起身，双手接过，并致谢意。吃过之后，果皮、果核等要放在茶几上或专用的果皮盒内，不要弃之于地，弄得果皮遍地。

一般来说，去居所拜访他人时，活动范围仅限于其客厅内，且要落座于主人相让之处。不经主人邀请或没有获得主人的同意，不得要求参观主人的住房。在主人的带领下可参观其住宅，但即使是在较熟悉的朋友居所处也不要去触动他人物品和室内陈设等物，书籍可以翻翻看看，花草可以闻一闻，以示仰慕和喜爱。

（4）围绕主题。与主人交谈时，讲话的态度要诚恳，有礼貌，尽量围绕拜访的目的展开交谈，拜访者应表现得成熟稳重，文质彬彬，对主人中意欣赏的物品夸奖几句是完全必要的，但不能为讨人家欢心，而不厌其烦地夸奖个不停，这样就有索要之嫌了。

（5）及时告退。拜访做客时，如果无要事相商，不宜停留时间过长，一般以半小时左右为宜。辞行前，应向主人的家人和其他客人道别，并感谢主人的盛情款待。出门时，应请主人就此留步。如有意请主人回访，可在同主人握别时提出邀请。

3.3.2　迎送礼仪

一般来说，接待客人时要主随客便，考虑周全，讲究礼仪，关怀备至，也就是要尽自己最大努力接待好人家，以使客人有宾至如归的感觉，从而促使宾主双方的关系得到进一步的发展。

1. 迎候安排

1）环境卫生

屋子要稍做收拾，杂乱无章会令客人不舒服，但也不必齐整到令客人小心拘束的程度。

2）待客用品

在客人到来之前，将用于招待的物品放于最方便之处。一般招待用品包括水果、饮料、糖果、烟和茶水等。

3）膳食住宿

如果要留客吃饭，事先要了解客人的饮食禁忌、爱好，以便备好饭菜原料。如果事先获悉客人要留宿，最好让客人单住，并把客人的房间及床铺等用品收拾干净。

4）交通工具

如果条件允许，可提供方便的交通工具。

5）主人形象

男女主人虽用不着刻意打扮，但应仪容整洁、自然、大方。有些人以为在自己居所接待客人，穿得过分随便，甚至穿着睡衣去会见客人，不仅是对客人的不尊重、不礼貌，还会破坏自己的形象。

2. 迎送礼节

1）迎候

在迎候客人时，如果双方事先约好了见面地点和时间，作为主人必须早到几分钟，正点或迟到，对客人来说都是失礼的。可以到火车站、公共汽车站、地铁站等下车地点迎候，也可在居所大门相迎，如果住在高楼里，则应在楼下迎候客人。一般应为主人亲自前往，必要时还可以请配偶或朋友同去，通常不要请他人代劳，特别是小孩子更不合适，会使客人有被怠慢的感觉。

【小知识】

公务接待规格

根据来宾身份，接待规格一般分为三种。

1. 高规格接待

高规格接待是指本单位陪客比来客职务要高的接待。高规格接待通常适用于以下几种情况：上级领导派一般工作人员向下级领导口授意见；兄弟单位领导派员到本单位商谈重要事宜；下级人员来访，要办重要事宜等。这种情况一般都要求领导出面作陪。

2. 同等级接待

同等级接待即陪客与来客职务、级别大体一样的接待。一般是来的客人什么级别，本单位也派什么级别的人陪同，职称或职务相同则更好，或按预约由具体经办部门领导对等接待，较高层次的领导在事前看望一下即可。

3. 低规格接待

低规格接待即本单位陪客比来客职务低的接待。低规格接待通常在基层单位中比较多见，一般适用于以下几种情况：上级领导部门或主管部门领导来本地、本单位视察；老干部故地重游；老干部和上级领导路过本地，短暂休息；外地参观团来本地参观等。这种接待不可兴师动众，领导出面看望一下即可。

2）致意

开门迎客时，最好能和配偶或朋友同往，以示对客人的礼貌、尊敬。开门后，主人要先与客人握手，并致问候，然后将客人介绍给配偶或朋友，待双方互相握手寒暄后，主人在前，客人在后，请客人进屋、落座。

3）热情相待

客人进入客厅后，主人要让客人在适当的位置就座，然后为其斟茶倒水，给予热情的招待。如遇客人有礼品相赠，只要没有贿赂之嫌，稍微谦让后就该收下，并当着客人的面打开礼品包装，表示对礼品的欣赏，但切忌做得过分，让客人感到主人很虚伪。

4）送别

客人告辞时，主人应婉言相留。如果客人执意要走，也要等客人起身告辞时，主人再站起来相送。在道别握手时，要待客人先伸手，方可以手相握，切不可在送客时抢先"出手"，免得有逐客之嫌。如果给远道的朋友送行时，要送到火车站、飞机场或轮船码头，并要为客人准备好一些旅行中吃的食品，如水果、糕点或其他方便食品。此外，送人要等火车、飞机或轮船开动后方可离开。

总之，无论是招待客人还是送别友人，都要使对方感到主人的热情、诚恳、礼貌和修养，要给对方留下一个良好的印象。

3.4　馈赠礼仪

人们相互馈赠礼物，是人类社会生活中不可缺少的交往内容。中国人一向崇尚礼尚往来。《礼记·曲礼上》说："礼尚往来，往而不来，非礼也，来而不往，亦非礼也。"随着交际活动的日益频繁，馈赠礼品能起到联络感情、加深友谊和促进交往的作用，因此越来越受到人们的重视。在现代人际交往中，礼物仍然是人们往来的有效媒介之一，它像桥梁和纽带一样直接明显地传递着情感和信息，寄托着人们的情意，所以我们要通晓礼品的赠送守则和受赠须知。

一般而言，馈赠礼品的目的主要有以下三个方面。

1. 为了交际

礼品的选择，要使礼品能反映送礼者的寓意和思想感情，并使寓意和思想感情与送礼者的形象有机地结合起来。

2. 为了巩固和维系人际关系（"人情礼"）

人情礼强调礼尚往来，以"来而不往非礼也"为基本准则。因此，无论从礼品的种类、价值的大小、档次的高低、包装的式样，还是从蕴含的情义而言，都呈现出多样性。

3. 为了酬谢

这类馈赠是为答谢对方的帮助而进行的，因此在礼品的选择上，既要考虑对方的喜好，又要考虑对方所给予的帮助的大小。

3.4.1　馈赠守则

馈赠礼品作为社交活动的重要手段之一，为古今中外人士普遍肯定。大凡送礼之人，都希望自己所送礼品能寄托和表达对受礼者的敬意和祝颂，并使交往锦上添花。然而，有时所赠礼品非但达不到这种目的，反而会事与愿违造成不良后果，可谓"赔了夫人又折兵"。因此，认真研究和把握馈赠的基本原则，是馈赠活动得以顺利进行的重要前提条件。

1. 把握馈赠时机

就馈赠时机而言，及时适宜是最重要的。中国人很讲究"雨中送伞""雪中送炭"，即十分注重送礼的时效性，因为只有在最需要时得到的才是最珍贵、最难忘的。因此，要注意把握好馈赠礼品的时机，包括时间的选择和机会的择定。

1）传统的节日

如春节、中秋节、圣诞节等中外传统节日，都可以成为馈赠礼品的黄金时间。

2）喜庆之日

如晋升、获奖之际，应考虑备送礼品以示庆贺。

3）企业开业庆典

在参加某一企业开业庆典活动时，要赠送花篮、牌匾或室内装饰品以示祝贺。

4）酬谢他人

自己接受了别人的帮助，事后可送些礼品以回报感恩。

5）探望病人

在探望病人时应带一些礼物，但是在礼物的选择上要有所讲究，所选的礼物要有利于对方的身体健康，如营养品等。

【小案例】

影 星 与 狗

国际著名影星奥黛丽·赫本十分爱狗。多年来一直豢养着一只叫杰西的长耳罗塞尔种的小猎犬。白天，杰西那无忧无虑和温柔的品性，令赫本感到平和亲切；夜晚杰西暖融融地依偎在赫本的脚旁，伴她入睡。然而，有一天，杰西误吃了毒药，很快就死了，赫本爱犬心切，竟无法控制自己，一连数日，终因悲伤过度而一病不起。这时，她的朋友克里斯多夫·格里文森托人给她送来了又一只长耳罗塞尔狗，它叫彭妮，小巧玲珑，毛色白亮，十分可爱。彭妮给了赫本无限的慰藉，赫本说："彭妮不仅使我恢复了健康，也赐给我无限的幸福，它真是来自天堂的宝贝。"

---

2. 送礼标准[①]

1）适应性

馈赠礼品要重视其情感意义。礼品作为友好的象征物，其意义并不在礼品本身，而在于通过礼品所传达的友好情意，所谓"千里送鹅毛，礼轻情义重"。情义是无价的，情义是无法用金钱来衡量的。"烽火连三月，家书抵万金"，同样说明"情"的价值。著名作家萧乾当年访问一位美籍华人朋友时，特意捎去几颗生枣核。他深深知道，朋友身在异国他乡，年纪越大，思乡越切。送去几颗故乡故土的生枣核，让它在异国他乡生根、开花、结果。果然那位美籍华人朋友一见到那几颗生枣核，便勾起了缕缕乡情，他把枣核托在手掌，仿佛它比珍珠玛瑙还贵重。

---

① 金正昆. 社交礼仪教程. 北京：中国人民大学出版社，2005.

2）纪念性

挑选礼品要有纪念意义，当对方看到礼物时就会想起你。例如，可以赠送具有地方特色的民族工艺品等。

3）独创性

送人礼品，与做其他许多事情一样，最忌讳"老生常谈""千人一面"。选择礼品，应当精心构思，匠心独运，富于创意，力求使之新、奇、特。赠送具有独创性的礼品给人，往往可以令其耳目一新，既兴奋又感动，因为这等于是"特别的爱献给特别的你"，赠送者在对方心目中往往也会因此"升值"。

4）时尚性

赠送礼品应折射时代时尚。"精神礼品"受青睐已成为当今人际交往中一道亮丽的风景线。主要包括：智力型礼品，如报纸、杂志、图书、各种教学录音带和计算机软件等；娱乐型礼品，如唱片、激光影碟、体育比赛门票和晚会、展览会的入场券等；祝贺型礼品，如鲜花、节日贺卡和各种礼仪电报等。

3. 送礼禁忌

1）违法物品

在选择礼物时，不能违反我国的法律规定。一些涉及国家机密、行业机密、盗版光盘、黄色书籍、枪支、弹药等违法物品不可送于他人。送外国友人礼品的时候，要考虑到不违反对方所在国家的现行法律等。

2）犯规物品

在公务活动的馈赠中，现金、信用卡、有价证券、昂贵的奢侈品是不能送的。国家公务员在执行公务时，如果收受这样的礼物会让其有收受贿赂之嫌。

3）败俗物品

挑选礼品时，应当使赠品不与对方所在地的风俗习惯相矛盾、相抵触。送礼前应了解受礼人的身份、爱好和民族习惯等，以免所送的礼物顶撞对方的禁忌。例如，给老人送礼品忌送"钟"，因为与"送终"谐音。鉴于此，送礼时一定要考虑民俗习惯，以免节外生枝，弄得不欢而散。

4）犯忌的物品

由于种种原因，人们会忌讳某些物品。例如，高血压患者不能吃含高脂肪、高胆固醇的食品，糖尿病患者不能吃含糖量高的食品。如果送犯忌礼品给人，对方反而会认为你不尊重他。

5）有害物品

有害物品如赌具及庸俗低级的书刊、音像制品等。送这类礼物，会对人们的工作、学习、生活及身体健康、家庭幸福有害。

6）废弃物品

常言道："己所不欲，勿施于人。"不要把过时、没用的东西送给别人，否则只能证明你不重视对方。

7）广告物品

印有公司标志的衣服、帽子等物品，只能在特定场合使用，不适合送人。

4. 送礼礼仪

要使对方愉快地接受馈赠并不是件容易的事情。即便是精心挑选的礼品，如果不讲究赠礼的礼仪和艺术，也很难达到馈赠的预期效果。

1）注意礼品的包装

精美的包装不仅使礼品更具艺术性和价值性，而且可显现出赠礼人的文化与艺术品位，同时还可以使礼品产生和保持一种神秘感，既有利于交往，又能引起受礼人的兴趣和好奇心，从而令双方愉快。反之，如果好的礼品没有讲究包装，不仅会使礼品逊色，使其内在价值大打折扣，还会使人产生"人参变萝卜"的缺憾感，无谓地折损了由礼品所寄托的情谊。

2）注意赠礼的场合

赠礼场合的选择，是十分重要的。尤其那些出于酬谢、应酬或有特殊目的的馈赠，更应注意赠礼场合的选择。例如，送给私人的礼物不宜在公开场合进行；同样的礼物要送给在场的每一个人则可在公开场合赠送。

3）表现大方

现场赠送礼品时，要神态自然，举止大方，表现适当。千万不要像做了"亏心事"，小里小气，手足无措。一般在与对方会面之后，将礼品赠送给对方，届时应起身站立，走近受赠者，双手将礼品递给对方。礼品通常应当递到对方手中，不宜放下后由对方自取。若同时向多人赠送礼品，最好按照先长辈后晚辈、先女士后男士、先上级后下级次序，依次有条不紊地进行。

4）认真说明

当面亲自赠送礼品时要辅以适当的、认真的说明。一是可以说明因何送礼，如果是生日礼物，可说"祝你生日快乐"；二是说明自己的态度，送礼时不要自我贬低，诸如说"没有准备，临时才买来的"，"没有什么好东西，凑合着用吧"等，而应当实事求是地说明自己的态度，如"这是我为你精心挑选的""相信你一定会喜欢"等；三是说明礼品的寓意，在送礼时，介绍礼品的寓意，多讲几句吉祥话，是必不可少的；四是说明礼品的用途，对较为新颖的礼品可以说明礼品的功能和用法。

【小资料】

送花的技巧

结婚：适合送颜色鲜艳而富花语者佳，如百合花、茉莉花、虞美人、红玫瑰等，可增进浪漫气氛，表示甜蜜。

生日：适合送玫瑰、雏菊、兰花等，表示长久的祝福。

送行：适合送剑兰、红掌，寓意一路顺风，前程似锦。

探病：适合送兰花、水仙、马蹄莲、百合、剑兰等，或选用病人平时喜欢的品种，有利于病人怡情养性，早日康复。

乔迁：适合送吊兰、常春藤、芦荟、仙人掌、发财树、摇钱树、富贵龙、绿萝、荷兰铁等，可以改善家庭新居污染，且含有财源广进之意。

丧事：适合送白玫瑰、白莲花或素花，象征惋惜怀念之情。

开业：适合送月季、红掌、黄菊、天堂鸟等，这类花花期长，花朵繁茂，寓意兴旺发达，财源茂盛。

3.4.2 受赠须知

1. 欣然接受

对于那些不违反规定的馈赠，应表现得从容大方，在赞美和夸奖声中收下礼品，并表示感谢。一般要赞美礼品的精致、优雅或实用，夸奖赠礼者的周到和细致，并伴有感谢之词（按中国传统习惯，是伴有谦恭态度的感谢之词）。

1）神态

接受礼品时，应起身站立，面带微笑，神态自若，双手相接，口称"谢谢"。

2）捧接

要双手相接，然后与赠送者握手致谢。收受后礼品不要随手乱扔，丢在一边。可以接受的礼物，一般不应推来推去，忸怩作态，甚至说"你拿回去吧"之类的话。

3）道谢

接受礼品时，应充分表达谢意。表达时应让对方觉得真诚、友好，若是贵重礼品，往往还需要用打电话、电子邮件等方式再次表达谢意，必要时还应选择适当的时机加以还礼。接受礼物时，不管礼品是否符合自己的心意，都应表示对礼物的重视。对贺礼及精美礼物，应当面打开欣赏，并赞美一番。

4）欣赏

按照国际惯例，受礼后一定要当面拆启包装，仔细欣赏，面带微笑，适当赞赏。如果条件允许，不妨当众拆开包装欣赏一番，并再次向送礼者致谢，随后将礼品置于显眼、适当之处；如果当时不便打开欣赏，应在致谢后直接置于合适之处，过后拆看时再通过打电话等方式向送礼者致谢。

2. 拒绝有方

社交活动中应学会拒收礼物，对于有可能影响公正执行公务的礼物，要坚决地拒收。

1）婉言拒绝

别人赠送自己礼物，往往是没有恶意的，如果直言不讳地拒绝，会让对方很难堪，因此应该婉言拒绝。

2）直接拒绝

这是公务交往中常用的一种拒绝方式。如果对方所赠送的礼品是违规的物品，要直接拒绝，而且直言不讳地向对方说明原因，以求得对方的谅解。

3）事后退还

有时在大庭广众之前拒绝他人所送礼品，会使赠送者感到难堪，因此，可考虑事后退还礼品，但一般应在 24 小时以内，同时礼品包装最好不要拆开。

3. 依礼还礼

接受对方的礼品之后，切莫忘记"有来有往"，选择适当的时机还礼。

1）还礼时间

当对方在赠送你礼物时，不必马上还礼，还礼应选择恰当的时间。还礼时间可选择恰逢对方赠送的相同机会还礼，或对方及其家人的某一喜庆活动时还礼，或事后登门拜访还礼等。

2）还礼形式

其一，应在适当之时回赠给对方适当的礼品。礼品的性质与档次大体上可与对方所赠礼品相近或相仿。

其二，在接受礼品后，尤其是在接受较为珍贵的礼品后，应真诚地向对方道谢。除了应当场向赠送者正式道谢之外还可在事后再度表达此意。常规的做法是：在一周内致信、发电子邮件或打电话再次感谢对方。此外，亦可在此后再次与对方相见时提及自己很喜欢对方所赠送的礼品。

送礼是一个十分敏感而又微妙的问题，一定要慎重从事，否则会适得其反。几千年来流传下来的送礼习俗和人们对事理的认识，逐渐形成了一套独特的送礼艺术，有其约定俗成的规矩，送给谁、送什么、怎么送都有原则，绝不能乱送、胡送、滥送。它包括所送礼品的形式、送礼的目的、送礼的场合、送礼的时机和收受礼品的礼仪等一系列内容。因此，掌握一定的馈赠礼仪，在人际交往中可以减少很多麻烦和尴尬。

本 章 小 结

交往礼仪是现代人每天必须面对的，从交往活动中可以体现出一个人的涵养和素质。本章着重介绍了交往过程中应该遵守的各种礼仪规范，包括会面礼仪、交谈礼仪、访送礼仪、馈赠礼仪等，有助于我们提高交往水平，注重交往细节，成为交往高手。

关 键 概 念

称呼　介绍　握手　名片　交谈　拜访礼仪　迎送礼仪　馈赠礼仪

自测题

1. 填空题

（1）与人会面时一般包括称呼、_____、握手、交换名片和_____ 5 个过程。

（2）馈赠礼仪包括馈赠守则与_____。

（3）委婉的交谈方式会受到交谈者的欢迎，交谈的基本方式包括倾泻式、_____、启发式和_____ 4 种。

2. 单项选择题

（1）自我介绍时要注意时机、内容和（　　）。

A. 独特　　　　　　　　　　　　B. 时尚

C. 分寸　　　　　　　　　　　　D. 顺序

（2）交谈过程不宜选择的主题有（　　　）。

  A. 时尚的主题　　　　　　　　　　B. 沉重的主题

  C. 既定的主题　　　　　　　　　　D. 高雅的主题

3. 判断题

（1）在家里接待客人时可以随意着装，只要合身、舒服即可。   （　　　）

（2）握手过程中谁先伸手都可以。   （　　　）

（3）制作名片过程中独特性非常重要，因此色彩艳丽、图案美观，大小都可。 （　　　）

（4）见面时的称呼，一些过时的称呼、禁忌的称呼要注意避免。   （　　　）

4. 简答题

（1）交谈过程中主题选择应注意些什么？

（2）迎送礼仪中作为客人和主人应分别注意哪些方面？

（3）馈赠礼品时应该注意些什么？

（4）介绍过程中自我介绍和他人介绍应分别注意哪些方面？

（5）交往过程中握手和交换名片应分别注意些什么？

▶ 案例分析 ◀

赞美你的谈判对象——迂回入题的魅力①

  美国华克公司承包了一项建筑工程，开始计划进行得很顺利，不料在接近完工阶段，负责供应内部装饰用的铜器承包商突然宣布无法如期交货。这样一来，整个工程都要耽搁了！要支付巨额罚金！要遭受重大损失！于是，长途电话不断，双方争论不休。一次次交涉都没有结果，华克公司只好派高先生前往纽约。高先生一走进那位承包商办公室，就微笑着说："你知道吗？在布洛克林巴，有你这样姓氏的人只有一个。""哈！我一下火车就查阅电话簿想找到你的住址，结果巧极了，有你这个姓氏的只有你一个人。""我一向不知道。"承包商兴致勃勃地查阅起电话簿来。"嗯，不错，这是一个很不平常的姓。"他很有些骄傲地说："我这个家庭从荷兰移居纽约，几乎有200年了。"他继续谈论他的家族及祖先。当他说完之后高先生就称赞他居然拥有一家这么大的工厂。承包商说："这是我花了一生的心血建立起来的一项事业，我为它感到骄傲，你愿不愿到车间参观一下？"高先生欣然前往。在参观时，高先生一再称赞他的组织制度健全，机器设备新颖，这位承包商高兴极了。他声称这里有一些机器还是他亲自发明的呢！高先生马上又向他请教：这些机器如何操作？工作效率如何？到了中午，承包商坚持邀请高先生吃饭，他说："到处都需要铜器，但是很少有人对这一行像你这样感兴趣的。"到此为止，你一定注意高先生一次也没有提起此次访问的真正目的。吃完午餐，承包商说："现在，我们谈谈正事吧。自然，我知道你这次来的目的；但我没有想到我们的相处竟会如此愉快。你可以带着我的保证回费城去，我保证你们所需材料如期运到。我这样做会给另一笔生意带来损失，不过我认了。"高先生轻而易举地获得了他所急需的东西。那些器材及时运到，使大厦在契约期限届满的那一天完工了。

---

  ①　方其. 商务谈判：理论、技巧、案例. 北京：中国人民大学出版社，2004.

讨论题：

1. 请问美国华克公司的高先生为什么会获得成功？他在交谈过程中注意了什么？

2. 请结合案例讨论在交往过程中获得成功应注意哪些因素。

技能训练

全班分为若干小组，每组 5～7 人，分别模拟自我介绍、见面、馈赠及迎送时的一般礼节场景，通过仔细揣摩模拟场景，能够熟练掌握交往的基本礼仪规范。

第4章

公共礼仪

【本章导读】

公共礼仪是指人们置身于公共场所时所应遵守的礼仪规范。通过本章的学习，我们要在了解公共场所礼仪总原则的基础上，掌握行路、乘车、乘船、乘机及其他特殊公共场所礼仪的基本原则，具备正确运用公共礼仪的能力。

【学习目标】

1. 了解公共礼仪的定义与适用范围；
2. 理解学习、应用公共礼仪的基本原则；
3. 掌握基本的出行、乘车、乘船、乘机及特殊公共场所的基本礼仪；
4. 培养正确运用公共礼仪的能力。

【引例】

杨澜的一次难堪经历

著名电视节目主持人杨澜曾讲过她在国外经历的一件事：她在一个发达国家排着长队等候上卫生间时，有几个看上去像是亚裔的女青年旁若无人地不排队直接进了卫生间，致使排队的人相当有意见。在这几个女青年离开卫生间时，忽然看见了正在排队的杨澜，便大声叫她，和她打招呼。当时的杨澜并没有想到她们是自己的同胞，感觉特别尴尬。正在排队的当地人，也知道了女青年的国籍，她们鄙视地说"Chinese"。杨澜说她自己当时的感觉是无地自容。

问题引入：

1. 亚裔女青年的什么行为致使排队的人相当有意见？
2. 杨澜为什么当时感觉无地自容？

公共礼仪的总原则主要有以下三个。

1. 遵守秩序

公共礼仪维持了公共生活的最基本秩序，而公共秩序是社会公众的最低要求和需要，没有了秩序，公共的权利就无法保障，利益就要受到损害。

2. 仪表整洁、讲究卫生

讲究仪表和形体礼仪，是一种社会公德。仪表整洁，不仅是对自己的尊重，也是对他人的尊重。如果服装不洁，则会给人不愉快的感觉。讲究卫生，包括个人卫生和公共卫生两方面。这既是个人身体健康的需要，也是对社会环境这一公共产品应有的关心和责任。讲究个人卫生，就要注意个人清洁，每天洗脸刷牙，勤洗澡、勤换衣；讲究公共卫生，就要不随地吐痰，不乱扔果皮纸屑等。

3. 尊老爱幼、礼让妇女

小孩尚未成年，心灵还较幼稚，到老年，就成为身体的弱者，因此小孩和老人在公共场所都应该得到社会公众的关心、体谅和照顾。

评价一位男士是否具有男子汉气质和绅士风度，其首要标准是是否礼让妇女，是否遵循"女士优先"的原则。女士优先原则，可以体现在男女交往的每一个场合。例如，走路时，同行男士应走靠外一侧，女士则走贴近建筑物一侧；上楼梯时，女士走在前面，男士走在后面，下楼梯时，则相反；男士和女士一同上车时，男士应上前几步，为女士打开车门；下车时，男士应先下来，为女士拉开车门。

4.1　出　行　礼　仪

4.1.1　行路礼仪

行路是人们每天都要进行的活动，看似平常普通，却体现了一个人的修养。

自觉遵守公共场所的行路规则，对于每个人来说都很重要。这里所指的"公共场所的行路"规则包括两个方面：室外街道，室内大厅和过道、楼梯。

【小资料】

《礼记》中的出行礼仪

《礼记·曲礼》中说："行不中道，立不中门"，意思是不要在道路正中间行走，那样会妨碍他人行走；也不要在大门正中长久站立，那样既会影响别人进出，又显得狂妄。这与我们现代生活中所提倡的在公共场所乘坐扶梯靠右站立是一样的，也是为了不妨碍他人。

《礼记》中非常强调尊重他人的道理，尤其是尊重老年人。驾车见到老人必定行礼致敬，车子进入城邑，慢行不驰，生怕惊扰他人。回到自家的里巷，要向父老乡亲致意。在现代交通文明中，开车不要横冲直撞，到了人多的地方慢行，不鸣笛，遵循的正是尊重他人的道理。

1. 基本规范

1）严格自律

（1）认真执行交通法规。在繁忙道路上行路时，必须遵守交通规则，认真执行交通指示灯的指示，服从交通警察的指挥。在人行便道和室内过道上行走时，要行走在便道和过道的右侧，不要逆行。行走速度适中，不要猛跑。要有耐心，不能闯红灯；不能到机动车道行走；不要翻越道路上设置的隔离栅栏。当穿越街道时，必须在十字路口沿"斑马线"穿过，不能图方便，斜穿过去。

（2）爱护公物。要自觉爱护公共场所的各种设施、物品。不可以攀折树木，采摘花卉，践踏绿地，蹬踩雕塑，也不得在墙壁上或地面上信手涂鸦、划痕。

（3）保护环境。行路时，不应乱扔废弃物，不应该边走边吃零食或者吸烟，不得随地吐痰，也不得直接将其吐入垃圾箱，应于旁边无人时，将痰吐在纸巾里包好，然后投入垃圾箱。

（4）检点举止。与恋人、夫妻或朋友一起行路时不应该勾肩搭背、又搂又抱，表现得过分亲密。

（5）发现街头冲突应及时劝阻，不可围观、起哄。对于外国人或异性不得尾随其后或频繁顾盼，更不可对其进行骚扰。

（6）对于私人居所，不可贸然打扰，更不可在门口、窗口或墙头偷窥，干涉他人活动的自由。

2）尊重他人的行路权利

在行路时，对于任何人，即使是陌生人都要关心、帮助、照顾、体谅，友好相待。

（1）彼此谦让。尊重他人的行路权利是必备的素养之一。当三人以上同行时，尽量不要排成一行肩并肩行走。必要时分散行走，或者稍事停留让后面行人先走。

行路时，若遇行人很多，不可故意拥挤，须礼让。一旦不小心踩到他人的脚或撞击到别人时，应该首先道歉，面带微笑说一声"对不起"。

（2）帮助老幼。当遇到老弱病残者应主动上前加以关心、帮助，不可视而不见，甚至讥讽呵斥。

（3）言语适当。路遇熟人应当主动问候，对于他人的问候要及时给予友善的回答。对于问路者则应"问有答声"，尽力予以最大可能的帮助或为其带路。向他人问路则应使用尊称。

3）保持距离

人际距离在某种情况下也是一种无声的语言。它不仅反映了人们关系的现状，而且体现着保持距离的主动者对另一方的看法。

人际距离有 4 种类型，在行路时，应针对不同的情况正确地加以运用。

（1）私人距离，又称亲密距离。它是指两人相距在 0.5 m 之内的距离，适用于家人、恋人或至交之间。

（2）社交距离，又称常规距离。它是指两人相距在 0.5～1.5 m 的距离，适用于交际应酬之时。

（3）礼仪距离，又称敬人距离。它是指两人相距 1.5～3 m 的距离，适用于向对方表示敬重，或用于举行会议、庆典和仪式等。

（4）公众距离，又称大众距离或"有距离的距离"。它是指两人相距 3 m 开外的距离，主要适用于同陌生人的相处。

2. 做举止优雅的行路人

在步行时，会处于各种不同的场合，对此必须具体情况具体处理。主要包括道路上行进、漫步、出入房间、通过走廊、上下楼梯、进出电梯、通过拥挤之处及排队等。

1）在道路上行进

在道路上行进时要讲究多方面的礼仪，以体现自己良好的素质和修养，具体应注意以下几个方面。

（1）在道路上行进要自觉走人行道，不可走自行车道或盲道。

（2）右侧通行。不可逆行，逆行会扰乱交通秩序，是造成交通事故的隐患。

（3）集体行走于街上时，应该单行行进，不可并排行走，不可左拥右抱、勾肩搭背。不要长时间高声说笑。应该话语轻缓，并且不要有过于激烈的身体动作，如用力挥臂、捧腹大笑等。当需要作短暂谈话时，一定要靠路的右侧，不要影响他人通过。

（4）女士优先。当男性与相识女性在街道上并排行走时，男性要自觉走在临近道路的一侧，即"把墙让给女士"，体现对女性的尊重。

2）漫步

漫步又称散步，是一种休息的方式，不受时间、地点、速度的限制。

（1）独自漫步。个人漫步没有太多讲究，除了注意安全以外只要放松心情，充分休息即可。此外，不要将随身听的耳塞放入耳内，随意大声哼唱，甚至不停摆动身体。

（2）多人漫步。多人漫步，特别是与尊长、异性漫步时，应该注意排列的顺序：通常的规则是以右为尊，以左为卑；以前为尊，以后为卑；多于三人并列行走时以居中者为尊。

3）出入房间

在正式场合出入房间要注意以下礼节。

（1）注意顺序。通常应该请尊长、女士、宾客率先进出房间，并主动为其效劳，为其开关门。出入房间时若有人与自己反向而行则应该礼让对方。

（2）注意房门的开关。无论进出房门都应以手轻敲、轻推、轻拉、轻关，绝不可用身体其他部位开门。

（3）注意面向。进出房门时都应该面向屋内之人，而不可背向对方。

4）通过走廊

通过室内或露天走廊，穿梭于房间之时，应该注意必要的礼仪：一是单排行进；二是保持安静；三是靠右侧通行。

5）上下楼梯

上下楼梯时需要注意6个方面：一是单排行走，不要多人并排行走；二是靠右侧通行，左侧留给有急事的人快速通过；三是带路者在前，被引导者在后；四是不应停留在楼梯口交谈，给别人的行走带来不便；五是礼让尊长和异性；六是保持距离，注意安全。

6）进出电梯

进出电梯应该注意三大问题。

（1）注意安全。不可扒门、抢门或强行挤入。电梯超载时应主动退让。电梯出现故障时应该耐心等候，不可冒险行动。

（2）注意出入顺序。与陌生人同乘电梯，应按照排队的顺序依次进出。与熟人同乘电梯则应视电梯类型而定：有人管理的电梯应主动后进后出；无人管理的电梯则应先进后出，以便为别人控制电梯。

（3）在电梯内的站立位次。电梯中也有上座、下座之分，视按钮在门的一侧或是两侧而有不同。如果长辈或上级先进电梯，该位置就是上座，下座是离上级或长辈最远的位置。如果长辈或上级后来才上电梯，则离电梯按钮较远且靠里的位置为上座，就让出上座位置。

7）通过拥挤之处

在人多的公共场合难免要遇到拥挤的情况，此时应该注意以下4个方面。

（1）不要停留。在拥挤的地方应该迅速处理自己的事情，然后马上离开，不要在此聊天、休息。

（2）不要影响他人通过。通过拥挤之处不要与人拉手、挽臂、勾肩或搂抱而行。

（3）不要动作过大。通过拥挤之处身体动作要小，不要猛然挥手、踢腿蹬脚。

（4）不要高声谈笑。在拥挤之处与人交谈应该放低音量，不可大喊大叫，大吵大笑。

8）排队

排队是维持现场秩序的最好方法。在人们的日常生活中无论是办理公事还是私事都会经常遇到排队的情况，此时应该遵守必要的礼仪规范。

（1）主动排队。应该养成排队的良好习惯，不可破坏排队秩序、起哄或拥挤。

（2）遵守顺序。在排队时应该讲究先来后到，礼让尊长，自己不可以插队，也不可以让自己的熟人插队。

（3）保持距离。排队时，与前后左右的人应保持一定的距离，以尊重其隐私，切不可相互贴得过紧。

【小资料】

乘用电梯为他人着想

在大型商场、地铁站、火车站、飞机场等公共场所乘坐电梯时，有一个重要的礼仪规则是：乘客一律靠右站立，上下排成一列纵队，空出左边的小道给有急事的人上下跑动。这是国际惯例，请一定遵守，特别是当你走出国门的时候，别让外国人说我们中国人不懂礼仪，不为他人着想。

当你和朋友一起逛商场时，站立在电梯上时，不要并排站立，也许这会使你们的交谈变得不那么自如，但这却给那些有急事的人提供了方便。礼仪规则要求我们每个人都要设身处地为他人着想，从而构建美好和谐的大环境。

4.1.2　乘车礼仪

任何车辆均属于公共空间，所以在乘车时都有必要自觉遵守有关的乘车礼仪，做到律己敬人，以实际行动来维护自己的形象。

正常的乘车秩序有双重含义：一方面，它是指乘车的公共秩序；另一方面，它所指的则是乘车的礼仪秩序。二者相比，要求的层次不同，前者是后者的基础，后者是前者的发展和延伸。乘车的公共秩序是指乘客在乘坐车辆时应当保持有条理、不混乱的局面。乘车的礼仪秩序，则是指乘客在上下车辆时和在车上就座时，对于先后、尊卑次序的合乎礼仪的规定。

下面主要介绍有关乘坐轿车、公共汽车、火车等机动车辆的礼仪规范。

1. 乘坐轿车

乘坐轿车时，应当牢记的礼仪问题主要涉及座次、举止和上下车顺序等三个方面。

1）座次

在比较正规的场合，乘坐轿车时一定要分清座次的尊卑，使每位乘客自得其所。而在非正式场合，则不必过分拘礼。

轿车上座次的尊卑，从礼仪上讲，主要取决于下述 4 个因素。

（1）轿车的驾驶者。驾驶轿车的司机，一般可分为两种人：一是主人，即轿车的拥有者；二是专职司机。国内目前所见的轿车多为双排座与多排座，当驾驶者不同时，车上座次尊卑不同，具体如下所述。

由主人亲自驾驶轿车时，一般前排座为上，后排座为下；以右为尊，如图 4-1 所示。

在双排五人座轿车上，座位由尊到卑应当依次是：副驾驶座，后排右座，后排左座，后排中座 [见图 4-1（a）]。

在双排六人座轿车上，座位由尊到卑应当依次是：前排右座，前排中座，后排右座，后排左座，后排中座 [见图 4-1（b）]。

在三排七人座轿车（中排为折叠座）上，座位由尊到卑应当依次是：副驾驶座，后排右座，后排左座，后排中座，中排右座，中排左座 [见图 4-1（c）]。

在三排九人座轿车上，座位由尊到卑应依次是：前排右座，前排中座，中排右座，中排中座，中排左座，后排右座，后排中座，后排左座 [见图 4-1（d）]。

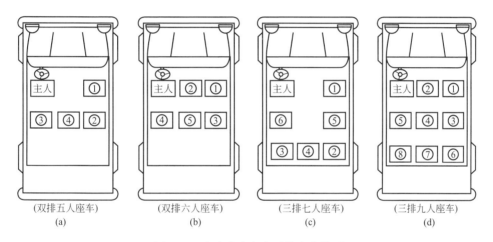

（双排五人座车） （双排六人座车） （三排七人座车） （三排九人座车）
(a) (b) (c) (d)

图 4-1 主人亲自驾车时的座次排列

乘坐主人驾驶的轿车时，最重要的是不能令前排座空着，一定要有一个人坐在那里，以示相伴。由先生驾驶自己的轿车时，其夫人一般应坐在副驾驶座上；由主人驾车送其友人夫妇回家时，其友人之中的男士，一定要坐在副驾驶座上，与主人相伴，而不宜陪同自己的夫人坐在后排，那将是失礼之至。

由专职司机驾驶轿车时，通常仍讲究右尊左卑，但一般以后排为上，前排为下，如图 4-2 所示。

在双排五人座轿车上，座位由尊而卑应当依次为：后排右座，后排左座，后排中座，副驾驶座 [见图 4-2（a）]。

在双排六人座轿车上，座位由尊而卑应当依次为：后排右座，后排左座，后排中座，前排右座，前排中座 [见图 4-2（b）]。

在三排七人座轿车（中排为折叠座）上，座位由尊而卑应当依次为：后排右座，后排左座，后排中座，中排右座，中排左座，副驾驶座 [见图 4-2（c）]。

在三排九人座轿车上，座位由尊而卑应当依次为：中排右座，中排中座，中排左座，后排右座，后排中座，后排左座，前排右座，前排中座〔见图4-2（d）〕。

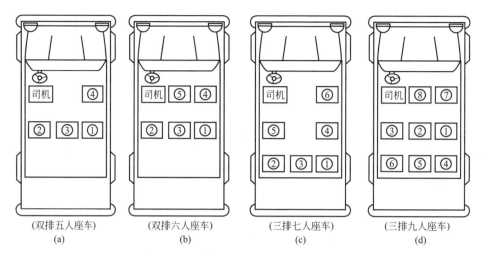

（双排五人座车）　（双排六人座车）　（三排七人座车）　（三排九人座车）
　　(a)　　　　　　　　(b)　　　　　　　　(c)　　　　　　　　(d)

图4-2　由专职司机驾车时的座次排列

（2）轿车的类型。轿车上座次尊卑排列取决于轿车驾驶者的方法主要适用于双排和三排座的轿车，对于其他一些特殊类型的轿车并不适用。

例如，吉普车是一种轻型越野客车，大都是四座车。不管由谁驾驶，吉普车上座次由尊而卑均依次是：副驾驶座，后排右座，后排左座（见图4-3）。

多排座轿车，指的是四排以及四排以上座位的大中型轿车。其不论由何人驾驶，均以前排为上，以后排为下；以右为尊，以左为卑；并以距离前门的远近，来排定其具体座次的尊卑。以一辆六排十七座的中型轿车为例，其座位的尊卑依次应为：第二排右座，第二排中座，第二排左座，第三排右座，第三排中座，第三排左座，第四排右座……（见图4-4）。

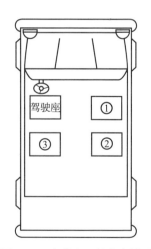

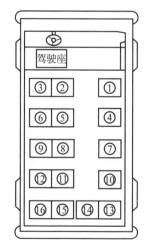

图4-3　吉普车上的座次排列　　　图4-4　六排十七座中型轿车上的座次排列

（3）轿车上座次的安全系数。从某种意义上讲，乘坐轿车理当优先考虑安全问题。客观地讲，在轿车上，后排座比前排座要安全得多，最不安全的座位当数前排右座（副驾驶座）。最安全的座位是后排左座（驾驶座之后），或是后排中座。

当主人亲自开车时，之所以以副驾驶座为上座，既是为了表示对主人的尊重，也是为了显示与之同舟共济。由专人驾车时，副驾驶座一般也叫随员座，通常坐于此处者多为随员、译员、警卫等。

有鉴于此，一般不应让女士坐于由专职司机驾驶的轿车的副驾驶座上，孩子与尊长也不宜在此座就座。

在许多城市，出租车的副驾驶座经常不允许乘客就座。这主要是为了防范歹徒劫车，其实质也是出于安全考虑。

（4）轿车上嘉宾的本人意愿。通常，在正式场合乘坐轿车时，应请尊长、女士、来宾就座于上座，这是给予对方的一种礼遇。但是在现实生活中不是每一个人都懂得座位的尊卑，如果对方所坐座位并非尊座，也没有必要进行纠正，嘉宾坐在哪里，即应认定那里是上座，务必要讲"主随客便"。

【小思考】

罗马教皇为他开车

有一个笑话，说是罗马教皇有一次去国外访问，第二天他要参加一个重要的会议，于是司机早早就到他下榻的酒店迎接。偏偏那天教皇心情特别好，想过把开车瘾，就和司机换了位置，自己开着车去会场。会场外头自然已经是列队迎接，忽然一个工作人员神情慌张地跑到大会负责人那里，着急地说，坏了坏了，不知道来了什么大人物？负责人问为什么，工作人员说，罗马教皇为他开车呢！

请问：上述场合中的工作人员为什么以为来了大人物？从礼仪的角度讲，由司机开车时，罗马教皇一般应该坐在什么位置？

资料来源：http://www.tvsc.cn/9html/2007－10－31/172240.shtml.

2）举止

与其他人一同乘坐轿车时，即应将轿车视为一处公共场所。在这个移动的公共场所里，同样有必要对个人的行为举止多加约束。具体来说，应当注意以下问题。

（1）动作雅观。仪态优雅的上车方式是提起膝盖，浅坐在座席上，然后把头伸向汽车，最后把膝盖收拢转向前方，两腿都伸在车里，身体朝着车的前方，腰部倚着靠背，关上车门。

正确的下车姿势是：准备下车时，应将身体尽量移近车门，车门打开后，如在左方，先将左脚踏出车外，立定，然后将身体重心移至左脚，再把整个身体移离车外，最后踏出另一只脚。如穿短裙时，宜将两脚同时踏出车外，再将身体移出，双脚不可一先一后（见图4－5）。姿势把握得法能使人潇洒自如，展现魅力。

图4－5 下车姿势

【小知识】

女士上车的姿势

社交活动结束后，优雅的离去能为每一位到会者留下更为深刻的好印象，因此，在上车时，也千万不要慌忙，按下面4个步骤进行（见图4-6）。

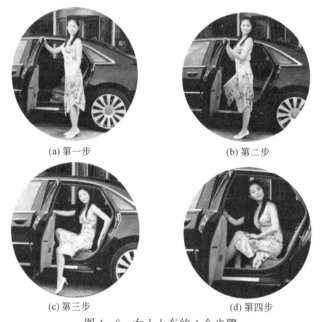

(a) 第一步　　　　　　　　(b) 第二步

(c) 第三步　　　　　　　　(d) 第四步

图4-6　女士上车的4个步骤

（1）右手轻扶住车门，身体微微侧转与车门平行。

（2）右脚轻抬先进入车内，右手轻扶车门稳定身体。

（3）臀部往车内坐下，左手同时扶住车门边框支撑身体，并缓慢将左脚缩入车内，此时要注意膝盖确实并拢。

（4）借由双手撑住身体，移动身体至最舒服的位置坐妥，优雅地坐进车内。

（2）讲究卫生。不要在车上吸烟，或是连吃带喝，随手乱扔；不要往车外丢东西、吐痰或擦鼻涕；不要在车上脱鞋、脱袜、换衣服，或是用脚蹬踩座位；不要将手或腿、脚伸出车窗之外，这既是不文明的表现，也是非常危险的行为。

（3）礼让座位。上下多排座轿车时，要井然有序，相互礼让。不要推推搡搡，拉拉扯扯，尤其不要争抢座位，更不要为自己的同行之人抢占座位。应该主动把舒适的座位让给老、幼、病、残、孕乘客及女士。

（4）注意安全。不要与驾车者交谈，以防其走神。驾车者不能听移动电话或看书读报。协助尊长、女士、来宾上车时，可为之开门、关门、封顶。在开、关车门时，不要用力过猛，特别要注意避免夹伤他人。在封顶时，应一手拉开车门，一手挡住车门的门框上端，以防止其碰头。当自己上下车、开关车门时，要先看而后行，切勿疏忽大意，出手伤人。

3）上下车顺序

上下轿车的先后顺序也有礼可循，其基本要求是：倘若条件允许，须请尊长、女士、来宾先上车，后下车。具体而言，又可分为以下几种情况。

（1）主人亲自驾车。主人驾驶轿车时，如有可能，均应后上车，先下车，以便照顾客人上下车。

（2）分坐于前后排。乘坐由专职司机驾驶的轿车时，坐于前排者，大都应后上车，先下车，以便照顾坐于后排者。

（3）同坐于后一排。乘坐由专职司机驾驶的轿车，并与其他人同坐于后一排时，应请尊长、女士、来宾从右侧车门先上车，自己再从车后绕到左侧车门后上车。下车时，则应自己先从左侧下车，再从车后绕过来帮助对方。若车停于闹市，左侧车门不宜开启，则于右门上车时，应当里座先上，外座后上；下车时，则应外座先下，里座后下。总之，以方便易行为宜。

（4）折叠座位的轿车。为了上下车方便，坐在折叠座位上的人，应当最后上车，最先下车，给别人提供方便。

（5）乘坐多排座轿车。乘坐多排座轿车时，通常应以距离车门的远近为序。上车时，距车门最远者先上，其他人随后由远而近依次而上。下车时，距车门最近者先下，其他人随后由近而远依次而下。

【小思考】

坐在前面的女宾为什么不高兴了？

在一个秋高气爽的日子里，迎宾员小贺着一身剪裁得体的新制服，第一次独立地走上了迎宾员的岗位。一辆白色高级轿车向饭店驶来，司机熟练而准确地将车停靠在饭店豪华大转门的雨棚下。小贺看到后排坐着两位男士，前排副驾驶座上坐着一位身材较高的外国女宾。小贺一步上前，以优雅的姿态和职业性动作，先为后排客人打开车门，做好护顶姿势，并目视客人，礼貌亲切地问候，动作麻利而规范、一气呵成。

关好车门后，小贺迅速走向前门，准备以同样的礼仪迎接那位女宾下车，但那位女宾满脸不悦，使小贺茫然不知所措。

通常后排为上座，一般凡有身份者皆在此就座。优先为重要客人提供服务是饭店服务程序的常规，这位女宾为什么不悦？小贺错在哪里？

资料来源：陈刚平，周晓梅. 旅游社交礼仪. 北京：旅游教育出版社，2000.

---

2. 乘坐公共汽车

公共汽车，又叫巴士，指的是由国家或企业经营，有着固定线路和车站，供社会公众付费乘坐的多排座轿车。它既有大型、中型、小型之分，又有机动、电动之别。另外，还有有轨和无轨之分。

乘坐公共汽车，应当注意以下4个方面的问题。

1）上下车辆

上下公共汽车时，须重视下述几点。

（1）上车依次排队。若等候公共汽车的人较多，则一定要自觉地以先来后到为顺序，分散候车，排队上车。除规定允许被照顾的老幼病残孕之外，其他人概莫能外。

上车时，要礼让他人，对行动不便的老人、孕妇、病人、残疾人及妇女孩子等，要加以帮助，不要口有微词。上不去了，应再等下一辆，不要扒门、硬挤或"吊车"。

（2）下车提前准备。进行下车的准备时，如需他人让路，应有礼貌地先打一声招呼，如说"借光""劳驾""请您让一下"，不要默不作声地猛挤猛冲，更不要发脾气，或出言不逊。

（3）物品安放到位。上了公共汽车后，应将随身所带的物品放到适当的位置，注意不要让其占座位、挡路，或有碍他人安全。

（4）其他注意事项。不要在车上吃东西。若上车前未吃完，应进行必要的处理。由于车上人多，空间小，并且有不稳和颠簸的情况，所以在车上吃东西，尤其是吃汁水多的东西，容易弄脏车子或他人的衣服。携带的随身之物，也应使之不要有碍于人，或有碍环境。不要带有碍安全的物品上公共汽车。携带重、硬、尖或易碎品上车时要妥善包装并提醒他人留心注意。雨雪天上车后，应将雨伞、雨衣放入塑料袋中，或提前抖掉身上的雨水和雪花，不要任其弄湿其他人。对已湿的物品，亦应妥善处理。

2）购买车票

乘坐公共汽车，一定要遵守有关购买车票的规定事项。

（1）购买车票。需购买车票时，应积极主动。不准逃票、使用假票、废票，或坐"过站车"。与尊长、女士一同乘车时，应主动为之购票。带小孩时，亦应按有关规定购票。

（2）无人售票。在无人售票的公共汽车上，应自动投币，不要不交车费或少交车费。乘坐不找零的公共汽车时，还应事先备好零钱，不得以无零钱为由赖账。主动帮助没有零钱的乘客兑换零钱。

（3）使用月票。使用月票者，下车前要主动出示，不要自以为心中有数，而不理睬售票员。若售票员查票，应主动配合，不可使用过期月票或假月票欺骗售票员，也不要借用他人月票。

（4）使用智能卡。在一些公共汽车上，并无专人售票，而由乘客自行使用老年卡、学生卡或事先购买的储值智能卡刷卡上车。使用智能卡车票时，要主动刷卡，不准蒙混过关，或只刷小数额。使用打孔车票，亦可对此参照。

（5）携带超过一定尺寸的大件行李，所有者应该为其买票。

3）座位选择

乘坐公共汽车时，座位的选择有其特殊性，需加以注意，具体要求如下。

（1）不对号入座。绝大多数的公共汽车不对号入座，通常讲究就座时先来后到。切勿与人争抢座位，也不要为同行者占座位，更不要为此而对他人恶语相加，甚至大打出手。

（2）对号入座。路途较长的公共汽车，一般按座售票，对号入座。乘这种车时，不要乱坐其他人的座位。调换座位应彼此友好协商。

（3）留出特殊座位。在一些公共汽车的前门或中门附近，都有专门为老、弱、病、残、孕预留的特殊用座。这些座位即使空着，也不应去坐，更不能假冒身份去坐。

（4）主动让座。与尊长、女士、来宾一同坐公共汽车时，应请其优先入座，或请其就座于较好的位置，比如靠前、靠窗、面向前方的位置。遇上老人、病人、残疾人、孕妇或抱孩子的人，亦应主动让出自己的座位，切勿熟视无睹。当他人为自己让座时，应立即道谢，不要自认为理所应当，而一语不发。

（5）不随处乱坐。在公共汽车上不可强行与别人挤坐。窗沿、地板、扶手和发动机等处不可就座。

4）乘车表现

乘坐公共汽车时，多无熟人在场，此时应一如既往地严于律己，注意个人的表现，不可肆意放纵，尤其应注意以下 4 点。

（1）不碰撞他人。若有可能，应与其他人的身体保持一段距离。万一因为车辆摇晃或自己不小心碰撞、踩踏了别人，应立即道歉。若他人因此向自己道歉，则应大度地表示谅解，千万不可小题大做，借题发挥。任何时候，都不要用手去推摸别人。

（2）不设置路障。不管是坐是站，均应坐有坐相，站有站相。不要把腿伸到过道上，也不要霸王当道，拒绝让路。

（3）不影响安全。在公共汽车上切勿吸烟，也不要随手往地上或窗外乱扔废弃物。不要将头探出窗外，不要在过道上乱晃，站立时抓住吊环或扶住扶手，不要手扶门缝、窗缝。上下车时，不要起哄、猛挤、推人、拉人、抢下，以免发生危险或贻误时间。

（4）不污染视听。与恋人、配偶乘车时，不应表现得过于亲热，如搂抱、接吻或故作亲昵状。夏天乘车时，不要穿拖鞋、背心，这样显得过于随便，对他人也不够尊重。不得在车上高声叫嚷，问路要文明礼貌。

乘坐地铁的礼仪规范与乘坐公共汽车的礼仪规范大致相仿，故不再赘述。

3. 乘坐火车

目前，火车还是我国人民国内旅行出差时最常采用的交通工具。在乘坐火车时，有必要遵从有关乘坐火车的礼仪。

乘坐火车的礼仪，其内容由上车、就座、休息、用餐、交际和下车等几个方面组成。

1）上车

上火车这一程序，由下述三个环节构成，对其中每一个环节，都不应轻视、忽略。

（1）排队上车。坐火车因为人多，停车时间短，故应提前到站，在候车室等候检票，检票时要排队。进入站台后，待火车停稳，方可在指定车厢排队上车。不要拥挤，更不应从车窗上车。

（2）持票上车。乘坐火车，均应预先购票，持票上车。万一来不及买票，应上车时预先声明，并尽快补票。不要逃票或用假票、废票。持月票、磁卡上火车时，也要按规定出示、验票或检票。

（3）携物定量。火车对乘客所携物品内容、数量均有规定。不应携带违禁物品或过量物品上车，必要时，应办理托运手续。当工作人员检查行李时，应主动予以配合。

2）就座

上火车后，应立即寻找座位。寻找座位时，须注意以下 5 个方面。

（1）乘坐指定车次。坐火车一定要乘坐车票上所指定的车次，不要不分东西，上错车次，以致"南辕北辙"。明智的做法是：上车时，再和乘务员落实一下此次列车是否是自己所要乘坐的。

（2）乘坐指定座位。车票因价格不同，而使座位有所差别，如卧铺与座席、硬卧与软卧、上中下铺、有无空调等。如果没有买到相应的车票，不要去卧铺、软座、空调车厢占据不属于自己的座位，或是借看望他人之由赖在高等车厢里。

（3）中途上车找座。中途上车找座时，应先以礼貌用语向他人询问。身边有空位时，则应主动请无位者就座，不要占据多个座位以图自己舒服，对他人的询问不理睬，或说假话欺骗对方甚至引起争吵。

（4）让出自己的座位。若发现有老人、孩子、病人、孕妇、残疾人无座时，应尽量挤出地方请其就座，或干脆让出自己的座位来，以照顾对方。

（5）座位亦有尊卑。火车上座位的尊卑，可由下述几点决定：靠窗为上，靠过道为下；靠右为尊，靠左为卑；面向火车行进的方向为佳，背对火车行进方向为次。有长辈、妇女、儿童、病人或晕车者同行时，应为其让出上座，若座位不够，则应请其先坐下。当与不相识者一同对号就座时，则视具体情况而定。

3）休息

坐火车的人大都行程较远，因此在火车上的绝大多数时间都是在休息。在火车上休息，应当切记下列礼仪规范。

（1）着装文明。火车上穿什么没有明确规定，但至少应该干净整齐。男士不要穿汗背心、三角裤，女士最好不穿超短裙。

在火车上休息一般不应宽衣解带。若非在卧铺车上就寝，脱鞋脱袜也不合适。不论天气多么炎热，都不要打赤膊，夏装亦不应过于短小。

（2）姿势优雅。在坐席车上休息，不要东倒西歪，卧倒于座席上、座席下、茶几上、行李架上或过道上。不要靠在他人身上，或把脚跷到对面的座席之上。另外，不管怎样坐，都不要把腿伸到车厢过道里，以免绊倒别人。如果坐累了可以到两个车厢相接的地方活动一下筋骨，但不要走来走去，以免让人感到心绪不宁。

女士如想在座位上打瞌睡，那么最好能控制一下姿势，让陌生人看到自己不雅的睡相，实在是让人难堪的事。如果是夏天，更要注意自己衣服的前襟和裙摆。

（3）管好孩子。带孩子的人，一定要管好孩子，不要让其坐在茶桌上、随地大小便、哭哭闹闹、到处乱跑，以免影响别人休息，也不要让其乱动他人物品，或纠缠于人。

（4）不要吸烟。火车车厢是特殊的公共场合，由于空间比较小，人又比较多，因此不要在车厢内吸烟；如果需要吸烟，最好到列车指定的地方去吸烟，一般是两节车厢的连接处。

（5）文明入睡。在卧铺车上休息，不要与恋人、配偶共用一张铺位，不要采用不雅的睡姿。晚间出入卧铺车厢，如遇他人正在宽衣就寝，应当到走廊小候片刻。不要去注意他人睡前的准备和睡相。自己脱衣就寝时，应背对其他乘客。日间换衣则应去洗手间。女士一定不要当着其他人的面化妆和整理衣裙。

4）用餐

（1）到餐车用餐。去餐车上用餐，应预约或购票。若去时人数过多，应耐心排队等候。在用餐时，应节省时间，用餐完毕，即应离开，不要赖着不走，借以休息、聊天。

（2）在车厢用餐。若不去餐车，则可在自己的车厢内享用自己所带的食物，或购买服务员送来的盒饭或方便食品。在一般情况下，不应要他人的东西吃。当他人请自己品尝时，应当婉言谢绝。尽量不要在车上吃气味刺鼻的食物。吃剩的东西不要扔到过道上，或投出窗外。在茶几上，也不要过多地堆放自己的食物，因为它是大家公用的。

5）交际

在火车上不与他人进行任何交往，是不可能的，同时也是不礼貌的。与他人交际，有三点要求应予注意。

（1）要主动问候。上车之后，应主动向邻座之人打招呼问好。若有必要，还可进行简单的自我介绍。若对方反应一般，向其点点头，微笑一下，也是可行的，不必一厢情愿，说得过多。

（2）要交谈适度。与邻近的乘客交谈，要注意话题的选择和言语的分寸。不要瞎吹乱侃，大发牢骚，传播小道消息与政治谣言。当他人兴致不高或打算休息时，应适可而止。有人与自己交谈，可进行合作，不要置之不理。与异性交谈，则要避讳个人隐私。

（3）要相互关照。火车是个临时的"大家庭"，因此大家要彼此关心，相互照顾。别人行李拿不动时，应援之以手。有人前去用餐或方便，应为之照管行李、孩子。有人晕车或生病，应多加体谅。他人帮助了自己，要多加感谢。

6）下车

下火车时，以下的 4 个细节问题不应忽视。

（1）讲究仪表。一个讲究仪表美的人，在下车之前，无论有无人接，都会尽量把自己整理一下，洗净脸部，刮净胡须，梳理好头发，整理好东西，然后精神百倍地走下火车。

（2）提前准备。在到达目的地前的半小时，即应开始准备下车，以免坐过了车，或手忙脚乱忘拿或错拿了东西。

（3）与人道别。在下车前，应与邻人道别。遇上乘务员，也要主动说一声"再见"。在一般情况下，如果不是一见如故，就没有必要主动要求与他人交换地址或电话号码。

（4）排队下车。下车时若人较多，应当自觉排队等候。不要硬往前挤，或是踩在座椅背上抢行，更不要因一时之急而从车窗上下车。

4.1.3 乘船礼仪

船只，是水上交通运输的主要工具，当人们在江河湖海上旅行时，大都优先选择乘客轮。客轮，指的是专门用以载客的机动船只。要想使自己的乘船旅行一帆风顺，心情舒畅，与其他乘客和睦相处，就必须遵守有关的乘船礼仪。对于乘坐客轮进行旅行的人，要注意安全、休息和交际这三大方面的礼仪问题。

1. 乘船的安全

乘船旅行，安全第一。这一条对于任何乘客都不例外。因此，乘坐客轮时，务必具有安全意识，遵守安全规则，采取安全措施，尽一切努力，确保旅途平安。

在通常情况下，在乘船时必须顾及的安全问题，具体涉及以下几个方面。

1）准备行李

为了自己及其他乘客的安全，不要携带危险品及禁带的物品乘船。具体包括易燃品、易爆品、易腐蚀物品、枪支弹药、腐烂性物品、家畜动物，以及其他一切违禁品。为了确保安全，在登船之前必须接受安全检查，对此要积极配合，不要加以非议或拒绝。另外，所带行李的重量要符合有关规定，坚决不要超过标准。

2）注意安全

上船，一定要按先后次序排队，有可能的话，应早到一些，以便在时间上留有余地。与长者、女士、孩子一起上船时，应请其走在前面，或者以手相扶。不要加塞、乱挤，产生有可能危害安全的诸多问题。下船时，要提前做好准备工作，与其他乘客要相互礼让，依次而下。与长者、女士、孩子一起下船时，可用手相扶，或是请其走在自己身后。这样万一对方有个闪失，走在前面的自己还能对其有个照顾。上下船时，若不是通过舷梯，而是通过跳板或借助于小船，则切勿充英雄，装好汉，乱蹦乱跳；应该小心翼翼，确保他人和自己的安全。

3）预防疾病

没有船上生活经历的人，尤其是身体虚弱的人，在乘船之前一定要预备好一些常备药和晕车药，以备急用。与此同时，在船上还应尽可能地多休息，不要随意走动。一旦晕船，应服用晕车药，如果发生呕吐，要马上采取措施，不要吐在船上，必要时可请医生帮忙。另外，若自己周围的人晕船、生病，要给予对方力所能及的帮助，不要若无其事或退避三舍。

4）室外活动

在轮船上进行室外活动时，处处仍需以安全为重，切勿心存侥幸心理，自找麻烦。不要前去不宜去的地方，如轮机舱、救生艇及桅杆之上。如果海上风浪比较大，船会晃动得比较厉害，为了安全起见尽量不要一个人在甲板上徘徊。不是特殊情况，不管自己水性多么好，都不要擅自下水游泳。

5）紧急事件

乘船旅行途中，要是发生了突发事件，如火灾、撞船、触礁、台风等，不要惊慌失措，要服从船员的指挥，安全撤离。必要时与其他人一道进行自救，共度危难。

6）文明用餐

用餐时要和自己比较临近的人打招呼，但没有必要表现得过分热情，非要请对方吃饭，或将自己的食物分给对方吃。此外，在用餐时还要注意不要大声喧哗，不要宽衣解带，还要注意维护餐厅的卫生。

2. 旅途的休息

从广义上讲，上船之后的主要时间是用作休息的。在休息的整个过程之中，有下列几个十分重要的礼仪问题不应当被忽略。

1）对号入座

在一般情况下，乘船是要对号入座的。国内客轮的舱位，大体上被分为头等舱、一等舱、二等舱、三等舱、四等舱和五等舱几种。它们大都提前售票，票价各异，对号入座，一人一座或一人一铺。所以，买到有座号、铺号船票的乘客，所要做的就是要对号入座。不要争抢、占据不属于自己的席位，也不要随便同不相识者调换座号或铺号。若自己所买的是不对号的散席船票，则上船之后要听从船员的指示、安排，前往指定之处休息，不要任意挪动或是自己选择地方。

2）适度自娱

在自己所属的船舱之内，在可能的情况下，可以自行安排一些娱乐活动，来丰富自己的旅途生活。例如，收听广播、录音，阅读书刊报纸，下棋、打扑克等。进行自娱活动时，注意不要使之妨碍别人，破坏他人的休息，或是因此而给他人带来不便，否则应立刻停止。不要只图自己高兴，而令他人反感。需要他人参与自己的自娱活动时，要两厢情愿，不要勉强。对要求参与自己的自娱活动的人或者旁观者，应表示欢迎。如有必要，在进行自娱之前，尚需征得周围人的同意，免得影响到对方。

3）勤于健身

乘船的时间一长，往往会使人产生疲乏与不适。在这种情况下，有经验的乘客通常会进行一些健身运动。从某种意义上讲，这种健身其实也是一种特殊形式的休息。

在船舱内做健身活动时，要考虑时间、空间是否允许。不要只管自己尽兴、舒服，而不考虑其他乘客的感觉。去健身房活动，或是去泳池游泳时，要爱惜公物，讲究公德，遵守秩序，尊重异性。不要忘乎所以，目中无人。在甲板上晒日光浴时，着装也要注意不要过分地裸露身体，更不可一丝不挂。

4）注意卫生

不管同一客舱里有多少人，不管其他人的表现如何，在乘船的自始至终都要自觉地维护环境卫生，保持环境整洁。切勿不讲卫生，损害环境。不要在船舱里吸烟。

对于吃剩下的食物、废弃的物品、果皮纸屑等，不可随手乱丢，更不能将污物扔进水里，污染环境。

5）文明睡眠

在客舱内需要更衣时，应去洗手间内进行，最好不要当众"表演"。睡觉前后穿衣服、脱衣服时，也要注意回避他人。当他人更衣时，应起身暂避，或是目视他方，不要紧盯不放。

在铺位上睡觉时，要注意睡姿、睡相，不要衣衫不整，睡相惨不忍睹。与其他人的铺位相对、相邻或相接时，不要让身体闯入对方的范围，不要面对着对方。

3. 船上的交际

一般来讲，轮船行驶的时间较长。在乘船的过程中，主动或被动地与其他人进行交际的机会在所难免。进行交际时，有一系列的礼仪规范应当遵循。

1）要尊重船员

乘船旅行，少不了要与船员打交道。船员对乘客而言，既是服务者，也是交际对象，因此对船员应该平等相处，热情友好。

船长是客轮的临时首长，地位极其尊贵。若无要事相求，一般不要前去打扰对方。倘若在用餐时接到船长的邀请，与其同桌用餐，那将是对方给予自己的一种荣誉，所以不仅要高兴地接受，而且还要准点到达。遇上这种情况时，着装应尽量庄重、保守，不可穿短裤、背心、泳装、睡衣或拖鞋前往；若未得到邀请，不可贸然上去坐在船长的餐桌上。女士在舞会上受到船长的邀请，亦应视之为一种荣誉，不要随意谢绝。平时遇到船长，应主动向其问候。

对其他一切普通船员都要尊重。有问题请教时，态度要虚心诚恳。需要帮助时，要善解人意，不为难对方。反映困难时，要实事求是，不要夸张。平时相遇时，要主动打招呼。虽然是普通的船员，在船上也担负着重要的职责，因此，不要随意去打扰其工作。

对客舱服务员也要有礼貌，碰上对方时，要主动和其打招呼，对于对方的问候也要立即回应，不能因为对方是服务员就对其呼来喝去。对方帮助了自己或为自己服务时，要进行感谢。

2）要礼让乘客

进入自己所在的客舱后，应向先到的周围的人打招呼。如果对方有意和自己进行交谈，则可与对方交谈，但要注意谈话的内容和方式，如果面对沉默寡言的人或喜欢宁静的人时，一般不宜进行打扰，不要没话找话，对对方过分关心。

在船上与其他乘客聊天时，要多选择轻松愉快的、符合时尚流行的话题。对于海难、劫船、台风、杀人等几类耸人听闻的话题，非议船上服务或其他乘客的话题，以及传播小道消息、政治谣言的话题，既不要主动涉及，也不要随声附和。

倘无邀请，一般不应前去其他乘客所住的客舱做客。在夜晚、凌晨、午休时，尤其不要这么做。对刚刚结识的其他乘客，也大可不必邀请对方来自己所住的客舱访问。下船之前，应与周围的其他乘客互道再见。有时在船到达目的地之前，船长会为全体乘客举办告别晚会。在这种晚会上，可与他人相互告别。另外，不要忘记就船上提供的各种服务，向全体船员表示衷心的感谢，并祝大家彼此平安，后会有期。

4.1.4　乘机礼仪

飞机以其舒适、便捷的优点成为现代人所青睐的交通工具。社交礼仪对乘坐飞机的有关规范主要涉及乘机准备、登机手续与旅途表现等三个方面。

1. 乘机准备

乘坐飞机必须具有一些相关的常识，并据此提前做好准备，以此确保平安、舒适、顺畅、准时地抵达目的地。

为乘坐飞机而提前进行的准备工作，主要有选择航班、打点行李、购买机票等。

1）选择航班

航班，指的是飞机定期从始发地点按规定航线起飞，到达终点的运输飞行。飞行于国内航线上的航班叫国内航班，飞行于国际航线上的航班则称为国际航班。选择自己所乘飞机的具体航班，在可能的前提下应考虑以下三点。

（1）选择直达的航班。为了节省时间、费用，减少中转飞机所带来的人力、物力的消耗，在选择航班时，应尽量选择直达自己目的地的航班，而不要选择异地中转的航班，以免自找麻烦。

（2）选择白天抵达的航班。在绝大多数城市，飞机场都设在远郊区，因此应尽量挑选白天抵达目的地的航班，并在时间上为自己留下充分的余地，从而保证自己顺利到达要去的地方。

（3）选择安全舒适的航班。选择航班时，安全与舒适自然应当兼顾。要做到这一条，一是要选择声誉好的大航空公司的航班；二是要选择拥有大型、先进机型的航班。一般来说，大型、先进机型的客机空间大、科技含量高，所以相对更舒适、更安全。

2）打点行李

因为飞机载重有限，故对乘客所携带的行李有明文规定。收拾行装时，对此应有所了解，并比照办理，以防届时手忙脚乱，因行李不合规定而耽误行期。有关乘客所携行李的现行规定如下。

（1）随身携带的行李。持头等舱票的乘客，每人可随身携带两件物品，持公务舱或经济舱票的乘客，每人只能随身携带一件物品。每件物品总重量不得超过 5 kg，其大小则应限制在长 55 cm、宽 40 cm、高 20 cm 之内，否则不准带入机舱。

（2）免费托运的行李。乘坐飞机时，每位乘客可免费托运一定数量的行李。若将随身携带的行李重量包括在内，其免费额为：头等舱 40 kg，公务舱 30 kg，经济舱 20 kg。超额的行李应付费托运。可能的话，行李最好交付托运。这样可使自己行动方便，且省时、省力、省心。

（3）托运行李的规格。交付托运的行李，每件不得超过 50 kg。其大小应限制在长100 cm、宽 60 cm、高 40 cm 以内。另外，还应包装完好，捆扎牢固，锁闭严实，并能承受一定压力。

（4）禁止托运的物品。按照规定，国家规定的禁运物品、限制运输物品、危险物品及具有异味或容易污损飞机的其他物品，不准托运或随身携带。重要的文件资料、证券、货币、汇票、贵重物品、易碎易腐蚀物品，以及其他需要专人照管的物品，也不宜交付托运。枪支、弹药、刀具、利器等，不准随身携带乘机。此外，不准随身携带登机的物品还有动物、磁性物质、可聚合物质和放射性物质等。

3）购买机票

飞机一律按座位数预先售票。购买飞机票，可以预订，也可以临时购买。购票时，应注意的主要事项包括以下几个方面。

（1）持证件购票。在我国，购买飞机票时，必须出示居民身份证或其他有效证件。无证件或证件不合乎要求者，不能购票。

（2）分等级购票。机票通常分为三个等级，其价格各有不同。其中，经济舱机票最便宜，头等舱机票最贵，公务舱机票的价位居于二者之间。目前，国内一些航空公司的机票可打折销售，有的折扣还较大。但要注意，折扣机票通常有许多附加条件，如不准退票、不准签转等。

（3）机票有效期。我国规定正常标价的机票有效期为一年。在此期限之内，一般可按规定变更旅行日期或者退票。一旦过期，机票将被视作无效。在有效期内，机票可进行变更，但以一次为限，并须在航班规定离站前 24 小时提出。

（4）机票不得转让。在机票上，均列有乘客的姓名，它按规定只供乘客本人使用，不得擅自涂改或转让他人。

（5）机票必要时要再确认。乘客持有订妥座位的联程或回程机票，如在该联程或回程地点停留 72 小时以上，须在该联程或回程航班飞机离站前两天的中午 12 点以前，办理座位再确认手续；否则，原订座位将不予保留。

（6）退票。中国民航规定，在机票上列明的航班规定离站的 24 小时之前退票，收取客票价 5% 的手续费；在航班规定离站时间的两小时以前退票，收取客票价 10% 的退票费；在航班规定离站时间前两小时以内退票，收取客票价 20% 的退票费。在航班规定离站时间后退票，按误机处理，收取客票价 50% 的退票费。误机是指乘客未按规定时间办理乘机手续，或是因其旅行证件不符合规定而未能乘机。

2. 登机手续

我国民航规定，乘客必须在机票上列明的航班规定离站前 90 分钟到达指定机场，办理登机手续。在航班规定离站前 30 分钟，登机手续将停止办理。此刻抵达机场者，将难以登机。

具体登机手续如下。

1）运行李、换登机牌

乘客需凭机票及本人有效身份证件到相应值机柜台办理乘机和行李托运手续，领取登机牌。

2）安全检查

乘客需提前准备好登机牌、飞机票、有效身份证件和机场建设费凭证，并交给安全检查员查验。为了飞行安全，乘客须从探测门通过，随身行李物品须经 X 光机检查。每位乘客在例行安全检查时，务必主动、自觉地进行配合，不要以为事不关己，拒绝合作，或是态度粗暴，表现得极不耐烦，甚至对安全人员冷嘲热讽，恶语相伤。

3）候机及登机

在安检合格后，乘客即可根据登记牌上的登机口号到相应候机区休息候机。通常情况下，将在航班起飞前约 30 分钟开始登机，要留意广播提示。

登机时需要出示登机牌，要提前准备好。

3. 旅途表现

乘坐飞机期间，要注意约束个人行为，检点个人表现，在严格要求自己、尊重乘务人员、善待其他乘客等方面做到合乎礼仪规范。

1）要尊重机组人员

登上飞机之后，即应对乘务人员平等相待，要尊重、支持、配合对方的工作，不要故意为难对方。具体应注意以下几点。

（1）要回应乘务人员的问候。上下飞机时，均有机组乘务人员在机舱门口列队迎送。当对方主动打招呼、道问候时，不要置之不理，而应予以友善的回应。

（2）要感谢乘务人员的服务。每逢乘务人员送来饮料、食物、报刊，或是引导方向、帮助搬放行李时，要主动向对方说一声"谢谢"，不要熟视无睹，安之若素。

（3）要服从乘务人员的管理。飞机升空或降落前，乘务人员都要巡视、检查每位乘客的安全带是否扣好、座位是否端正、身前小桌是否收起等，此刻务必服从其指挥。对其他方面正确的管理，也要无条件地服从。

（4）要体谅乘务人员的难处。万一遇上飞机晚点、停飞、返航或改降其他机场，应从大局着眼，不要拿乘务员出气。尤其是不要骂人、打人、侮辱人，更不要动辄聚众闹事，甚至拦截飞机起飞，或是飞机降落后拒绝下飞机。

（5）要减少乘务人员的麻烦。乘务人员的工作很辛苦，因此要尽量少给他们添麻烦。不要动不动就摁呼叫按钮，使其更加忙碌。

2）要严于律己

在任何情况下，严于律己、宽以待人都是做人的一种美德。乘机之时自然也不能例外，要特别牢记以下几方面。

（1）不要衣冠不整。飞机中穿的衣服应该比在火车上穿得讲究，要干净、整齐、严肃且不怕皱。如果在机舱内感到闷热，可以打开座位上方的通风阀，也可以解开外衣或将外衣脱下来，但不可脱得仅剩下内衣，更不要打赤膊。不要当众更换衣服，如有此需要，应去洗手间更换。

（2）不侵占别人的位置。上飞机后，即应在属于本人的座位上就座。不要前去高档座舱或空闲的座位抢占不属于自己的位子。坐好之后，腿、脚不要乱伸，尤其是不要伸到通道上，或是别人的座位上。不要将自己的行李放到他人的行李箱里，或是他人的座位底下。

（3）不乱占小便宜。不要贪图小便宜，顺手牵羊，偷拿不属于自己的公用物品。例如，进餐所用的刀叉、阅读用的书刊、洗手间里的卫生纸、座位底下的救生衣、座位上方的氧气面罩等，均不可取走。

（4）不乱动乱摸。对于飞机上的一切禁用之物、禁动之处，都要"敬而远之"，不可出于好奇，而乱摸乱动，因为这可能会危及飞机上全体乘客的生命安全。

（5）不使用违禁物品。在飞机上切勿吸烟。此外，还要牢记在飞机上禁用移动电话、激光唱机、手提电脑、调频收音机、电子游戏机及电子玩具等有可能干扰无线电信号的物品。

（6）不破坏环境卫生。在飞机上绝不能乱扔、乱吐东西。万一因晕机而呕吐，应使用专用的呕吐袋。

（7）不要暴饮暴食。一般而言，长途飞行中飞机上的餐饮都是免费供应的。享用时，一定要量力而行，不可暴饮暴食。

（8）不要与人不便。如果在飞机上要去盥洗室，而自己座位又不在过道边上，应该有礼貌地向旁边的乘客说明情况，请其为自己进出提供方便，当然不应背朝着人家，返回时也要有礼貌地通过，并向其表示感谢。飞行中乘客不应随意坐在空位上，这里有飞机负荷安排问题，直接影响飞行安全，要特别注意。

【小思考】

飞机上的风波

2017 年，一名乘客拍下了一名蹒跚学步的孩子在飞机座位上爬，在过道上跑来跑去，抓起天花板的通风口，不停地尖叫，几乎整个 8 小时的飞行都是如此。据目击者描述，孩子的尖叫是"恶魔"，母亲平静地要求男孩安静下来，坐下，既不用力，也不严厉。当空姐请母亲管管她的孩子时，她回答说哪个孩子都是这样，这是孩子的天性，并反驳说飞机应该打开飞行中的 Wi-Fi，这样他就可以在 iPad 上玩游戏来分散他的注意力。这一事件引发了一场激烈的争论。

请问该母亲的要求是否合理？在乘坐飞机时要注意哪些礼仪问题？

3）要善待乘客

在飞机上跟其他乘客应当和睦相处，友好相待；不要妄自尊大，目中无人。

（1）不要不守秩序。在上下飞机，以及使用卫生间时，假如人数较多，应自觉排队等候。不要不守秩序，不讲先来后到。下飞机之后领取本人行李时，也要注意这一点。使用公用物品时，要尽量快一些，以方便后来者。

（2）不要高声谈笑。在飞机飞行期间，尤其是在夜间飞行，或身边有人休息时，切勿喋喋不休，高谈阔论，影响其他乘客的休息。

（3）不要吓唬别人。与周围的人交谈片刻是允许的，但不要谈论有关劫机、撞机、坠机等类的不幸事件。不要对飞机的性能与飞行信口开河，随便乱讲，从而增加他人的心理压力，制造恐慌。

（4）不要令人不适。不要在飞机上反复打量、窥视其他乘客，对外国人及女士，尤其不应当这样做。此外，也不要在飞机上到处乱走瞎逛，以免妨碍他人。

（5）不要摇摇晃晃。在座位上休息时，不要晃动不止，摇摇摆摆，他人会因此受到妨碍。不要把椅背调得太朝后，从而使身后之人活动不便。不要反复把身前的小桌支起来，放下去，让身前之人由此大受"牵连"。

4.2　其他公共场所礼仪

4.2.1　影剧院礼仪

到影剧院看电影、戏剧，是一种高尚的娱乐和美的享受，观众应当在高度文明的环境中观赏演出，每位观众都应当遵守影剧院里的公共秩序，讲究文明礼貌。

到影剧院以前，应穿上整洁、庄重的服装，女士可化淡妆，男士也应当稍事修饰。

买票时，要排队，不要插队，也不宜请人代买。

进影剧院要提前几分钟到场，对号入座。看电影迟到了，可请服务员引导入座，行走时脚步要轻，姿势要低，不要在人行道上停留，以免影响他人。看戏迟到最好在幕间再入座，入座时身体要下俯，要向所经过的观众道歉，说一声："对不起。"如果别人坐错了你的位置，要轻声和蔼地再请他验看一下座号，不要引起争执。必要时可以请服务员帮助解决。遇到熟人，不要大声招呼，也不要挤过去交谈，点一下头、打一个手势就可以了。

观看时，不要吸烟，不吃带皮带核的东西，不随地吐痰，不乱扔杂物，不高声说话。要注意脱下帽子，身体不要左右摇晃，两腿不要抖动，更不要脱鞋子，引起别人讨厌。观看已经看过的影剧，不要在下边讲解、介绍或评论。热恋中的青年，应当自重，注意端庄，在公共场合不要过分亲昵。

要尊重演员的艺术创造。观众的掌声是对演员的最好赞扬，会使演员受到鼓舞，发挥出更佳水平，使观众得到更好的艺术享受。演出中出现差错失误，不应嘘嘘起哄，在适当的时机给以更热烈的掌声，这掌声体现了对演员的谅解和鼓励。演出结束时，要起立站在原位，热烈鼓掌，感谢全体演出人员的艺术创造和辛勤劳动。

看戏剧时，中途没有特殊情况不要离场，必须离开时，要等幕间；看电影时，不要在情节紧张、热烈时离场。离座时，要对周围之人轻声地说"对不起""劳驾""借光"等，压低姿势，轻步退场。

演出即将结束时，不要提前起立退场，这会导致全场混乱，对演员十分不礼貌。散场时要慢慢依次退出，不要前挤后拥。

【小思考】

大学毕业 8 年后的同学巧遇

王峰在大学读书时学习非常刻苦，成绩也非常优秀，几乎年年都拿特等奖学金，为此，同学们给他起了一个绰号"超人"。大学毕业后，王峰顺利地获取了在美国攻读硕士学位的机会，毕业后又顺利地进入一家美国公司工作。一晃 8 年过去了，王峰已成为公司的部门经理。

今年国庆节，王峰带着妻子女儿回国探亲。一天，在大剧院观看音乐剧，刚刚落座，就发现有3个人向他们走来。其中一人边走边伸出手大声地叫："喂！这不是'超人'吗？你怎么回来了？"这时，王峰才认出说话的人正是他的高中同学贾征。贾征没考上大学，自己跑到南方去做生意，赚了些钱，如今回到上海注册公司，当起了老板。今天正好陪着两位从香港来的生意伙伴一起来看音乐剧。这对生意伙伴是他交往多年的一对年长的香港夫妇。

此时，王峰和贾征彼此都既高兴又激动。贾征大声寒暄之后，才想起了王峰身边还站着一位女士，就问王峰身边的女士是谁。王峰这才想起向贾征介绍自己的妻子。待王峰介绍完毕，贾征高兴地走上去，给了王峰妻子一个拥抱礼。这时贾征也想起了该向老同学介绍他的生意伙伴。大家相互介绍、握手、交换名片和简单的交谈后，就各自回到自己的座位上观看音乐剧了。

请问：上述场合中的见面礼仪有无不当之处？若有，请指出来，并说明正确的做法应该是怎样的。

资料来源：http://zhidao.baidu.com/question/54814274.html.

4.2.2 看球赛礼仪

球赛是一种竞争激烈的体育活动，比赛过程中高潮迭起的场面，揪着每一位观众的心，球员们高超的技艺，教练员临场斗志，给观众带来满足和享受，运动员勇敢顽强的斗志和良好的体育作风，使观众从中受到鼓舞和教育。另外，看球赛也是一种健康有益的活动。具体而言，看球赛时在礼仪上需要注意以下几个方面。

1. 入场

观看球赛虽不用像到剧场那样刻意修饰仪表，但也应当服装整洁。穿背心、三角裤是不适宜的。入场应先排队购票，有秩序地进场；如果迟到，应当尽量不影响其他观众。从别人身前经过时要有礼貌地请其"借光"；如果不小心踩到别人，应说声："对不起。"

2. 观看

入座后，要遵守赛场秩序，不抽烟，不吃带皮带壳的食物，不乱扔纸屑杂物，观看比赛要对双方的精彩表演加油叫好，适时恰当地叫好声可以使运动员受到鼓舞，发挥出更好的水平。运动员失手或裁判员误判了，不要起哄、吹口哨，更不应该喊叫带污辱性的语言。

对领先一方的精彩表演，要以热烈的掌声给以祝贺。对于落后的一方，也要为其呐喊助威，让他们在掌声和呐喊声中受到鼓舞，不可对落后一方嘲笑奚落，"嘘"声不止。

赛场上的气氛具有很强的感染力，这就要求观众要能够很好地控制自己的情绪，不能因为高兴或失望而做出一些比较极端的行为。例如，到赛场上进行裸奔，或向赛场上抛东西，这些做法都是没有修养的表现。

比赛结束，对双方的表演应报以热烈的掌声，表示谢意。自己支持的一方胜了，不要得意忘形，手舞足蹈；自己支持的一方败了，也不要埋怨球员、教练，不要冷嘲热讽，甚至出言不逊。

3. 退场

比赛结束离开座位时，不要争先恐后，特别是在人流涌向出口时，更不要向前拥挤，应随着人流缓缓而出。出场后不要围观运动员，运动员的车辆从身旁通过时，要让开通路，为表示友好可以招手致意。

4.2.3　购物礼仪

商店是一个城市精神文明的窗口，顾客与营业员互相尊重、互相体谅是双方文明相处的前提。到商店购物，要尊重营业员的劳动，要体谅营业员的辛苦，尽量减少对营业员的麻烦，使用文明礼貌语言。

买东西，先看准样式、颜色、质量、价格等，合适了再请营业员拿来，看不清拿不准的可以先问一下。如果不合适，或者只是想看看，则不必麻烦营业员拿来。

呼唤营业员时，语气要平和，不要用命令式口气高声呼叫。当营业员正忙于接待其他顾客时，要耐心等待，不要急不可待地高声叫喊，指手画脚或手敲柜台。

挑选商品时，不要过分挑剔，时间过久会影响营业员为他人服务。对易污、易损商品要轻拿轻放，万一污损了，就应当买下来，或者赔偿。挑选后不满意的，可以请营业员把商品取回，要说一声："劳驾了。"挑选多次时，可以说一句："对不起！给您添麻烦了。"

对态度不好的营业员，也不要与其产生正面冲突，这会有损自己的形象，必要时可以向其领导反映情况，请其来主持公道。

调换商品，应出示相关的凭证；如果是一些不可调换的商品，也不要强求。

4.2.4　餐馆礼仪

餐馆是公众场合，人来人往非常频繁，所以要特别注意自己的公众形象。

到餐馆去，或宴请朋友，或家庭小聚，或临时用餐，都要衣着整齐，穿束得体。不论何时都不要只穿背心、裤头或敞胸露怀进入餐馆。遇到熟人打招呼，不要大呼小叫，拍拍打打。应当走到其身边，进行交谈。

如果没有预订位置，要请服务人员帮助安排。暂时没有位置时，应当耐心等待。确实不能久等的，可以和服务人员讲明情况，仍不可以时，宁可换个饭店，也不要发生口角。进入饭店，如有座位，应当尽快入座，以免影响他人。不要哄抢位置，不要多占位置。小件物品可以随身携带或放在桌边，如有空位，可以暂时放在凳子上。有人没有位置时，要主动把自己的物品拿起，给别人腾让位置。

要尊重服务人员的人格和劳动。对服务人员要给予配合，不随意把人呼来唤去，不提过分要求。如果出现问题，应当平静地说明情况，讲清道理，不要激动，不要暴躁，实在讲不通时，应请他们的领导来协调解决。

入座时要礼让，不要旁若无人，自己一屁股先坐下。要主动和他人打招呼、问好，要尽快地选择与自己身份相当的位置坐下。在就餐时，交谈的声音不要过高，更不要大声喧闹。如果有酒助兴，也需要顾及他人和注意个人形象，不要吃五喝六，不要动作张扬，不要嬉笑打闹，更不能酗酒闹事；否则，搞得丢人现眼，让同行的人也尴尬难堪。此外，用餐时，鸡骨鱼刺应吐到小盘里，不要把餐巾纸乱扔，尽量保持餐厅的卫生。

用完餐后，要及时结账，及时离开，不要再无休止地说个没完没了，应及时给后来的人让出位置。离开时不要忘记和服务人员说声："谢谢""辛苦了""再见"。通过其他席位时，要轻捷、肃静。不要交头接耳，慢慢腾腾，甚至吆吆喝喝、前呼后拥。应始终保持一种稳重、平和、文雅和自信的风度。

【小思考】

巴黎餐馆里的中国客人

一天傍晚，巴黎的一家餐馆迎来了一群中国人，于是老板特地派了一名中国侍者去为他们服务。侍者向他们介绍了一些法国菜，他们却不问菜的贵贱，一下子点了几十道。点完菜，他们开始四处拍照留念。用餐时嘴里还不时发出咀嚼食物的声音，而且还弄得桌子、地毯上到处都是油渍和污秽。邻座的客人实在看不下去了，对他们提出了抗议。

请你指出在这个案例中，中国客人有哪些失礼之处。

资料来源：http://www.yuanju.net/simple/index.php? t65449.html.

4.2.5　医院礼仪

探望、慰问病人是一种社交行为，由于情况特殊，所以更需要注意交往方式，交谈得当会使病人心神快慰，消除忧虑，有利于早日恢复健康；稍有不当，哪怕一句话、一个眼神，也会给病人带来不良影响。

1. 探视前

到医院探视病人以前，要做一些准备，可向其家属友人了解一下病人的病情、心情、饮食、休息情况，以及家里的情况等，以便到病房后，有针对性地做些安慰。去时可以带些病人需要的东西，如书籍、食品、鲜花等。同时，还应了解医院允许探视的时间。此外，去医院时，女士不应该浓妆艳抹，应该换上清洁的服装，且服装不宜鲜艳刺目。

2. 探望

进入医院，要遵守医院规定，要在探视时间内进行探视，以免影响病人的休息和医院正常的工作秩序。

进病房时要先轻轻敲一下门，或轻轻开门进去。到病床前，先把礼物放下，见到病人，要同平常一样自然、平静、面带微笑，主动上前握手；不宜握手时，可探身表示慰问。见到病人治疗用的针头、皮管、纱布、绷带要表现出平静的样子，切不可表现出惊讶的神态，不然病人会增加精神压力。之后可坐在病人身旁或拿一个椅子坐下。坐下后，要亲切目视病人，先问一声："今天好些了吧？"或"今天精神好多了吧？"然后再关切地询问病人病情和治疗情况。交谈中，要让病人介绍情况，自己不要滔滔不绝地唠叨，要多讲些慰问、开导和鼓励的话，用乐观向上的语言给病人以精神上的鼓励，不要提及刺激病人的话题，多讲些愉快的事，使病人得到宽慰和快乐。

3. 告辞

探望病人的时间不宜过长，10 分钟左右即可起身告辞，顺便可问一下病人有什么需要帮助的，或有什么事要帮忙办理的。离开前再嘱咐病人安心治疗，表示过两天再来看望。

当然，如果是危重病人，则不应多作交谈，只是探视，简单而深情地安慰、鼓励，再向病人的亲属致意后就可告辞；不便当着病人的面交谈的，可在其亲属送到门外时再谈，以免引起病人疑虑，加重病情。

【小案例】

你会去医院送花吗？

石小姐的嫂嫂顺利产下了一名婴孩，全家好不雀跃！生产当晚，石小姐在公司加班，没能到医院探望嫂嫂。隔天下班后，她便兴冲冲地去看他们母子。"探病总不适合双手空空，什么都不带吧！"于是，石小姐买了一大捧康乃馨，祝福嫂嫂升格当妈妈。石小姐的嫂嫂见到漂亮的花束，心情十分愉悦，笑容变得非常灿烂。可是石小姐说："花瓶呢？我去把花插好。"大家才发现病房里根本没有花瓶可供使用，只能在整捧花的上头洒点水，把它搁在墙角……

应当说，鲜花人人可赏，似乎比较符合病人所需，然而送花之前要考虑两个问题：第一，请回想一下，病人对花粉是否过敏；第二，医院顶多提供一个花瓶，甚至根本没有准备，如果你送花给病人，对方会不会因没有地方插花而苦恼呢？如果会，这岂是探病者所希望的？因此建议送花的人自行附带一个小花瓶，这小小的动作将令人觉得非常细心与体贴。

资料来源：沈骊. 错误礼仪. 上海：复旦大学出版社，1999.

本 章 小 结

公共场所礼仪体现社会公德，是人类文明程度的表现。在社会交往中，良好的公共礼仪可以促进人与人之间的交往，形成良好的关系，为社会公众创造一个高质量的生活环境。本章分别介绍了出行、乘车、乘船、乘机及其他特殊公共场所的礼仪基本原则，明确了各种公共场所的礼仪规范。

关 键 概 念

公共礼仪　主随客便　女士优先　行路礼仪　乘车礼仪　乘船礼仪　乘机礼仪

自测题

1. 填空题

（1）社交距离，又称常规距离。它是指两人相距＿＿＿＿＿＿m之间的距离。

（2）由主人亲自驾驶轿车时，一般＿＿＿＿＿＿为上座。

2. 单项选择题

（1）在没有标出"一米线"的地方排队，以下哪种做法是正确的？（　　　）

　　A. 排在最前排的几个人可以并列集中在柜台处

　　B. 排队的人与人前后距离也应该保持在一米之外

　　C. 给最前排的人留出足够的操作空间

　　D. 前面几种做法均正确

（2）排队过程中有事暂时离开，再次返回后，以下哪种做法是错误的？（　　）

  A. 不必向原位身后的人说明直接回到原来的位置上

  B. 从队伍末端重新排起

  C. 向原位身后的人说明情况并获得同意回到原处继续排队

  D. 以上三种做法均是错误的

（3）乘车礼仪的上下车顺序一般要求（　　）。

  A. 客人先下后上   B. 客人先上后下

  C. 主人先下后上   D. 可以不分主人客人

（4）看到残疾人遇到困难时应适当施以援手，以下哪种做法是正确的？（　　）

  A. 事先征得对方同意方可提供帮助

  B. 不必征询对方，迅速直接上前帮助

  C. 只有在残疾人向自己发出请求时才前往帮助

  D. 置之不理，不给予帮助

（5）观看交响音乐会时，什么时候鼓掌是有礼貌的表现？（　　）

  A. 只要乐曲有停顿即可鼓掌 B. 演奏完一支完整的乐曲后方可鼓掌

  C. 演到精彩之处，随时都可以鼓掌 D. 只要自己认为精彩之处都可以鼓掌

（6）在我国，由专职司机驾驶的专车（小轿车），其贵宾专座是：（　　）

  A. 副驾驶座   B. 后排右座

  C. 后排左座   D. 后排中座

（7）乘坐自动扶梯时，应站立在什么位置？（　　）

  A. 靠左边站立   B. 在中间站立

  C. 靠右边站立   D. 随意站立

（8）骑车进出有人值守的大门，正确的做法应该是：（　　）

  A. 不下车，快速通过   B. 不下车，减速骑行

  C. 下车推行，以示尊重   D. 前三种方式均可

（9）在商场里，当顾客浏览、斟酌、选择商品时，售货员应与顾客之间（　　）。

  A. 保持适当距离，既不干扰顾客，又能及时提供服务

  B. 保持近距离接触，不停地向顾客推荐商品

  C. 保持远距离观察，等待顾客的咨询

  D. 以上三种距离均可

（10）进入无人操控电梯，陪同人员应该（　　）。

  A. 请客人先进入并操控电梯 B. 自己先进入并操控电梯

  C. 谁方便谁先进入电梯   D. 前三种方式均可

3. 判断题

（1）我国规定正常标价的机票有效期为一年。在此期限之内，一般可按规定变更旅行日期或者退票。　　　　　　　　　　　　　　　　　　　　　　　　　　　　　　　（　　）

（2）在公共汽车或地铁车厢内遇到熟人要主动大声招呼对方。　　　　　　　　（　　）

（3）观看足球比赛时，当自己崇拜的球队失利时，要冷静对待，不应出现过激行为，要使用文明语言鼓励队员。　　　　　　　　　　　　　　　　　　　　　　　　　　　（　　）

（4）乘坐公共汽车时，靠窗的座位是可以吸烟的位置。　　　　　　　（　　）

4. 简答题

（1）出入无人管理的电梯需要注意哪些礼仪方面的问题？

（2）乘坐轿车时，轿车上的座次是怎样排序的？

（3）乘船出行时有哪些注意事项？

▶ 案 例 分 析 ◀

他带来了许多"介绍信"①

某公司经理对他为什么要录用一个没有任何人推荐的小伙子时解释说："他带来了许多介绍信。他神态清爽，服饰整洁；在门口蹭掉了脚下带的土，进门后随手轻轻地关上了门；当他看见残疾人时主动让座；进了办公室，其他的人都从我故意放在地板上的那本书上迈过去，而他却很自然地俯身捡起并放在桌上；他回答问题简洁明了，干脆果断，这些难道不是最好的'介绍信'吗？"

讨论题：

1. 经理话中的"介绍信"指的是什么？

2. 这些"介绍信"介绍了小伙子哪些优点？

3. 小伙子在应聘中遵守了哪些礼仪规范？

▶ 技 能 训 练 ◀

在一些特定的公共场所里，观察你周围的人，分析他们哪些言行举止符合公共礼仪规范，哪些不符合公共礼仪要求。

---

① 李剑锋. 打造成功第一印象. 北京：海潮出版社，2004.

第5章
通联礼仪

【本章导读】

通联是指人们利用特定的手段或电信设备，来进行信息的传递。被传递的信息，既可以是文字、符号，也可以是表格、图像等。在现代社会中，我们接触最多的通信联络的手段，主要有网络、电话、电报、传真、电子邮件等。通联礼仪，通常指在利用上述各种手段时，所应遵守的礼仪规范。通过本章的学习，我们将着重了解在当今日常生活中应用最多、最广的网络、电话、手机、电子邮件及传真机的基本礼仪。

【学习目标】

1. 了解通联的含义与分类；
2. 理解通联礼仪的含义与分类；
3. 掌握通联礼仪的基本要点；
4. 培养正确运用通联礼仪的能力。

【引例】

电话里的女高音①

杂技团计划下个月赴欧演出，团长胡兵拨通了文化局李局长办公室的电话，就此事请示。

电话响了足足半分钟都没人接，正要挂电话的时候，突然传来一个不耐烦的女高音："谁啊？"胡兵一愣，以为自己拨错了："请问是文化局吗？"

"废话，不知道往哪儿打的电话？"

"我是杂技团的胡兵，请问李局长在吗？"

"胡兵？跟我们局长什么关系？"对方没好气地问。

"关系？我和李局长没私人关系，我想请示。"

"局长不在。"没等胡兵说完，女高音就"啪"地挂断了电话。

一连几天都是她接电话，都是同样的态度。因为没得到明确批示，赴欧演出只好推迟，外方因此提出了异议，给杂技团甚至给该市造成了不好的影响。

问题引入：

1. 文化局李局长办公室的"女高音"在接电话时存在什么问题？

2. 在接电话时有哪些注意事项？

---

① 未来之舟. 服务礼仪. 北京：中国经济出版社，2006.

5.1 网络礼仪

网络礼仪是互联网使用者在网上对其他人应有的礼仪。在真实世界中，人与人之间的社交活动有不少约定俗成的礼仪；在互联网虚拟世界中，也同样有一套不成文的规定及礼仪，即网络礼仪，供互联网使用者遵守。忽视网络礼仪的后果，可能会对他人造成骚扰，甚至或引发网上骂战或抵制等事件，虽然不会像真实世界中动武般地造成损伤，但对当事人也不会是一种愉快的经验。因此，网络礼仪越来越受到强烈的关注，我国精神文明建设、公民道德建设和文明礼仪教育已从现实生活延伸到网络世界。

5.1.1 博客礼仪

如今，博客已经成为人们表达和交流思想情感的重要平台。许多企业利用博客进行产品营销；诸多博主利用博客推介文学著作，或辛勤笔耕，写出大量好作品，在博客中找到精神寄托的同时，获得博友们的尊重；还有博友在日志中放置广告，也获得了可观的收益……所以，博客虽然是一个虚拟的空间，但其已然成为当今人们重要的工作和生活方式。因此，进入这个虚拟的社交圈，人们也必须遵守一定的礼仪规范。

1. 及时回复

如果博客访问量高，说明博客人气旺；评论量多，说明访客关注博主所表达的思想情感，访客对博文的评论也是尊重博主劳动的表现，许多评论还能帮助博主对议题做进一步的理解。因此，为了答谢访客的诚意，博主应当在他人评论后及时做简单的回复。

2. 切忌侵权

在没有商业目的的前提下，博文转载尚属于礼仪范畴。但转载文章最好写明出处和原作者，并附上原文链接，这是对他人劳动的尊重，也是对知识产权的尊重。此外，要注意不要在博客里播放有音乐版权的曲目，且不要随意发布他人的照片，每个公民的肖像权都是受到法律保护的，所以登载他人照片时要经过其本人同意，否则可能会造成矛盾，甚至因此受到法律制裁。

3. 保护隐私

在博客里不要透露自己及他人的个人信息，以免被那些居心不良之人利用，进而造成人身财产安全的损失。此外，指名道姓地描写可能会透露自己或他人的隐私，实属不当之举。

4. 用语文明

写博客和评价别人博文时用语必须要文明，要有起码的礼貌和修养，坚决反对在博文和评论中谩骂、攻击、威胁、中伤他人。

5. 定期管理

博主应当定期登录博客，认真阅读访客留下的评论和留言，并及时回复对方；同时，博主应定期更新自己的博客，及时删除广告性评论等。

5.1.2 发帖礼仪

1. 标题要规范

为了提高帖子的点击率和回应率，在网上发帖时标题要力求短小精悍，不要用无意义或表意不明的题目。

2. 内容要健康

发帖的内容要健康，要合法合理，观点鲜明，以情动人。千万不要在网上发一些污言秽语，既浪费别人的阅读时间，也降低自己的品位。

3. 回应要及时

对他人的回帖或跟帖要及时回应，让他人感受到回应的速度，感受到自己被关注，被尊重，否则会挫伤网友的积极性。

4. 语气要友好

讨论时语气尽量友好，要互相尊重，避免给他人以责问、逼问的不良感受。回答者在答复时也不要小看或嘲笑提问者，要诚意地解答，正确地书写。

5.1.3 网络聊天礼仪

各种网络通信软件（如 QQ、微信等）的流行，人与人空间上的距离大大缩短了。网络通信软件也不再像过去那样仅仅用于娱乐休闲，而是在日常工作以及商务往来上也扮演着非常重要的角色。但是，由于这种沟通方式并不是真正的面对面，常常因为缺少目光接触等非文字性语言所传达的信息而导致误会的出现，甚至因为不懂得礼仪而造成矛盾。因此，学习网络聊天礼仪也非常有必要。

1. 注意语言文明

网聊时，忌用侮辱、谩骂、恶毒、肮脏、下流的不文明语言，使用文明语言，是网聊交流的基本礼仪。使用"您好""对不起""再见"等文明用语，会使聊天愉快，给对方留下良好印象。

2. 尊重对方人格

网络聊天，双方的人格是平等的，大家都是以普通网民的身份出现的，在聊天中，忌讳侮辱对方人格，绝不能进行人身攻击，尤其对女性网友更不能口无遮拦，出言不逊。

3. 尊重对方隐私

现实中的社交礼仪在网聊中同样适用，一般不要追问涉及对方隐私的问题，如对方的姓名、工作单位、家庭住址、职务级别、经济状况等，尤其不要问女性的年龄、身高、体重、婚姻等。如果确有必要了解对方的情况，应该首先把自己的情况告知对方，如果遇到对方有意避而不答的情况，也不要追问，以免失礼。

4. 慎用表情图片

恰到好处地使用表情图片可以使聊天图文并茂、情景交融、妙趣横生。尤其是使用自制的图片更能体现个性，提高品位。但是，在使用表情图片时一定要注意加以选择，适合话题、适合情景、适合气氛，多使用祝福的表情图片，忌用带有侮辱性、低级下流的表情图片。表意不明、容易造成误解的表情图片也尽量不要使用。

5. 树立安全意识

在网聊中，如需要给他人发网址时，要附上标题或简介，尽量不要发链接信息，尤其是含有诅咒性质、反动性质、欺诈性质、谣言性质、无脑性质的链接信息要严禁发放。同时也要有足够的自我保护意识，不要轻易打开陌生网友传送的链接，以防计算机中毒。

5.2　电话礼仪

随着现代通信技术的发展，随着人们往来的日益频繁，电话已经成为人们生活中必不可少的通信工具，由于电话的产生也改变了人们传统的交往模式，例如，在电话产生以前，人们在进行交往时通常是面对面的交往，电话产生后，我们很多时候都是通过电话来传递信息的。因此，在接打电话时不注重礼仪，也会给对方留下非常不好的印象。

5.2.1　座机电话礼仪

使用座机时，拨打与接听都有相应的礼仪。

1. 拨打电话时的基本礼仪

1）选择恰当的时间

要选择对方方便的时间。不要在别人的休息时间内打电话，每天上午 7 点之前、晚上 10 点之后、午休和用餐时间都不宜打电话。

打电话前要搞清地区时差及各国工作时间的差异。不要在休息日打电话谈生意，以免影响别人休息。即使客户已将家中的电话号码告诉你，也尽量不要往其家中打电话。

打公务电话，不要占用别人的私人时间，尤其是节假日时间。

此外，避免在对方的通话高峰和业务繁忙的时间段内打电话；社交电话最好在工作以外的时间拨打。

2）要有礼貌

打电话时，需要先说"你好"，声音清晰、明快。商务电话只有在确认信号好坏的情况下，才能开口喊"喂"，其他场合，均为禁例。要讲的事，从结论说起，才能将要点清楚明白地告诉对方。遇到数字和专有词汇，应重复叙述，注意别出差错。

3）长话短说

通话时间一般应遵守"3 分钟原则"。所谓"3 分钟原则"，是指打电话时，应自觉地、有意识地将每次通话时间控制在 3 分钟以内，尽量不要超过这个限定。对通话时间的基本要求是：以短为佳，宁短勿长，不是十分重要、紧急、烦琐的事务一般不宜过长。

4）规范内容

通话之前，应做好充分准备。最好把对方的姓名、电话号码、通话要点等通话内容列出一张清单。这样可以避免在谈话时出现缺少条理、现说现想的问题。

（1）内容简明扼要。电话接通后，除了先问候对方外，也要自报单位、职务和姓名。请人转接电话，要向对方致谢。电话中讲话一定要务实，最忌讳吞吞吐吐、含糊不清。寒暄后，就应直奔主题。

（2）适可而止。要说的话已说完，就应果断终止通话。因此，不要话已讲完，依旧反复铺陈、絮叨。那样的话，会让对方觉得做事拖拉、缺乏素养。

（3）举止要文明。打电话时，不要把电话夹在脖子上，也不要趴着、仰着、坐在桌角上，更不要把双腿高架在桌子上，最好不要一边走一边打，不要以笔代手去拨号。打电话时嘴不要贴在话筒上，话筒与嘴的距离保持在 3 cm 左右。挂电话时应轻放话筒，即使是自己情绪不佳也不要采用粗暴的举动拿电话撒气。

【小知识】

谁先挂电话

一般来说，上下级或长辈与晚辈之间通话时，按照礼仪，应由上级或长辈先挂断电话。如果是同事或朋友之间打电话，那么谁先拨叫对方就由谁先挂断。

礼仪小提示：放下话筒时，务必注意轻放。挂断电话的方法不可轻视。将话筒胡乱抛下，这是对接听电话一方的极大不敬。电话被挂断之前，对方一直都把听筒贴在耳朵上听着，"喀嗒"一声巨响，会使对方心情不悦。

资料来源：http://lady.qq.com/a/20050906/000084.html.

2. 接听电话的基本礼仪

接听电话最重要的要注意三点：一是要及时，铃响不超过三声；二是要有礼貌，要自报家门，并向对方问候；三是要有耐心，对打错电话者不要训斥。此外，接听电话时还有许多方面的礼仪需要注意。

1）第二声铃响接电话

电话铃声响起后，应尽快接听。但也不要铃声才响过一次，就拿起听筒。这样会令对方觉得很突然，而且容易掉线。如果当电话铃声响过许久之后才接电话，要在通话初向对方表示歉意。正确的做法是：来电应在第二声铃响之后立即接听。不要让别人代劳，更不要让小孩代接电话。

在礼貌问候对方之后应主动报出公司或部门名称及自己的姓名，切忌拿起电话劈头就问："喂，找谁？"更切忌使用"说！""讲！""听到，说！"等这种硬邦邦的电话接听方式，不但粗鲁无礼，还会让人觉得你盛气凌人，好像是摆架子。

同样，来电话人需要留话也应以简洁的语言清晰地报出姓名、单位、回电号码和留言。结束电话交谈时，通常由打电话的一方提出，然后彼此客气地道别。无论什么原因致使电话中断，主动打电话的一方应负责重拨。

【小知识】

"稍候片刻"是多久

如果跟对方说："请稍候片刻。"这"片刻"若超过了30秒，会让打来电话的人觉得时间过得很慢，容易引起对方的不快。

资料来源：http://blog.163.com/csw27@126/blog/static/3073896520086181113720173/.

2）注意语调

用清晰而愉快的语调接电话，能显示出说话人的职业风度和可亲的性格。虽然对方无法看到你的面容，但你的喜悦或烦躁仍会通过语调流露出来。打电话时语调应平稳柔和，如能面带微笑地与对方交谈，可使你的声音听起来更为友好热情。千万不要边打电话边嚼口香糖或吃东西。

另外，还要注意到自己讲话的声音大小是否合适，语音是否清楚。如果是电话机的原因，应及时换个电话机，以免影响双方沟通的效果。

3）分清主次

接听电话时不要与其他人交谈，也不能边听电话边看文件、电视，甚至是吃东西。

在会晤重要客人或举行会议期间有人打来电话，可向其说明原因，表示歉意，并承诺稍后联系。

接听电话时，千万不要不理睬另一个打进来的电话。可对正在通话的一方说明原因，要其稍候片刻，然后立即去接另一个电话。待接通之后，先请对方稍候，或请其过一会儿再打进来，随后再继续才正在接听的电话。

无论多忙多累，都不能拨断电话线。

4）及时回复电话留言

在商业投诉中，不能及时回电话最为常见。为了不丧失每一次成交的机会，有的公司甚至作出对电话留言须在一小时之内答复的规定。一般应在 24 小时之内对电话留言给予答复，如果回电话时恰遇对方不在，也要留言，表明你已经回过电话了。如果自己确实无法亲自回电，应托付别人代办。

5）恰当地使用电话

在美国，你可以通过电话向一个素不相识的人推销商品，而在欧洲、拉美和亚洲国家，电话促销或在电话中长时间地谈生意就难以让人接受。发展良好商务关系的最佳途径是与客户面对面地商谈，而电话主要用来安排会见。当然一旦双方见过面，再用电话往来就方便多了。

3. 代接电话的礼仪

在工作场合接听电话时，有时会遇到这样的情况：外来电话需要找的人不在，自己成为电话的代接者。代接电话时，要注意以礼相待、尊重隐私、传达及时等问题。

代接电话时，首先要告诉电话拨打方，要找的人不在，然后询问对方是否需要帮助转达。

1）以礼相待

接电话时，不要因为对方所找的人不是自己就显得不耐烦，以"不在"来打发对方。即使被找的人真的不在，也应友好地答复："对不起，他不在，有什么需要我转达的吗？"

2）尊重隐私

代接电话时，不要刨根问底。如果对方要找的人离自己较远，不要大喊大叫。别人通话时，不要旁听，不要插嘴。当对方希望转达某事给某人时，千万不要把此事随意扩散。

【小案例】

刨根问底

"请问，李先生在吗？"李先生的爱人听到电话里一个年轻女士的声音找自己的爱人，立刻提高了警觉："你是谁啊？哪个单位的？你找他有什么事吗？你怎么知道我们家电话的？"

打电话的女士一听对方爱人刨根问底的，而且觉得这种问话方式简直是在侮辱自己，她马上说："没什么事，不用找了！"

问题引入：

以上接电话时，有何不妥？

资料来源：http://lady.qq.com/a/20050906/000084.html.

3）准确记录

对方要找的人不在时，应向其说明后，询问对方是否需要代为转达。如对方有此请求时，应照办。对方要求转达的具体内容，最好认真做好笔录。对方讲完后，应重复验证一遍，以免有误。记录的电话内容包括通话者单位、姓名、通话时间、通话要点、是否要求回电话及回电话的时间等。

【小思考】

龙经理的留言条

有一天，办公室的龙经理收到一个留言条，上面是这样写的："龙经理：刚才一位姓陈的先生来电，让你晚上8：30在和平桥那里等他。"

请问：如上留言有哪些不妥当的地方？

资料来源：http://www.dlzhifeng.com/info/wzShow.asp? ID＝1016654.

4）及时传达

代接电话时，先要弄清楚对方是谁，要找谁。如果对方不愿讲第一个问题，不必勉强。对方要找的人不在，可据实相告，然后再询问对方"有什么事情"。要特别注意的是，这二者的先后次序不能颠倒。若对方所找的人就在附近，应立即去找。答应对方代为传话，就要尽快落实。不要把自己代人转达的内容，托别人转告。

【小资料】

电话留言五要素

致给：也就是给谁留的言。

来自：谁要求留的言。

内容：对方需要转告什么样的信息。

记录者签名：这样以便能对留言不清楚的部分进行解释。

日期和具体时间：不仅要日期，同时也应写明留言的具体时间。

资料来源：http://www.dlzhifeng.com/info/wzShow.asp? ID＝1016654.

5.2.2 手机礼仪

手机给人们的交往带来巨大方便，在手机使用的过程中，虽然没有面对面的交流，但也同样要讲究礼仪。在国外，如澳大利亚电信的各营业厅就采取了向顾客提供"手机礼节"宣传册的方式，宣传手机礼仪。

1. 手机的放置位置

在一切公共场合，手机在没有使用时，都要放在合乎礼仪的常规位置。不要在没使用的时候放在手里或是挂在上衣口袋外。放手机的常规位置有两处：一是随身携带的公文包里，这种位置最正规；二是上衣的内袋里；有时候，可以将手机暂放腰带上，也可以放在不起眼的地方，如手边、背后、手袋里，但不要放在桌子上，特别是不要对着对面正在聊天的客户。

2. 接打手机的礼仪

在会议中和别人洽谈的时候，最好的方式还是把手机关掉，起码也要调到振动状态。这样既显示出对别人的尊重，又不会打断发话者的思路。而那种在会场上铃声不断，像是业务很忙，使大家的目光都转向你，则显示出你缺少修养。

给对方打手机时，尤其当知道对方是身居要职的忙人时，首先想到的是，这个时间他（她）方便接听吗？并且要有对方不方便接听的准备。在给对方打手机时，注意从听筒里听到的回音来鉴别对方所处的环境。如果很静，应想到对方可能在会议上，有时大的会场能感到一种空阔的回声，当听到噪声时对方就很可能在室外，开车时的隆隆声也是可以听出来的。有了初步的鉴别，对能否顺利通话就有了准备。但不论在什么情况下，是否通话还是由对方来定为好，所以"现在通话方便吗？"通常是拨打手机的第一句问话。其实，在没有事先约定和不熟悉对方的前提下，很难知道对方什么时候方便接听电话。所以，在有其他联络方式时，还是尽量不打对方手机为好。

公共场合特别是楼梯、电梯、路口、人行道等地方，不可以旁若无人地使用手机，应该把自己的声音尽可能地压低一下，绝不能大声说话。

3. 不宜使用手机的场合

懂得手机使用礼仪的人，不会在特殊的公共场合（如飞机上、影剧院里、图书馆和医院里）接打手机，就是在公交车上大声地接打电话也是有失礼仪的。

在餐桌上，关掉手机或是把手机调到振动状态还是必要的。

4. 手机铃声、短信礼仪

1）慎用怪异的铃声

现在有不少人，特别是年轻人喜欢使用彩铃。有些彩铃很搞笑，或很怪异，与千篇一律的铃声比较起来，确实有独特之处。但是彩铃是给打电话的人听的，如果你需要经常用手机联系业务，最好不要用怪异或格调低下的彩铃，以免影响你的形象和公司的形象。

2）手机短信的正确使用

（1）双向使用：不是所有人都爱发手机短信。

（2）适度使用：有需才发，有用才发，有收必回。

常用的短信一般有三种。

① 拜年短信：对长辈和尊者不宜采取短信拜年的方式，而应该亲自登门或电话问候。即使是最亲密的朋友间用短信拜年也应自己编辑内容，短信也忌讳像礼物一样被人送来送去。

② 工作短信：同事间一些简单的工作交流可用短信进行，但除非是上司主动要求或事先征得其同意，下级不能以短信方式和上级谈工作。

③ 短信提醒：对于一些重要约会，可用短信方式婉转地提醒对方，比多次电话确认要礼貌。但是需要注意的是，在发短信之前一定要进行电话或当面的邀请或确认。

（3）合法使用：在短信的内容选择和编辑上，应该和通话文明一样重视。因为通过你发的短信，意味着你赞同至少不否认短信的内容，也同时反映了你的品位和水准。所以不要编辑或转发不健康的短信，特别是一些带有讽刺伟人、名人甚至是革命烈士的短信，更不应该转发。

（4）文明使用：开会或与人交谈时，接发短信都不礼貌。不要在别人能注视到你的时候查看短信。一边和别人说话，一边查看手机短信，对别人不尊重。

（5）发短信要署名：发送短信时，结尾处要署名，要让对方知道信息是从何而来的。

5. 微信礼仪

微信是现在日常生活中最常用的社交软件之一。在运用这种网络社交软件的过程中我们也需要讲究礼仪，注重自身的素养。

1）加好友的礼仪

在索要对方微信时，无论是线上或线下，都要先问一句"方便以后微信联系吗?"不是所有人都喜欢把自己的微信给任何人，毕竟这是私人联系方式，不要只是问"你微信多少?"在申请加好友时最好这样做：加好友请自报家门，用最简单的方式介绍自己。如果你向我索要 A 的微信，我一定会先征求 A 的许可，A 同意后我才会把微信号发给你，这是对 A 的尊重。

2）聊天中的礼仪

（1）在一对一的聊天中。

① 不要查户口，侵犯隐私是不对的。

② 不要只问在不在。"在吗?"可以问，但前提是无论对方什么时候回复，你都能够秒回，继续之前的话题。不然，过段时间你才回复，估计对方又不在了。所以，有事情直接说，不要问对方在不在。

③ 表情包虽然可以有效活跃气氛，但请注意尺度。不同的表情体现不同的气质。默认表情，给人一种低调的、保守的、普通的个人气质。暴走漫画等表情给人一种不修边幅、猥琐、无下限的个人气质，可展现自己与众不同，或者有意自我贬低来达到娱乐效果。阿狸、狼小花，给人一种可爱的、文艺的、善良的、单纯的、卖萌的个人气质。

④ 如果你有事要离开，请告诉对方一声。否则会让对方等很久，因为话题还没有结束。

⑤ 对方回复比较迟时不要谴责对方。不是任何人在任何时间都机不离手。

⑥ 少用或不用"哦""呵呵"等词语来回复别人；不要给别人发自己的自拍，除非你们关系亲密，也尽量不要向他人索要照片。

⑦ 注意少用语音。发语音，发的人省事儿，但听的人费事儿。发文字是发的人费劲儿，看的人省事儿。如果不是很紧急的情况下，尽量不要发语音，尤其语音的时间还超过了 10 s。一方面，你不知道对方是否方便听语音；另一方面，你可能不知道自己的声音有多难听。

（2）在群聊中。

① 不要刷屏，以免影响他人浏览。

② 不要在群里私聊。

③ 不要在群里谈论他人隐私的话题。

④ 群内通知，应该在自己的第一时间回复。

⑤ 不论任何原因，都不要在微信群、QQ 群里和别人吵架，爆粗口。

3）朋友圈礼仪

（1）不要加入转发链。例如，恐吓你"如果 5 分钟内不把这个内容发给 50 个人你会遭厄运"的内容，最好不要再继续发送。

（2）朋友圈每天发帖数量保持在 10 条以内，避免刷屏打扰朋友圈。

（3）尽量不要求赞、求关注、求投票、求分享，你可以自己分享到朋友圈，不要一对一逼着人家。虽然用了"求"字，但并不代表已经尽到了礼数，别人就应该帮你。

4）保护好自己

（1）发朋友圈之前，先处理未回消息。晚上睡觉之前把所有微信信息回复完毕，不拖延至明天。

（2）发送之前检查一下信息，避免因为输入错字而产生误会。

（3）涉及利害关系的事情能电话不微信（防止对方截屏传播）。

（4）听群主的话，如果你对他们的做法不认同，私下询问他们为什么那样做，或者退群。绝不要对此事进行大规模的公开表白，因为这样将非常有可能使你陷入被动。

（5）避免卷入"硝烟弥漫的战争"。它本质上是群聊或论坛中的一场辩论由智慧交锋降格为人身攻击。当你发现自己确实置身于争论之中时，干脆不予理睬而转入其他话题。

5.3　电子邮件礼仪

电子邮件，又称电子函件或电子信函。它是利用电子计算机所组成的互联网络，向交往对象所发出的一种电子信件。使用电子邮件进行对外联络，不仅安全保密，节省时间，不受篇幅的限制，清晰度高，而且还可以大大地降低通信费用。

在使用电子邮件对外进行联络时，应当遵守的礼仪规范主要包括以下 4 个方面。

1. 电子邮件应当认真撰写

一般的电子邮件包括发件人、收件人、主题和内容 4 个部分，如图 5 - 1 所示。向他人发送的电子邮件，一定要精心构思，认真撰写。若是随想随写，是既不尊重对方，也不尊重自己的表现。在撰写电子邮件时，一定要注意以下 5 个方面。

1）主题要明确

一个电子邮件，大都只有一个主题，并且往往需要在主题一栏明确注明。若能将主题归纳得当，收件人见到主题时就一目了然了。例如，某同学发给指导老师的主题为"09 旅游班张三的论文"。

2）语言要流畅

电子邮件要便于阅读，就要语言流畅。尽量不用生僻字、异体字。引用数据、资料时，则最好标明出处，以便收件人核对。

3）内容要简洁、短小

网上的时间极为宝贵，所以电子邮件的内容应当简明扼要，越短越好。一般而言，一个页面足够，不要反复翻动。如有较长篇幅的内容，应以"附件"形式发送。

图 5-1　电子邮件

4）格式要规范

电子邮件的文体格式应该类似于书面交谈式的风格，开头要有问候语，但问候语的选择比较自由，如"你好""Hello"等，或者仅仅是一个简单的称呼，结尾也可随意一些，如"以后再谈""祝你愉快"等；也可什么都不写，直接写上自己的名字。但是，如果你写的是一封较为正式的邮件，还是要用和正式的信笺一样的文体。开头要用"尊敬的"或者是"先生/女士，您好！"结尾要有祝福语，并使用"此致/敬礼！"这样的格式。在信尾注明寄件者的姓名及通信地址、电话也是必要的，以方便收信者将来与你的联系。

5）严谨准确

要保证严谨准确，写后要校对，无错别字。

2. 电子邮件应当避免滥用

在信息社会中，任何人的时间都是无比珍贵的。对商界人士来讲，这一点就显得更加重要了。因此，轻易不要向他人乱发电子邮件。尤其是不要以之与他人谈天说地，或是只为了检验一下自己的电子邮件能否成功地发出，更不宜随意以这种方式在网上"征友"。

3. 电子邮件应当慎选功能

现在市场上所提供的先进的电子邮件软件，可有多种字体备用，甚至还有各种信纸可供使用者选择。这固然可以强化电子邮件的个人特色，但是此类功能一般要慎用。其主要原因有两个：一是对电子邮件修饰过多，难免会使其容量增大，收发时间增长，既浪费时间又浪费金钱，而且往往会给人以华而不实之感；二是电子邮件的收件人所拥有的软件不一定能够支持上述功能。这样一来，他所收到的那个电子邮件就很有可能会大大地背离了发件人的初衷，因而使之前功尽弃。

4. 接收到邮件，马上回复

如果自己是主收方，应当在最短的时间内给予简短的回应，表示已经收到。简短的回应，如"已经收到，我会尽快安排，谢谢"！

【小资料】

标准电子邮件回函格式

经理先生/女士：

您好！

现将本所关于……发给您，见附件，请查收。如有问题，请及时与我们联系。

本所电话：010－58×××××；传真：010－58××××××；电子邮箱：1836××

×××@126.com

本所地址：北京市海淀区××路1号

祝工作顺利！

北京市××律师事务所

律师：×××

20××年×月×日

5.4 传真礼仪

传真，又叫传真电报。它是利用光电效应，通过安装在普通电话网络上的传真机，对外发送或接收外来的文件、书信、资料、图表、照片真迹的一种现代化的通信联络的方式。现在，在国内的商界单位中，传真机早已普及成为不可或缺的办公设备之一。

利用传真通信的主要优点是：操作简便，传送速度快，而且可以将包括一切复杂图案在内的真迹传送出去。它的缺点主要是发送的自动性能较差，需要专人在旁边进行操作。有些时候，它的清晰度难以确保。

在日常办公利用传真对外通信联络时，必须注意下述三个方面的礼仪问题。

1. 使用必须合法

按照国家有关规定，任何单位或个人在使用自备的传真设备时，均须严格按照电信部门的有关要求，认真履行必要的使用手续，否则即为非法之举。

具体而言，安装、使用传真设备前，须经电信部门许可，并办理相关的一切手续，不准私自安装、使用传真设备。安装、使用的传真设备，必须配有电信部门正式颁发的批文和进网许可证。如欲安装、使用自国外直接带入的传真设备，必须首先前往国家所指定的部门进行登记和检测，然后方可到电信部门办理使用手续。使用自备的传真设备期间，按照规定，每个月都必须到电信部门缴纳使用费用。

2. 使用必须得法

使用传真设备通信，必须在具体的操作上力求标准而规范。不然，也会令其效果受到一定程度的影响。

1）确保传真机号码准确无误

本人或本单位所用的传真机号码，应被正确无误地告之自己重要的交往对象。一般而言，在商用名片上，传真号码是必不可少的一项重要内容。

对于主要交往对象的传真号码，必须认真地记好，为了保证万无一失，在有必要向对方发送传真前，最好先向对方通报一下。这样做既提醒了对方，又不至于发错传真。

2）规范操作

发送传真时，必须按规定操作，并以提高清晰度为要旨。传真前，给对方通报一下；收到传真后给对方回个信；收到对方传真后要及时处理；使用时要考虑到图像、文字可能失真。

3）内容简明扼要

既简洁明了，又节省费用。

4）确保使用方便

无人在场而又有必要时，应使之自动处于接收状态。为了不影响工作，单位的传真机尽量不要同办公电话采用同一条线路。

5）重要传真文件要备份

传真的资料不大容易保存，所以重要的传真文件要备份。

3. 使用必须依礼

在使用传真时，必须牢记维护个人和所在单位的形象问题，必须处处不失礼数。具体需要注意以下几点。

1）注意传真首页

应该在传真首页标明发送者和接收者双方的单位名称、人员姓名、日期、总页数等，这样一来接收者可以一目了然，分清是哪个单位、何时、谁发来的，以便及时进行沟通。而且，每页都应标注页码，这样方便阅读，如果哪一页没有发清楚，便于重新发送。

2）有问候语与致谢语

在发送传真时，一般不可缺少必要的问候语与致谢语。发送文件、书信、资料时，更是要谨记这一条。

3）传真纸张规范

最规范的传真用纸应该使用专用的传真热敏纸。

4）注意字号

传真的材料，字体应该比普通打印文本的字体大一些，以确保传真过去的文件清晰，方便阅读。

5）传真确认

发送之前，向对方通报一下，以免发错。发送之后，要再次向对方确认所发传真的页数，以及内容是否清晰等。

人们在使用传真设备时，最为看重的是它的时效性。因此，在收到他人的传真后，应当在第一时间内即刻采用适当的方式告知对方，以免对方惦念不已。需要办理或转交、转送他人发来的传真时，千万不可拖延时间，耽误对方的要事。

【小资料】

商业传真文件标准格式

FROM：贵公司名称（注：如果用抬头纸就不用再写贵公司的名称了）

地址：

电话：

传真：

日期：

TO：对方公司名称

地址：

电话：

传真：

××先生/女士：

　　您好！**(祝福语)** 我公司是×××……（对我公司的介绍，如公司类型、规模、提供的产品或服务种类、特点和竞争优势等）。

对对方公司的期望（如合作要求或建立客户关系等）。

（中间也可以写一些贵公司对市场的看法、预期等）**(正文内容)**

盼复/商祺 **(结尾祝福语)**

发件人名称/职位

资料来源：http://www.hi-fax.com/chuanzhengeshi.htm.

本 章 小 结

　　我国历史文化悠久，是有名的礼仪之邦，人们的社会交往和思想感情交流，大多通过一定的礼仪形式和一定的文化活动方式来进行。在实际生活中，每个人都经常使用到一系列的通联方法，这些通联方法中包含着丰富的礼仪内容，具有中华民族浓厚的文化色彩。本章着重介绍了当今常用的网络、电话、电子邮件和传真等通信手段，详细阐述了网络礼仪、电话礼仪、电子邮件礼仪和传真礼仪中的具体注意事项。

关键概念

网络礼仪　电话礼仪　电子邮件礼仪　传真礼仪　通话3分钟原则

自测题

1. 填空题

（1）发送传真时，应该在传真首页标明发送者和接收者双方的 _____、_____、_____ 和 _____ 等，这样一来接收者可以一目了然。

（2）打电话时，需要先说"_____"，然后报上单位和姓名，再说具体事宜。

（3）手机常规放置的位置有 _____ 和 _____。

2. 单项选择题

（1）以下哪种使用手机短信的做法是不礼貌的？（　　　）

　A. 在与人谈话时不停地查看或编发短信

　B. 在内容后面署名

　C. 尽量使用清楚明白的语言，不随意简化省略

　D. 对于重要约会，用短信婉转地提醒对方

（2）按照电话礼仪的惯例，一般要由（　　　）先挂电话，以示尊重。

　A. 打电话者　　　　　　　　　　　B. 接电话者

　C. 地位高者　　　　　　　　　　　D. 男士

（3）接听电话时恰好另一个电话同时响起，应当（　　　）。

　A. 置之不理

　B. 挂断接听的电话去接另一部电话

　C. 可两部电话同时接听

　D. 接起第二部电话记下对方电话稍后打过去

（4）办公电话应在铃响（　　　）声之内接起，以免误事。

　A. 1　　　　　　　　B. 2　　　　　　　　C. 3　　　　　　　　D. 4

（5）打办公电话语言要简明扼要，时间一般不超过（　　　）分钟。

　A. 1　　　　　　　　B. 2　　　　　　　　C. 3　　　　　　　　D. 4

（6）怎样做符合使用移动通信工具的礼仪？（　　　）

　A. 在要求"保持安静"的音乐厅可以小声接听电话

　B. 在医院就诊室里等候医生接诊时可以使用移动通信工具

　C. 在餐厅就餐时尽量不要主动打电话与人谈笑闲聊

　D. 交通不拥挤的情况下驾驶汽车时可以接听电话

3. 判断题

（1）男女接打电话时，通常由女士先挂断。　　　　　　　　　　　　　（　　　）

（2）对于一些重要约会，可用短信方式婉转地提醒对方。　　　　　　　（　　　）

4. 简答题

（1）在代接电话时，需要注意哪些问题？

（2）发送传真时，具体需要注意哪些问题？

◆ 案 例 分 析 ◆

电话自荐应聘

　　毕业生小徐前几天在学校"大学生就业网"上看到了一则烟台市某单位的招聘信息，小徐觉得单位的基本条件不错，为了获得更大的录取机会，小徐决定直接与单位人事部门通一次电话，进行一次电话自荐。小徐在下午 5 点多向用人单位打去了电话，接电话的工作人员告诉他主管领导不在。小徐为了稳妥，第二天 8 点就往单位打去了电话，不巧的是主管领导正在开会，他便向接电话的工作人员介绍了自己的情况。经过 15 分钟的谈话，小徐觉得自己还没有能完整地向单位展示自己，可接电话的工作人员却打断他的谈话，说自己已经清楚了，会向主管领导汇报情况。

　　资料来源：http://career. sdkd. net. cn/News _ Show2. asp？NewsID＝104.

讨论题：

1. 请结合案例分析是什么原因使接电话的工作人员打断了小徐的谈话。

2. 小徐有哪些行为是不合乎礼仪规范的？

3. 如果你是小徐，你会怎样做？

技 能 训 练

观察你周围的人，分析他们在通信联络中哪些做法符合礼仪规范，哪些不符合礼仪要求。

第6章

餐饮聚会礼仪

【本章导读】

饮食是维持人类生存的基本保证，在人际交往中，"食"也占有一席之地。利用餐饮，不仅可以招待亲朋好友，解决实际问题，而且还可以作为社交活动的一种具体形式，展示个人的良好修养，表示对交往对象的敬重、友善和诚意。聚会也是社会交往的重要表现形式。

通过本章的学习，我们将在了解餐饮礼仪基本知识的基础上，通过中西餐饮方式的对比，明确中西餐饮在礼仪方面的重大差别，并且掌握相关知识。同时，在本章中，我们将通过对聚会基本知识的了解，熟悉和掌握人们在晚会、舞会、宴会等各种场合中应该遵守的基本礼仪规范。

【学习目标】

1. 掌握中西餐用餐的基本方式；
2. 了解中西餐的上菜次序；
3. 理解中餐用餐座次的排列；
4. 掌握中西餐餐具的使用方法；
5. 了解酒水的种类和饮用礼仪；
6. 了解宴会、舞会的参加礼仪；
7. 了解中西餐用餐礼仪。

【引例】

李鸿章的尴尬

李鸿章应俾斯麦之邀前往德国赴宴，由于不懂西餐礼仪，他把一碗吃水果后洗手用的水端起来喝了。当时俾斯麦不了解中国虚实，为不使李鸿章丢脸，他也将用来洗手的水一饮而尽。见此情形，其他文武百官只得忍笑奉陪。今天东西方人民之间的交往日益频繁，了解餐桌上的礼仪也是十分必要。

问题引入：

请根据案例回答了解中西方用餐礼仪的重要性。

资料来源：http://wenwen.soso.com/z/q111526829.htm?w.

礼宾次序安排①

1995年3月在丹麦哥本哈根召开联合国社会发展世界首脑会议，出席会议的有近百位

---

① 马保奉. 外交礼仪浅谈. 北京：中国铁道出版社，1996.

国家元首和政府首脑。3 月 11 日，与会的各国元首与政府首脑合影。按照常规，应该按礼宾次序名单安排好每位元首、政府首脑所站的位置。首先，这个名单怎么排？究竟根据什么原则排列？哪位元首、政府首脑排在最前？哪位元首、政府首脑排在最后？这项工作实际上很难做。丹麦和联合国的礼宾官员只好把丹麦首脑（东道国主人）、联合国秘书长、法国总统、中国总理及德国总理等安排在第一排，而对其他国家领导人，就任其自便了。好事者事后向联合国礼宾官员"请教"，礼宾官员答道："这是丹麦礼宾官员安排的。"当向丹麦礼宾官员核对时，回答说："根据丹麦、联合国双方协议，该项活动由联合国礼宾官员负责。"

问题引入：

1. 请问在此次活动中，元首位次的排列应该由谁负责？
2. 我们应该如何做好大型活动中礼宾次序的安排？

一般来说，餐饮礼仪主要指人们在以食物、饮料款待他人时，以及自己在餐饮活动中，必须认真遵守的行为规范。学习餐饮知识，首先应当着重掌握以下两条餐饮礼仪的基本原则。

餐饮礼仪的第一条基本原则是"6M"原则。它是在世界各国广泛受到重视的一条礼仪原则。其中的"6M"指的是以 M 为字头的英文单词：费用、会见、菜单、举止、音乐和环境，它们都是人们安排或参与餐饮活动时，应当注意的主要方面。这条原则主要是指在安排或者参与餐饮活动时，必须优先对费用、会见、菜单、举止、音乐、环境等六个方面的问题加以高度重视，并应力求使自己在这些方面的所作所为符合律己、敬人的行为规范。

餐饮礼仪的第二条基本原则是餐饮适量原则。这条原则主要是指在餐饮活动中，不论是活动的规模、参与的人数、用餐的档次，还是餐饮的具体数量，都要量力而行。务必要从实际需要和实际能力出发，进行力所能及的安排。切忌虚荣好强，炫耀攀比，铺张浪费，暴殄天物。从根本上讲，餐饮适量原则所提倡的是厉行节约，反腐倡廉的风气；是做人务实，不图虚荣的境界。

6.1 中餐礼仪

在我们这个自古为礼仪之邦，讲究民以食为天的国度里，饮食礼仪已经成为饮食文化的重要组成部分。包括中餐在内，并以其为主体的中华饮食文化，在我国传统文化中占据着十分重要的地位。同时，中餐在国际社会中一直享有很好的声誉，在世界各地到处都可以遇到不同类型的中式餐馆和众多的中餐爱好者。

中餐是中式餐饮的简称，指的是一切具有中国特色的、依照传统方法制作的、为中国人日常生活之中所享用的餐食和饮品。其中最主要的则是指具有中国传统风味和特色的菜肴。

中餐礼仪，主要是指以中餐待客，或者是品尝中餐时，人们应当自觉遵守的习惯做法和传统习俗。

中餐礼仪的具体内容包罗甚广。在一般情况下，学习中餐礼仪，主要是掌握用餐的方式、菜单的安排、席位的排列、餐具的使用、用餐的礼仪等 5 个方面的规则和技巧。以下将就此 5 个方面的问题，分别加以详尽的介绍。

6.1.1 用餐的方式

所谓中餐的用餐方式，主要是指以哪一种具体形式用餐的问题，依据不同的划分标准，可以有多种多样的用餐形式。从礼仪的角度上来说，主要可以依据用餐的规模和餐具的使用两个标准，来划分中餐的用餐方式。

1. 根据用餐的规模划分

根据用餐的规模划分，中餐的用餐方式可以分为公务、商务宴会，私人宴会，便餐，工作餐等。

1）公务、商务宴会

公务、商务宴会是一种隆重而正规的宴请，对于出席人数、穿着打扮、菜肴选择、席次安排、宾主致辞和音乐演奏等方面，都有着严谨的要求和讲究；对于用餐环境、餐桌布置、活动主题、进行程序和上菜节奏等方面也同样非常注重礼仪规范。公务、商务宴会如果举办成功，可以带来意想不到的经济效益，如不成功则往往造成巨大的经济损失。因此，必须特别注意到每个细节，宴会过程中不允许有任何差错的产生。

2）私人宴会

私人宴会是一种交谊型的宴请，以联络感情、表示友好、发展友谊、沟通信息为目的，如生日宴、婚宴、迎送宴、节日宴、纪念宴、亲朋相聚、乔迁之喜等。私人宴会通常没有太多的讲究与礼仪限制，主办者和被宴请者都以私人身份出席，通过宴请吃饭表达彼此的思想感情与精神寄托。私人宴会要充分考虑到赴宴客人的特殊饮食习惯，如回族只吃清真食品、素食者不吃荤、糖尿病人不能吃甜食等，尽量安排得让所有人都满意。

3）便餐

便餐是一种不拘形式、亲切随意的进餐方式，不排座席，也不需太过讲究菜色，家常便饭，轻松愉快，只要注意用餐环境与餐食的卫生即可。

4）工作餐

工作餐可以说是一种简便的商务餐，有工作关系的业务伙伴，以边吃饭边交流信息的用餐方式洽谈业务，创造有利于进一步接触的氛围。这种餐会不适合不相关的人士参与，也不适宜安排在周末、假日等属于私人的时间进行。工作餐可以在一天中的不同时间举办，可以是早餐，也可以被安排成午餐或晚宴，但最好不要安排在晚上，以免占用晚间私人下班后的时间。

2. 根据餐具的使用划分

根据餐具的使用划分，中餐以用餐方式可以分为分餐式、公筷式、自助式和混餐式等 4 种具体形式。

1）分餐式

分餐式用餐，指的是在用餐的整个过程中，为每一位用餐者所上的主食、菜肴、酒水，以及所提供的其他餐具，一律每人一样一份，分别使用，不允许混杂、共享。这种方式的最大优点是，既讲究了用餐卫生，又体现了用餐公平。主要适用于各种宴会，尤其是正式宴会。

2）公筷式

公筷式用餐，是一种较为形象的说法，指的是中餐的一种特殊的用餐方式。在用餐时，主食、菜肴等不必每人一份，分别装盘。但是在取用主食和菜肴时，却不允许直接使用自己入口的餐具，而必须首先借用带有特殊标记的、公用的餐具，取拿适量，放入自己专用的食碟、汤碗内，然后再使用自己专用的餐具食用。这种方式的长处在于它既体现了中餐传统用餐方式和睦、热烈的气氛，又兼顾了现代人注意个人卫生的要求，比较适合在家宴时采用。

3）自助式

自助式用餐，是近年来借鉴西方的一种现代用餐方式。它的主要特点是不排席位，不安排统一的菜单，而将所能提供的全部主食、菜肴、酒水陈列在一起，由用餐者完全根据个人爱好自主地选择、加工和享用。这种用餐方式的优点至少有三个：第一，节省费用；第二，礼仪讲究不多，宾主两方随意；第三，用餐者在用餐时完全可以悉听尊便。在举行大型活动、招待众多来宾时，比较适合采用自助式的用餐方式。

4）混餐式

混餐式，又称合餐式，是中餐传统用餐方式的一个主要特点。混餐式是指多人一起用餐时，主食、菜肴被置于公用的餐具之内，而由用餐者根据自己的口味嗜好，使用自己的勺筷，直接从公用餐具中取用。采用混餐式用餐，容易体现出家庭和睦、团结的气氛，但也存在不够卫生的缺陷。因此，它仅仅适用于个人吃便餐或是家人一起聚餐，而不适合于举办宴会，尤其是宴请外国友人。

6.1.2 菜单的安排

按照用餐礼仪的规范，安排菜单主要涉及三个方面的问题：点菜的礼规、中餐上菜的次序和中餐菜肴的选择。

1. 点菜的礼规

到餐厅吃饭，目的不但是要吃饱，而且还要吃好，因此在点菜的时候，要注意不铺张、不浪费、不打肿脸充胖子，应把菜肴数量点得恰到好处，让来宾吃得尽兴而归。餐宴客人如果年长者和女士居多，热炒菜肴数量大约与就餐人数相当即可；若年轻人居多，则点菜数量大约以就餐人数加二为原则；如果是商务用餐，那么热炒菜数量可以控制在就餐人数加一，当然还可以适量加一些冷盘小菜，这样在热炒上桌之前，台面不空，大家就不会无聊，同时也可在等待热炒上桌的同时，增加交流。

一般来说，入席后，主人会请在座客人点菜，点菜如果是由客人主导，那么可以轮流各点一道菜，或尊重女士意见由女宾来点，或由领导、长官来点菜皆可。客人点菜的原则是：不要专点贵菜，要点一些价格适中、大家都可以吃的菜，而且对别人点的菜不要挑三拣四、进行非议。

点菜若是由主人来点，首先要问问在座者有无特殊忌口，有无特殊偏好口味，然后再挑选1/3高档菜肴，搭配2/3中低档菜肴，并在其中注意选取该店的特色菜品。点选的菜肴还需注意要有不同的材料、不同的烹制方法、不同味道、荤素兼具等，充分考虑到膳食平衡结构。点菜的主人，犹如餐桌上的设计师，搭配布置全系于他一人，因此对于菜肴的布局必须考虑周详，才能让每位宾客都满意而归。点完菜后紧接着要点主食，通常北方人爱吃面食，如面条、馒头、花卷、水饺等，南方人则爱吃米饭或米类制品等。

2. 中餐上菜的次序

一顿标准的中餐，不论是何种口味，其上菜的顺序一般都是相同的。通常，中餐讲究先凉后热，先炒后烧，咸鲜清淡的先上，甜的味浓味厚的后上，最后是主食。有规格的宴席中，热菜中的主菜（如燕窝席里的燕窝，海参宴里的海参，鱼翅宴里的鱼翅等）应该先上，即所谓最贵的热菜先上，再辅以溜炒烧扒。

中餐宴席里上菜的大致顺序如下。

（1）茶——在餐厅里，因为要等待，所以先来口清茶，但不是必需的，因为古人喝茶多是单独的。

（2）凉菜——形式可以有冷拼、花拼等，主要起到开胃的作用。

（3）热炒——视规模大小选用滑炒、软炒、干炸、爆、烩、烧、蒸、浇、扒等组合。

（4）主菜——（不是必需的）指整只、整块、整条的高贵菜肴，比如一头乳猪、一只全羊等。

（5）甜品、热汤——包括甜汤，如冰糖莲子、银耳甜汤等。

（6）点心——一般大型宴会不供饭，而以糕、饼、团、粉、各种面、包子、饺子等为主。

（7）主食——如果还没吃饱，可提供米饭等。

（8）水果——餐后上些水果，起到爽口、消腻的作用。

此顺序并非一成不变，如水果有时可以算在冷盘里上，点心可以算在热菜里上。另外，在粤菜用餐时，则把热汤放于开席的最前位置。

较浓的汤菜，应该按热菜上；贵重的汤菜，如燕窝等要为热菜中的头道。

至于季节的考虑，则冬有红烧、红焖、红扒、砂锅和火锅等；夏则清蒸、白汁、清炒和凉拌为主。此外，颜色搭配、原材料的多样化也应考虑。

3. 中餐菜肴的选择

在宴请他人之前，主人都应该事先对所选的菜肴进行再三斟酌。在准备菜单时，主人应着重考虑哪些菜肴宜选，哪些菜肴忌选。

1）宜选的菜肴

一般而言，在准备菜单时，下列 4 类菜肴是主人应该优先考虑的。

（1）具有中国特色的菜肴。吃中餐，自然要首选具有中国特色的代表性菜肴。在宴请外籍人士时，这一条应被高度重视。比方说，中餐里的龙须面、炸春卷、土豆丝、咕咾肉、狮子头、宫保鸡丁、鱼香肉丝和麻婆豆腐等，均为我们日常生活中的主要菜肴，但因其具有鲜明的中餐特色，所以在国外知名度较高，受到众多外国人的推崇。

（2）具有本地特色的菜肴。中国的饮食文化既有共性，也个性鲜明，名扬天下的八大菜系便是中餐在各地分支的主要代表。在宴请他人，尤其是宴请外地人时，应尽量安排一些具有本地特色的菜肴。例如，锦州地区的驴肉饺子、干豆腐，西安的羊肉泡馍，湖南的湘腊肉、臭豆腐，内蒙古的烤全羊等。

（3）本餐馆的特色菜。但凡比较有名的餐馆，自然少不了自己的特色菜，高档餐馆更是如此。因此，在知名餐馆点菜时，应尽量安排一些本餐馆的特色菜。

（4）主人的拿手菜。在举办家宴时，主人一般都要当众露上一手，多做几个自己的拿手菜，味道未必需要十全十美，但主人自己动手烧菜表达了对来客的尊重和友好。

2）忌选的菜肴

在安排菜单时，还必须兼顾来宾的饮食禁忌，尤其是对主宾的饮食禁忌要予以高度的重视。一般的规则是：主人在为来宾安排菜肴时，首先需要了解对方"不吃什么"，而非对方"想吃什么"。一般而言，饮食方面的禁忌主要有4条。

（1）民族禁忌。对于民族方面的饮食禁忌，一定要认真对待，一点也不能疏忽大意。对此要是不求甚解，或是贸然犯忌，都会带来很大的麻烦。

（2）地方禁忌。在不同的地区，人们的饮食偏好往往多有不同。对于这一点，在安排菜单时，也应予以兼顾。如果硬是为其提供，那可就强人所难了。

（3）职业禁忌。有些职业，出于某种原因，在餐饮方面往往也有各自不同的特殊禁忌。例如，驾驶员在工作期间，不得饮酒；国家公务员在执行公务时不准吃请；在公务宴请时不准大吃大喝，一般用餐不准超过国家规定的标准，不准饮烈性酒等。要是忽略了这一点，不仅是对对方的不尊重，而且还有可能使其因此而犯错误、惹麻烦。

（4）个人禁忌。有一些人，由于种种因素的制约，在饮食上往往会有一些与众不同的特殊要求。比方说，有的人不吃肉，有的人不吃鱼，有的人不吃蛋等。对于这类个人饮食禁忌，亦应充分予以照顾，不应明知故犯，或是对此说三道四。

在隆重而正式的宴会上，主人所选定的菜单还可在精心书写后，发至人手一份。使用餐者餐前心中有数，餐后留作纪念。不过有一点必须指出，发给赴宴者的菜单必须名副其实，而绝不可使之成为有名无实的笑柄。

6.1.3　席位的排列

在中餐宴请活动中，往往采用圆桌。不仅是在不同位置摆放的圆桌有身份的区别，每张圆桌上不同的座次也有尊卑之分。记住这些原则，确保不坐错位置，这在中餐礼仪中非常重要。

1. 桌次的排列

入座前，首先要迅速辨别出哪张桌子是主桌，然后由邀请方引导入座，通常中餐的餐桌摆放分为两种情况。

1）由两桌组成的小型宴请

这种情况下，通常是两桌横排或两桌竖排的形式，如图6-1所示。当两桌横排时，面对正门右边的桌是主桌；当两桌竖排时，距离正门最远的那张桌子是主桌。

2）由三桌或三桌以上的桌数所组成的宴请

在安排多桌宴请的桌次时，除了要注意上面提到的"面门定位""以右为尊""以远为上"等规则外，还应兼顾其他各桌距离主桌的远近。通常，距离主桌越近，桌次越高；距离主桌越远，桌次越低。

有的餐厅设计的主桌会比其他餐桌大一些，这样便于让宾客分辨哪张是主桌。

2. 座次的排列

1）宴请时的座位排列

宴请时，每张餐桌上的具体位次也有主次尊卑之别。排列位次（见图6-2）时应注意以下5点。

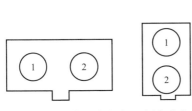

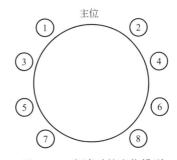

图 6-1 两桌组成的小型宴请形式　　　图 6-2 宴请时的座位排列

（1）主人大都应面对正门而坐，并在主桌就座。

（2）举行多桌宴请时，每桌都要有一位主桌主人的代表在座。位置一般和主桌主人同向，有时也可以面向主桌主人。

（3）各桌位次的尊卑，应以与这桌主人的距离远近来定，离主人近的位置比较尊贵。

（4）与本桌主人的距离相同的位次，则以本桌主人面向为准，主人座位右边的位置比较尊贵。

（5）如果主宾身份高于主人，为表示尊重，可以安排在主人位置上坐，主人则坐在主宾的位置上。

2）便餐时的座位排列

排列少于 5 人的便餐席位时，位次的排列可以遵循以下 4 个原则。

（1）右高左低原则。两人一同并排就座，通常以右为上座，以左为下座。这是因为中餐上菜时多以顺时针方向为上菜方向，靠右坐的人因此要比靠左坐的人优先受到照顾。

（2）中座为尊原则。三人一同就座用餐，坐在中间的人在位次上高于两侧的人。

（3）面门为上原则。用餐的时候，按照礼仪惯例，面对正门者是上座，背对正门者是下座。

（4）特殊原则。高档餐厅里，往往有优美的景致或高雅的演出供用餐者欣赏。这时候，观赏角度最好的座位是上座。在某些中低档餐馆用餐时，通常以靠墙的位置为上座，靠过道的位置为下座。

6.1.4　中餐餐具的使用

中餐餐具，即用中餐时所使用的工具。通常，用中餐时使用的餐具主要有筷、匙、碗、盘、盅、杯、牙签、餐巾等。以下分别对中餐餐具使用的一些注意事项与使用礼仪进行介绍。

1. 筷子

中餐最主要的餐具就是筷子，筷子必须成双使用。

筷子的标准拿法，如图 6-3 所示。

中餐用餐礼仪中，以下一些筷子的使用方式是非常不礼貌的：①迷筷，拿着筷子犹豫不决夹哪道菜；②架筷，用完筷子不将筷子放在筷架上，而架在碗碟上；③探筷，

图 6-3 筷子的标准拿法

用筷子在碗盘里翻找；④滴筷，在夹汤汁多的菜肴时用筷子抖掉汤汁；⑤插筷，把筷子竖插在食物上面；⑥敲筷，用筷子敲打碗盘的边缘；⑦塞筷，一次性夹着多种菜肴塞到口中，这样的做法显得非常狼狈；⑧空筷，已经用筷子夹起了食物，但是不吃又放回去；⑨舔筷，用舌头去舔筷子，不论筷子上是否残留着食物；⑩磨筷，拿着筷子相互摩擦筷尖；⑪转筷，用筷子在汤碗中不断搅拌混合；⑫寄筷，用筷子将碗挪到自己面前；⑬指筷，和人交谈时，一边说话一边像指挥棒似的挥舞着筷子，甚至用筷子指着别人，而不将筷子暂时放下。

2. 匙

匙，又叫勺子。中餐里勺子的主要作用是舀取菜肴和食物。有时，在用筷子取食的时候，也可以使用勺子来辅助取食，但是尽量不要单独使用勺子去取菜。同时在用勺子取食物时，不要舀取过满，以免溢出弄脏餐桌或衣服。在舀取食物后，可在原处暂停片刻，等汤汁不会往下流时再移过来享用。

用餐期间，暂时不用勺子时，应把勺子放在自己身前的碟子上，不要把勺子直接放在餐桌上，或让勺子在食物中"立正"。用勺子取完食物后，要立即食用或是把食物放在自己的碟子里，不要再把食物倒回原处。若是取用的食物太烫，则不可用勺子舀来舀去，也不要用嘴对着勺子吹，应把食物先放到自己碗里等凉了再吃。此外，还应注意不要把勺子塞到嘴里，或是反复舔食吮吸。

3. 碗

中餐的碗可以用来盛饭、盛汤。进餐时，可以手捧饭碗就餐。拿碗时，用左手的四个手指支撑碗的底部，拇指放在碗端。吃饭时，饭碗的高度大致和下巴保持一致。

4. 盘

中餐的盘子有很多种，稍小点的盘子叫碟子，主要用于盛放食物，使用方面和碗大致相同。用餐时，盘子在餐桌上一般要求保持原位，且不要堆在一起。

一种用途比较特殊的盘子是食碟。食碟在中餐里的主要作用是用于暂放从公用的菜盘中取来享用的菜肴。使用食碟时，一般不要取放过多的菜肴在食碟里，那样看起来繁乱不堪；不吃的食物残渣、骨头、鱼刺不要吐在饭桌上，而应轻轻取放在食碟的前端，取放时不要直接从嘴吐到食碟上，而要使用筷子夹放到碟子前端。如食碟放满了，可示意让服务员换食碟。

5. 汤盅

汤盅是用来盛放汤类食物的。用餐时，使用汤盅有一点需注意的是，将汤勺取出放在垫盘上并把盅盖反转平放在汤盅上就是表示汤已经喝完。

6. 水杯

中餐的水杯主要用于盛放清水、果汁、汽水等软饮料。注意不要用水杯来盛酒，也不要倒扣水杯。另外，喝进嘴里的东西不能再吐回水杯里，这样是十分不雅的。

7. 牙签

牙签也是中餐餐桌上的必备之物。它有两个作用：一是用于扎取食物；二是用于剔牙。但是用餐时尽量不要当众剔牙；非剔不行时，要用另一只手掩住口部，剔出来的食物，不要当众"观赏"或再次入口，更不要随手乱弹、随口乱吐。剔牙后，不要叼着牙签，更不要用其来扎取食物。

8. 餐巾

中餐用餐前，一般会为每位用餐者上一块消毒餐巾。这块餐巾的作用是擦手，擦手后，应该把它放回盘子里，由服务员拿走。而宴会结束前，服务员会再上一块餐巾，和前者不同的是，这块餐巾是用于擦嘴的，不能用其擦脸或抹汗。

6.1.5　中餐用餐礼仪

用餐时，每一位用餐者均应使自己的临场表现合乎礼仪规范，简而言之，可将中餐用餐礼仪概括为以下几个方面。

（1）男士在就餐时，应等长者和女士坐定后，方可入座。

（2）入座后坐姿要端正，脚踏在本人座位下，不可任意伸直，手肘不得靠桌边缘或将手放在邻座椅背上，身体与餐桌应保持适宜的距离。

（3）男士在用餐时不能只顾自己，也要关心别人，尤其要招呼两侧的女士。

（4）用餐时需温文尔雅，从容安静，口内有食物或在他人咀嚼食物时，均应避免跟人说话或敬酒。送食物入口时，两肘应向内靠，不要直向两旁张开，碰及邻座。

（5）用餐时亦不能急躁，必须小口进食，不要大口吞塞，食物未咽下，不能再塞入口。

（6）避免在餐桌上咳嗽或打喷嚏等。控制不住，打喷嚏时应将头转向别处，并说声"对不起"。

（7）用餐结束时，不要抢着付账。推拉争付，甚为不雅。未征得朋友同意，亦不宜代友付账。

（8）散席后，主人应将客人送到门口，握手话别。

6.2　西餐礼仪

西餐，是对西式饭菜的一种约定俗成的统称。所谓西餐，其实是一个十分笼统的概念，因为无论从形式上还是从内容上讲，西方各国的饭菜毕竟有着很大的差异，难以一概而论。除了与中餐在口味上存在区别之外，西餐还有两个鲜明的特点：第一，它们源自西方国家；第二，它们必须以刀、叉取食。所以，凡是符合以上两个特点的饮食，都可以称为西餐。

跟中餐礼仪相比，西餐的用餐礼仪更为复杂和烦琐，下面将从西餐的菜序、西餐的座次安排、西餐的餐具使用和西餐进餐礼仪等4个方面来学习西餐礼仪。

6.2.1　西餐的菜序

西餐的菜序是指西餐用餐的先后顺序问题。与中餐、日餐等东方国家的餐式相比，西餐的菜序具有明显的不同。比如说，享用西餐时，通常要先上汤；而在中餐里，汤则大都是用来"演奏"用餐的"结束曲"的。

了解西餐的菜序，至少有两大好处。其一，是在用餐时成竹在胸，能够量力而行，依据个人食量吃好；其二，是在自己点菜时，能够加以比照，进行适当的组合、搭配。

严格地讲，西餐的正餐与便餐的菜序是有很大差异的，下面将分别对其进行详细的介绍。

1. 正餐的菜序

西餐的正餐，尤其是在正式场合所用的正餐，其菜序既复杂多样，又讲究甚多。在大多数情况下，西餐正餐的菜序由开胃菜、面包、汤、主菜、点心、甜品、果品和热饮等8道菜肴构成。一顿内容完整的正餐，一般要吃上一两个小时。

1）开胃菜

所谓开胃菜，即用来打开胃口之物，它亦称西餐的头盆。在西餐里，它往往不被列入正式的菜序，而仅仅充当着其"前奏曲"。

在大多数情况下，开胃菜是由蔬菜、水果、海鲜、肉食所组成的拼盘。它多以各种调味汁凉拌而成，色彩悦目，口味宜人。

2）面包

在西餐正餐里所吃的面包，一般都是切片面包，或是需要当时从整个的大面包上切片而食。在吃面包时，通常讲究可根据个人嗜好，涂上各种果酱、黄油或奶酪。

3）汤

西餐之中的汤，大都口感芬芳浓郁，具有很好的开胃作用。按照传统说法，汤是西餐的"开路先锋"。只有开始喝汤时，才算正式开始吃西餐。常见的汤类，有白汤、红汤和清汤等。

4）主菜

西餐里的主菜有冷有热，但应以热菜为主。在比较正规的正餐中，大体上要上一个冷菜，两个热菜。两个热菜之中，还讲究应当一个是鱼菜，另一个是肉菜。有时，还会再上一个海味菜。其中的肉菜必不可少，而且往往代表着此次用餐的档次、水平。常见的冷盘，则有各类冻子、泥子等。

5）点心

吃过主菜后，一般要上一些诸如蛋糕、饼干、吐司、馅饼、三明治之类的小点心，使没有吃饱的人借以填满肚子。吃饱的人，可以不吃点心。

6）甜品

吃完点心，接着要上甜品。最常见的甜品有布丁、冰激凌等。

7）果品

吃过甜品后，用餐者还可在力所能及的情况下，酌情享用干、鲜果品。常用的干果有核桃、榛子、腰果、杏仁和开心果等；而草莓、菠萝、苹果、香蕉、橙子、葡萄等，则是最常见于西餐桌上的鲜果。

8）热饮

在用餐结束之前，应为用餐者提供热饮，以此作为"压轴戏"。最正规的热饮，是红茶或什么都不加的清咖啡。二者只能选择其一，不能同时享用。它们的作用主要是帮助消化。西餐的热饮，可以在餐桌上喝，也可以换上一个地方，离开餐桌去客厅或休息厅里喝。

2. 便餐的菜序

通常，一顿西餐便餐的标准菜序应当是方便从简，由开胃菜、汤、主菜、甜品、饮品5道菜肴构成。

6.2.2　西餐的座次安排

在西餐用餐时，人们对于座次的问题十分关注。越是比较正式的场合，这一点就显得越重要。与中餐相比，西餐的座次排列既有不少相同之处，也有许多不同的地方。

1. 西餐座次的安排原则

1) 恭敬主宾

在西餐中，主宾极受尊重。主宾即指主人重点邀请和招待的客人，即使用餐的来宾中有人在地位、身份、年纪方面高于主宾，但主宾仍是主人关注的中心。在排定位次时，应请男、女主宾分别紧靠着女主人和男主人就座，以便进一步受到照顾。

2) 女士优先

在西餐礼仪里，女士处处备受尊重。在排定用餐位次时，主位一般应请女主人就座，而男主人则需退居第二主位。

3) 以右为尊

在排定位次时，以右为尊依旧是基本方针。就某一特定位置而言，其右位高于其左位。例如，应安排男主宾坐在女主人右侧，而女主宾则坐在男主人右侧。

4) 面门为上

面门为上有时又叫迎门为上，即面对餐厅正门的位置，通常在序列上要高于背对餐厅正门的位置。

5) 距离定位

一般来说，西餐桌上位次的尊卑，往往与其距离主位的远近密切相关。在通常情况下，离主位近的位置高于距主位远的位置。

6) 交叉排列

用中餐时，用餐者经常有可能与熟人，尤其是与其恋人、配偶在一起就座，但在用西餐时，这种情景便不复存在了。商界人士在出席正式的西餐宴会时，在排列位次上要遵守交叉排列的原则。即男女应当交叉排列，生人与熟人也应当交叉排列。因此，一个用餐者的对面和两侧，往往是异性，而且还有可能与其不熟悉。

2. 座次排列的规则

在吃西餐时，人们所用的餐桌有长桌、方桌和圆桌之分，最常见、最正规的西餐桌是长桌。下面，介绍西餐排位的各种情况。

1) 长桌

以长桌排位，一般有两种排序方式。

方式一：男女主人在长桌中央对面而坐，餐桌两端可以坐人，也可以不坐人（见图6-4）。

方式二：男女主人分别就座于长桌两端（见图6-5）。

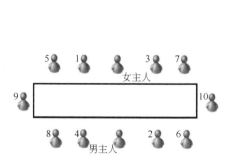

图6-4　男女主人居中而坐

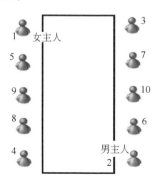

图6-5　男女主人坐于两端

某些时候，如就餐者人数较多时，还可以将长桌拼成其他图案，以便安排大家一道用餐。

2）方桌

以方桌排列位次时，就座于餐桌四面的人数应相等。在一般情况下，一桌共坐 8 人，每侧各坐两人的情况比较多见。在进行排列时，应使男、女主人与男、女主宾对面而坐，所有人均各自与自己的恋人或配偶坐成斜对角（见图 6-6）。

3）圆桌

在西餐里，使用圆桌排位的情况并不多见。在隆重而正式的宴会里，则尤为罕见。其具体排列，基本上是各项规则的综合运用（见图 6-7）。

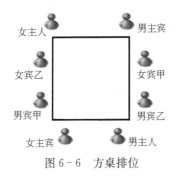

图 6-6　方桌排位　　　　　图 6-7　圆桌排位

便宴可以不拘束于正规的席位排列，但可以根据主宾关系和便宴规格、场合等，参照上面所列的桌次席位安排规则或惯例，选择随意或半正式或正式的桌次席位排列方法。

6.2.3　西餐餐具的使用

与中餐餐具相比，西餐桌上的餐具要更多些，吃每一样东西要用特定的餐具，不能替代或混用。

1. 西餐的餐具

广义的西餐餐具包括刀、叉、匙、盘、杯、餐巾等。其中盘又有菜盘、布丁盘、奶盘、白脱盘等；酒杯更是讲究，正式宴会几乎每上一种酒，都要换上专用的玻璃酒杯。

狭义的餐具则专指刀、叉、匙三大件。刀分为食用刀、鱼刀、肉刀（刀口有锯齿，用以切牛排、猪排等）、黄油刀和水果刀。叉分为食用叉、鱼叉、肉叉和虾叉。匙则有汤匙、甜食匙和茶匙。公用刀、叉、匙的规格明显大于餐用刀、叉、匙。

西餐餐具的摆法如图 6-8 所示，垫盘放在餐席的正中心，盘上放折叠整齐的餐巾或餐纸（也有把餐巾或餐纸拆成各种造型放在玻璃杯内的）。两侧的刀、叉、匙排成整齐的平行线，如有席位卡，则放在垫盘的前方。所有的餐刀放在垫盘的右侧，刀刃朝向垫盘。各种匙类放在餐刀右边，匙心朝上。餐叉则放在垫盘的左边，

图 6-8　西餐餐具的摆法

叉齿朝上。一个座席一般只摆放三副刀叉。面包碟放在客人的左手边，上置面包刀（即黄油刀，供抹奶油、果酱用，而不是用来切面包的）一把，各类酒杯和水杯则放在右前方。如有面食，吃面食的匙、叉则横放在垫盘前方。

2. 西餐餐具的用法

1）刀

宴席上最正确的拿刀姿势是：手握住刀柄，拇指按着柄侧，食指则压在柄背上。不要把食指伸到刀背上，也不要伸直小指来拿刀，这是错误的。

刀是用来切割食物的，不要用刀挑起食物往嘴里送。右手拿刀。如果用餐时，有三种不同规格的刀同时出现，一般正确的用法是：带小锯齿的那一把用来切肉制食品；中等大小的用来将大片的蔬菜切成小片；而那种小巧的、刀尖是圆头的、顶部有些上翘的小刀，则是用来切开小面包，然后用它挑些果酱、奶油涂在面包上面。切割食物时双肘下沉，手肘不要离开桌子，一则不雅观，同时这样做也为了防止正在切割的食物可能会飞出去。

2）叉

叉子的拿法有背侧朝上及内侧朝上两种。背侧朝上的拿法和刀子一样，以食指压住柄背，其余四指握柄，食指尖端大致在柄的根部，若太靠前，外观不好看；太往后，又不太能使上劲，硬的食物就不容易叉进去。叉子内侧朝上时，则如铅笔拿法：以拇指、食指按柄上，其余三指支撑柄下方；拇指和食指要按在柄的中央位置，如果太向前，会显得笨手笨脚。

左手拿叉，叉齿朝下，叉起食物往嘴里送，如果吃面条类等软质食品或豌豆等食物时，叉齿可朝上。动作要轻，捡起适量食物一次性放入口中，不要拖拖拉拉一大块，咬一口再放下，这样很不雅观。叉子捡起食物入嘴时，牙齿只碰到食物，不要咬叉，也不要让刀叉在齿上或盘中发出声响。吃体积较大的蔬菜时，可用刀叉来折叠、分切；较软的食物可放在叉子平面上，用刀子整理一下。

3）勺子

在正式场合下，勺有多种，小的是用于喝咖啡和吃甜点的；扁平的用于涂黄油和分食蛋糕；比较大的，用来喝汤或盛碎小食物；最大的是公用于分食汤的，常见于自助餐，不能搞错。汤匙和点心匙除了喝汤、吃甜品外，绝不能直接舀取其他主食和菜品；不可以将餐匙插入菜肴当中，更不能让其直立于甜品、汤或咖啡等饮料中。进餐时不可将整个餐匙全部放入口中。

6.2.4　西餐进餐礼仪

与中餐相比，西餐及进餐礼仪更为复杂，主要表现在以下几方面。

（1）用餐就座时，应由椅子左边入座。另外，不要将皮包、手机等随身物品放置于桌上。

（2）将餐巾对折平放在大腿上，折口朝外，不可塞在衣襟内，或压在腰带下。餐巾主要用途是为了防止食物残渣落在衣、裤、裙上，若用于擦嘴时，最好用四个角。在打喷嚏或从口中取出骨或刺时，可用来遮口，但切记不可以用来擦拭餐具。暂时离座时，将餐巾污秽的部分内折、叠好、放置于椅子上，用完餐，则放在桌上。

（3）较正式的西餐，座位正前方的餐盘是较大的垫盘，用来放餐盘、汤碗的，不可放食物。盘的右边放刀，左边放叉，若使用三套刀叉时，分别依序由外至内使用于开胃菜、沙拉、海鲜或肉类，超过三道菜，则会随菜摆上新的刀叉。

（4）喝汤的汤匙放于餐盘右外侧，餐盘上方放置吃甜点或水果用的小汤匙、刀或叉，要由上往下取用，奶油刀则放在左侧面包碟子上。

（5）用餐时，右手拿刀，左手拿叉，以叉子按住食物，用刀子切下能一口轻松嚼食大小的食物，再以叉子放入口中；吃大块食物时，最好切一块吃一块，不要全部切成小块后再吃；用餐时，刀、叉等餐具及嘴巴尽量不要发出声响。

（6）平时要练习使用刀叉吃鸡腿、鱼、虾、豆子、意大利面等食物，姿态要优雅，以免正式场合时失礼。

（7）喝汤时，汤匙由里往外舀起来喝，不可发出声音；若汤很烫时，不要吹，可放置一下，待稍微冷却时再喝，若汤盘中剩余的汤舀不起来，可用左手微托起汤盘的内侧，让汤集中，便可舀起，喝完后汤匙朝上放于汤盘中。

（8）餐包和饼干是可用手取食的。一般餐包是配合菜肴一起食用的，用手撕取容易入口之大小，抹上奶油或蘸酱汁食用，切不可用口撕咬。

（9）吃整条鱼时，上层吃完后不可翻转鱼身，将中央鱼骨移开再吃下层。

（10）主菜中的酱汁是该道菜的精华，用面包蘸酱汁食用是被允许的。

（11）高脚杯中，口大而浅者为香槟酒杯，口较小而深者为葡萄酒杯，小的高脚杯为烈酒杯。拿高脚杯时，要拿高脚的部位，不要拿杯体的部位，否则手的温度会降低酒的口味。另外拿高脚杯时，小指不要翘起来，在西方人的印象中这样显得轻佻。

（12）用餐途中欲放下刀叉时，应将刀刃向内，叉面向下，呈八字状放置于盘中（见图6-9）。

（13）一道菜用毕时，将刀刃向内，叉面向上，平行放于盘子的两侧，以利于服务生收取（见图6-10）。

（14）喝饮料、酒或冰水时，要先用餐巾将嘴唇轻按一下，以去除唇上过多油渍，避免沾上杯口，不雅观，但不必用力擦，将口红等擦下，反而矫枉过正。

图6-9　用餐中断

图6-10　用餐结束

【小资料】

西餐桌上最易忽视的小细节

吃西餐时，标准的使用刀叉的动作使你优雅十足，在整个用餐时的行为细节，也会暴露你是不是真懂礼仪。

1. 交换菜盘来吃

在普通餐厅与他人交换菜盘来吃无所谓，但如果在正式场合，就是一大禁忌。如果想吃对方的菜，就叫服务人员拿来预备盘，盛在里面来交换菜肴。

2. 边喝汤边吃面包

点全餐时，喝完汤才能吃面包。不要因为面包已经端来，就边喝汤边吃面包。

3. 把提包放在桌上

即使是小型提包，放在桌上也是失礼的，应该放在自己的后背和椅背之间或脚边。

4. 大声叫服务人员

一流餐厅的服务人员会时常留意客人的举动，因此不必大声叫服务员。只要轻轻举起一只手，就会马上有人过来为你服务。

5. 在用餐时吸烟

用餐时吸烟是禁忌。

6. 自己任意决定座位

不等带位就自行决定座位是失礼的行为。如果不满意服务人员带的座位，可请教是否可以换其他座位。

6.3　饮品礼仪

酒水，在一般情况下，是对于用来佐餐、助兴的各种酒类的一种统称。

在现代生活中，尤其在人际交往之中，酒水扮演着不可或缺的角色。亲朋好友相处，持杯把盏，小酌几杯，"醉翁之意不在酒，而在乎山水之间也"。此时此刻，可以用酒来充当人际交往的特殊媒介，而且只要把握适度，饮酒还可以助人舒筋活血，驱寒除湿，防病健身。

自古以来，在世界各国，酒水在社交场合，尤其在宴请、聚餐活动中都一直发挥着重要的作用。久而久之，有关酒水的选择、饮用及待客、佐餐等一系列方面的做法，已经形成了一整套规范、完备的礼仪。

酒水礼仪的基本内容，主要涉及酒水的种类和酒水的饮用两个问题。

6.3.1　酒水的种类

餐饮活动中，酒水的种类成百上千，非常之多。就目前而言，在国内所见最多的酒水主要有白酒、啤酒、葡萄酒、香槟酒、白兰地、威士忌、鸡尾酒及软饮料等。为了很好地掌握这些酒水的主要特性，以便对其正确地、有益无害地加以饮用，有必要对其进行相应的了解。

1. 白酒

1）白酒的特色

白酒，亦名烧酒、白干。它是高粱、玉米、甘薯等粮食，或某些果品，经发酵、蒸馏制成的一种酒类。它通常没有任何颜色，而且酒精含量大都比较高，属于典型的烈性酒。白酒在我国各地均能生产，但因工艺的不同，而分成各种香型。当前，最著名的白酒有茅台酒、五粮液酒、剑南春酒、酒鬼酒等。

2）白酒的饮用

白酒可以净饮干喝，也可以用来帮助吃菜下饭，有时候甚至还可以泡药作引。不过，白酒不能与其他酒类或汽水、可乐等软饮料混合同饮，否则极易醉酒。

在正式场合喝白酒，讲究以专用的瓷杯或玻璃杯盛酒。它们"肚量"不大，所以喝白酒讲究"酒满敬人"和"一饮而尽"。喝白酒时，通常不必加温、加冰，也不必加水对其稀释。

2. 啤酒

啤酒，是外国人发明的一种历史悠久的酒类。严格地说，在国外，人们主要把啤酒当成是一种日常饮料，而并不把它当作真正的酒来看待。

1）啤酒的特色

啤酒，又叫麦酒。它是一种用大麦和啤酒花为主要原料，经发酵而制成的酒类。它含有大量的泡沫和特殊的香味，味道微苦，酒精度较低，一般在 4% 左右。

目前，世界各国都出产啤酒，但它主要分为德国式、捷克式和丹麦式等三大类型。根据工艺的不同，又有生啤、熟啤之分，黄啤、黑啤和红啤之别。较为知名的啤酒品牌有德国的贝克、荷兰的喜力、丹麦的嘉士伯、美国的百威、日本的朝日、中国的青岛和燕京等。

2）啤酒的饮用

饮用啤酒，一般应采用倒三角形或带把的啤酒杯，饮用它的最佳温度是 7 ℃左右，所以不要加冰或久冻。喝啤酒时，讲究大口饮用。

在国外，啤酒是上不了筵席的。然而在国内，它却在社交聚餐中频频露面。此外，啤酒还可以作为消暑解渴的最佳饮品。

3. 葡萄酒

1）葡萄酒的特色

葡萄酒，即以葡萄为主要原料，经发酵酿制而成的一种酒类。它的酒精含量不高，味道醇美，富含营养。根据其色彩的不同，葡萄酒有白葡萄酒、红葡萄酒和桃红葡萄酒之分。根据其糖分含量的不同，又可将葡萄酒分为干、半干、微干、微甜、半甜和甜等几种类型。目前干葡萄酒是世界上最流行的种类。这里所谓的"干"，是指它基本不含糖分。葡萄酒的酒精度在 12% 左右。在世界上，最有名气的葡萄酒产地是法国的波尔多地区。

2）葡萄酒的饮用

葡萄酒不仅可以佐餐，而且也可以单独饮用。喝不同的葡萄酒，对其温度有不同的要求。白葡萄酒宜在 7 ℃左右喝，故应当加冰块；而红葡萄酒则在 18 ℃左右饮用最佳，故不宜加冰块。喝葡萄酒时，要用专门的高脚玻璃杯。喝白葡萄酒时，要捏着杯脚；而喝红葡萄酒时，则讲究握住杯身。喝葡萄酒时兑可乐或雪碧的做法是不正确的。

桃红葡萄酒，又叫玫瑰红葡萄酒。它的口味、喝法与白葡萄酒略同，而且因其色泽柔美，多为女性所喜爱。

【小知识】

法国葡萄酒的真假鉴别

法国是世界葡萄酒的主要产区，下面简单介绍法国葡萄酒的鉴别方法：

第一步，看酒瓶外观。

（1）看酒瓶标签印刷是否清楚？是否仿冒翻印？

（2）看酒瓶的封盖是否有异样？有没有被打开过的痕迹？

（3）看酒瓶背面标签上的国际条形码是否以"3"字打头：法国国际码是 3。

第二步，看葡萄酒液。

（1）看葡萄酒的颜色是否不自然？

（2）看葡萄酒上是否有不明悬浮物？（注：瓶底的少许沉淀是正常的结晶体）

（3）酒质变坏时颜色有混浊感。

第三步，看酒塞标识。

打开酒瓶，看木头酒塞上的文字是否与酒瓶标签上的文字一样？在法国，酒瓶与酒塞都是专用的。

第四步，闻葡萄酒的气味。

如果葡萄酒有指甲油般呛人的气味，就说明葡萄酒已经变质了。

第五步，品葡萄酒的口感。

（1）饮第一口酒，酒液经过喉头时，正常的葡萄酒是平顺的，问题酒则有刺激感。

（2）咽酒后，残留在口中的气味有化学气味或臭气味，则不正常。

（3）好葡萄酒饮用时应该令人神清气爽。

---

4. 香槟酒

在国内，香槟酒的知名度一直比较高，而且其实际应用也较为广泛。

1）香槟酒的特色

香槟酒，也叫发泡葡萄酒，或者"爆塞酒"。实际上，它是一种以特种工艺制成的、富含二氧化碳的、起泡沫的白葡萄酒。因其产于法国香槟地区，故得此名。其酒精度在 10％ 左右、口感清凉、酸涩，且有水果香味。

2）香槟酒的饮用

香槟酒以在 8 ℃ 左右饮用为佳，故在饮用之前须将其暂时冷藏于冰桶之内。开瓶时，可稍事摇晃，然后再启去瓶塞。届时，它就会连泡带酒一同奔涌而出，为人平添欢快的气氛。饮用香槟，须用郁金香形的高脚玻璃杯，并应以手捏住杯脚。香槟酒可用来佐餐、祝酒，也可以单独饮用，或者是在庆典仪式上以之为人助兴。

5. 白兰地酒

在所有洋酒中，白兰地酒是最为名贵的。过去，它曾一度与威士忌酒和茅台酒被并称为"世界三大名酒"。

1）白兰地酒的特色

白兰地酒，亦为葡萄酒大家族里的特殊一员，它是用葡萄干发酵之后蒸馏精制而成的，故此又叫作蒸馏葡萄酒，它的酒精度约为 40％，色泽金黄，香甜醇美。世界上知名的白兰地酒的品牌有马爹利、轩尼诗、人头马、拿破仑等，并以产于法国干邑地区、储存时间较长为佳。

2）白兰地酒的饮用

与白酒有所不同，以白兰地为代表的洋酒大都是以盎司计量的，因此它不讲究"酒满敬人"。饮白兰地酒的最佳温度为 18 ℃，故应将其盛在专用的大肚、收口、矮脚杯内。先以右手托住杯身观其色彩，并以手掌为其加温。随后，待其香味洋溢时，闻过之后再慢慢小口品味。

6. 威士忌酒

假如说白兰地酒是洋酒之中的"贵族"，那么相对来说物美价廉的威士忌酒则是雅俗共赏的洋酒。

1）威士忌酒的特色

威士忌酒，是一种用谷物发酵酿造而成的烈性蒸馏酒。它的口味浓烈、刺激，酒精度约为 40%。在世界各国生产的威士忌酒中，首推英国苏格兰地区生产的威士忌酒最为有名，其知名品牌有尊尼获加、威雀、老伯、添宝等。

2）威士忌酒的饮用

威士忌酒可以干喝，不过加入冰块、苏打水或姜汁后，其味道更好。喝威士忌酒时，最好采用专门的平底小玻璃杯，耐心细致地慢慢将其品尝。喝威士忌，不但可以自斟自酌，而且也可以去酒吧里喝。

7. 鸡尾酒

1）鸡尾酒的特色

准确地讲，鸡尾酒并非某一种类的酒，而是一种混合型的酒。它是用各种不同的酒，以及果汁、汽水、蛋清、糖浆等其他饮料，按照一定的比例，采用专门的技法调配而成的。它的口味有浓有淡，酒精的含量有多有少，但其共同特点是异彩纷呈，层次分明，闪烁不定，好似雄鸡之尾，故被叫作鸡尾酒。比较有名的鸡尾酒有马提尼、曼哈顿、红粉佳人、血腥玛丽、亚历山大、螺丝起子、天使之吻等。

2）鸡尾酒的饮用

饮用鸡尾酒，可以去酒吧，也可以在聚餐之时。为了便于观赏其独具特色的丰富色泽，最好用高脚广口的玻璃杯去盛鸡尾酒。讲究之人，往往不会把数种不同的鸡尾酒混杂在一起饮用。

8. 其他软饮料

1）果汁

果汁品种繁多，常见的果汁有橙汁、柠檬汁、番茄汁、西柚汁、菠萝汁、西瓜汁、苹果汁和葡萄汁等，目前还盛行黄瓜汁、胡萝卜汁等蔬菜汁。

果汁通常可分为三类：一是现榨果汁，即用新鲜水果放入榨汁机中现榨而成，一般保存时间较短，在冷藏箱中仅能存放 24 小时；二是瓶（罐）装果汁，开瓶（罐）后即可饮用，但需冷藏，其保存时间一般为 3～5 天（开瓶后）；三是浓缩果汁，在加冷开水稀释后即可饮用，也需冷藏，开瓶（罐）后的浓缩果汁的保存期为 10～15 天，稀释后的果汁为 2 天左右。另外，还有用果汁粉冲泡制成的饮品。

2）矿泉水

矿泉水因水质纯净、无杂质污染、富含多种矿物质而深受消费者欢迎。

饭店中常见的矿泉水有法国的皮埃尔矿泉水、伊维安矿泉水及中国的崂山矿泉水等。近年来世界各地均开发了许多优质矿泉水源，不断有新品面市，各饭店可根据需要选用。

3）汽水

汽水是一种富含二氧化碳气体的饮料，品种繁多，大致可分为可乐型汽水、柠檬（或橙）味汽水及奎宁类汽水等几类。

可乐型汽水的名品主要有可口可乐和百事可乐；柠檬味汽水的名品有雪碧、七喜等，橙味汽水则有新奇士等；而奎宁类汽水在酒吧较为常见，主要有汤力水和苦柠水等。

4）咖啡

咖啡是一种营养较为丰富的饮料，既能提神解渴，又能助消化，所以深受消费者喜爱，特别是欧美客人，更将其作为日常生活中必不可少的一部分。

咖啡的调制方法主要有冲泡法和蒸馏法两种。

（1）冲泡法。冲泡法是将沸水冲浇在咖啡粉（用滤袋装好）上，浸泡三分钟后滤入咖啡壶或咖啡杯中即可。

（2）蒸馏法。蒸馏法主要是在咖啡机内自动加工完成，成品应盛放在咖啡壶内搁在咖啡保温炉上，随时斟倒。将咖啡调制好后再加上不同的配料，即可制出各式风味的咖啡饮料。最常见的咖啡是清咖啡（black coffee），在饮用时可根据自己的喜好，加入适当的奶和糖。也可在咖啡中加入泡沫奶油而成为意大利咖啡，还可制成爱尔兰咖啡（加入爱尔兰威士忌，是一种混合饮料）。

5）茶

茶树原是一种野生植物，据记载第一个发现并饮用茶叶的是四千多年前的神农帝。至隋唐时期，我国人民渐渐养成饮茶习惯，并传输至国外。茶既是一种解渴饮料，又能利尿解毒、帮助消化，所以茶是一种较受人们喜爱的饮料。

（1）茶叶的种类。

① 绿茶。绿茶是不发酵茶，经高温杀青（如炒、烘等）制成，冲泡后汤色和叶片均呈绿色。其名品有杭州的西湖龙井、江苏的碧螺春、安徽的黄山毛峰等。绿茶较受我国江南一带人的喜爱。

② 红茶。红茶是全发酵茶，冲泡后汤色和叶底均呈棕红色。其名品有安徽祁门红茶、广东英德红茶、四川红茶、云南红茶等。红茶较受我国的老年人和欧美客人喜爱。

③ 乌龙茶。乌龙茶是一种半发酵茶，其叶片中心呈绿色，边缘呈红色，兼有绿茶和红茶的特色。其名品有福建的铁观音、武夷岩茶等。乌龙茶较受南方沿海地区人们的喜爱。

④ 花茶。花茶又称香片，是在茶叶中加入香花特制而成，既有茶香又有花香。其名品有茉莉花茶、玉兰花茶等。花茶较受我国北方人喜爱。

⑤ 紧压茶。紧压茶是以各种成品茶为原料经蒸软后放入模具压制成砖状或饼状的块形茶，故又被称为砖茶或饼茶。其名品有青砖、茯砖、米砖、普洱茶等。紧压茶较受我国内蒙古、新疆、西藏等地区的消费者喜爱。

（2）泡茶方法。茶是一种有益于健康的饮料，但饮用不当会有一定的副作用。一般来说，每杯茶放二三克茶叶即为中等浓度，且冲泡三次即可，因多泡会将茶叶中的有害成分浸泡出来。

泡茶用的茶具以陶器为最佳，其次为瓷器，最后为玻璃器皿及其他器皿（如不锈钢器皿等）。泡茶的水温以在 80 ℃左右时为最理想。如水温太高，会将茶叶"烫熟"，头泡茶苦涩，二泡、三泡则无味；但水温过低，则会使茶叶浮而不沉、不香不醇。

（3）饮茶礼仪。饮茶既是一种解渴方法，又是一种享受。冲泡以后，先闻茶香，再看茶色，然后才慢慢地品茶，不要大口大口地喝。

饮茶的时候，可以把水面上的茶叶轻轻吹开。如果有茶叶到了嘴里，可以吃了它；把茶叶吐在桌子上是不礼貌的。

主人向客人敬茶时，可以一手拿杯子，一手托杯底；客人应双手接过。在南方，当主人给客人倒茶或加水时，客人要用手指（通常是食指和中指）在桌面上轻轻敲几下，表示感谢。

【小知识】

茶叶的鉴别

茶叶外貌的感官鉴别也称"干看"，即取茶叶样品（嫩枝、幼叶和新芽等）置掌中或单色背景下，用肉眼或借助于放大镜进行观察，再辅以鼻嗅、口嚼。

（1）外形鉴别

良质茶叶——绿茶、红茶、花茶以条索紧细、圆直或弯直光滑，质重匀齐者为优质。乌龙茶以条索肥壮、圆芽的外形颗粒形圆而紧实者为佳，越圆越紧越细越重就越好。外形呈条索状的茶叶，以条索紧细、圆直成弯直光滑，质重均齐者为优质。外形圆形的茶叶，以越圆越紧越细光滑而质重为优良。外形扁平的茶叶，以平扁挺直光滑为上品。

次质茶叶——条索、圆形、扁平三种形状的茶叶，凡是外形看上去粗糙、松散、结块、热曲、短碎者均为次质。

（2）色泽鉴别

色泽鉴别主要是看干茶的色度和光泽度，色泽状况如何，也能反映出茶叶原料的鲜嫩程度和做工的好坏。

良质茶叶——红茶、花茶以深褐色或青黑色、油润光亮的为上品，绿茶以茶芽多有翠绿色、油润光亮的为上品，包装茶贵在有灰白点的青蛇皮状，并有深绿色，乌龙茶以红、青、白三色明显的为上品，紧压茶以色泽黝黑者为优。

次质茶叶——无论是何品种的茶叶，凡是有色泽深浅不一，枯干、花杂、细碎，灰暗而无光泽等情况的均为次质。

（3）嫩度鉴别

嫩度鉴别，即通过芽尖和白毫的多少来判断叶质的老嫩程度。

6.3.2　酒水的饮用

要真正做到善用酒水、合乎礼仪，一般需要特别注意搭配菜肴、敬酒干杯和酒量适度等三大问题。

1. 搭配菜肴

酒水的主要功能，是在用餐时开胃助兴。然而欲使酒水正确地发挥这一作用，就必须懂得酒菜搭配之道。只有这样，二者才能相得益彰。

1）中餐中酒菜的搭配

若无特殊规定，正式的中餐宴会通常要上白酒与葡萄酒这两种酒。由于饮食习惯方面的原因，中餐宴请中葡萄酒多半是红葡萄酒，而且一般都是甜红葡萄酒。选用红葡萄酒，是因为红色充满喜气，而选用甜红葡萄酒，则是因为不少人对口感不甜、微酸的干红葡萄酒不太认同。通常在用餐者的正前方，排列着大小不等的三只杯子，自左而右，它们依次分别是白酒杯、葡萄酒酒杯、水杯。具体来讲，在搭配菜肴方面，中餐所选的酒水讲究不多。爱喝什么酒就可以喝什么酒，想什么时候喝酒亦可完全自便。正规的中餐宴会一般不上啤酒。在便餐、大排档中，它的身影更为多见。客观地讲，与之搭配凉菜，效果要更好一些。

2）西餐中酒菜的搭配

在正式的西餐宴会里，酒水是主角，不仅价格最高，而且它与菜肴的搭配也十分严格。一般来讲，吃西餐时，每道不同的菜肴要搭配不同的酒水，吃一道菜便要换上一种新的酒水。

西餐宴会中的酒水，一共可以分为餐前酒、佐餐酒和餐后酒三种。

（1）餐前酒。餐前酒也称开胃酒，通常是具有强烈辣味的酒，如鸡尾酒、苦艾酒、雪利酒、苏格兰威士忌、马丁尼等。

（2）佐餐酒。佐餐酒多选用葡萄酒。一般白葡萄酒（white wine）配海鲜鱼虾等白肉，红葡萄酒配牛肉、猪肉等红肉。红葡萄酒适于在 18 ℃左右饮用，白葡萄酒和粉红葡萄酒则适宜在 7 ℃时饮用，香槟则应冷冻至 4 ℃～5 ℃饮用才好，这就是为什么在进西餐时需将酒冷冻在冰桶里的原因。

（3）餐后酒。餐后酒通常选用白兰地，如法国的勃艮第、波尔图酒、利口酒等。其作用主要是可以提神，去掉吃饱后的疲倦感。

【小知识】

酒 的 酒 龄

在酒的酒瓶包装上，常常会有一些特定符号，如 Hennessy X. O.，X. O. 是指什么意思呢？原来，酒瓶上的这些符号是表示该酒酿造出来后窖存的年代。年代越久远，酒越醇香，因此也就越名贵，酒龄符号与年代对应如下所示：

标识	酒龄
＊	3 年
＊ ＊	4 年
＊ ＊ ＊	5 年
V. O.	10～12 年
V. S. O.	12～17 年
V. S. O. P.	20～25 年
V. U. S. O. P.	40 年
X. O.	40 年以上

当然，不同牌号的酒，某些符号代表的年代是不尽相同的，如拿破仑酒，一个星号 ＊ 代表的酒龄是 8 年。

2. 敬酒干杯

在较为正式的场合，饮用酒水颇为讲究具体的程序。在常见的饮酒程式之中，斟酒、祝酒、干杯应用最多。

1）斟酒

通常，酒水应当在饮用前再斟入酒杯。有时，男主人为了表示对来宾的敬重、友好，还会亲自为其斟酒。在侍者斟酒时，勿忘道谢，但不必拿起酒杯。可是在男主人亲自来斟酒时，则必须端起酒杯致谢，必要时，还须起身站立，或欠身点头为礼。有时，亦可向其回敬以"叩指礼"。即以右手拇指、食指、中指捏在一起，指尖向下，轻叩几下桌面。这种方法适用于中餐宴会上，它表示的是在向对方致敬。

主人为来宾所斟的酒，应是本次宴会上最好的酒，并应当场启封。斟酒时要注意三点：其一，要面面俱到，一视同仁，切勿有挑有拣，只为个别人斟酒；其二，要注意顺序，可以依顺时针方向，从自己所坐之处开始，也可以先为尊长、嘉宾斟酒；其三，斟酒需要适量。白酒与啤酒均可以斟满，而其他酒则无此讲究，但若斟得过满乱流，显然未必合适。

除主人与侍者外，其他宾客一般不宜为他人斟酒。

2）敬酒

敬酒，也称祝酒，是指在正式宴会上，由男主人向来宾提议，为了某种事由而饮酒。在敬酒时，通常要讲一些祝愿、祝福之言。在正式的宴会上，主人与主宾还会郑重其事地发表一篇专门的祝酒词。因此，敬酒往往是酒宴中必不可少的一项程序。

敬酒，可以随时在饮酒的过程中进行。频频举杯祝酒，会使现场氛围热烈而欢快。不过，要是致正式的祝酒词的话，则应在特定的时间进行，并以不影响来宾用餐为首要考虑。

通常，致祝酒词最适合在宾主入席后、用餐前开始。有时，也可以在吃过主菜之后、甜品上桌之前进行。

不管是致正式的祝酒词，还是在普通情况下祝酒，内容均应越短越好，千万不要连篇累牍、长篇大论、喋喋不休，让他人等候良久。

在他人敬酒或致辞时，其他在场者应一律停止用餐或饮酒，应坐在自己座位上，面向对方认真地洗耳恭听。对对方的所作所为，不要小声讥讽，或公开表示反感。

3）干杯

干杯，通常是指在饮酒时，特别是在祝酒、敬酒时，以某种方式，劝说他人饮酒，或是建议对方与自己同时饮酒。在干杯时，往往要喝干杯中之酒，故称"干杯"。有的时候，干杯者相互之间还要碰上一下酒杯，所以它又被叫作"碰杯"。

干杯，需要有人率先提议。提议干杯者，可以是致祝酒词的主人、主宾，也可以是其他任何在场饮酒之人。提议干杯时，应起身站立，右手端起酒杯，或者用右手拿起酒杯后，再以左手托扶其杯底，面含笑意，目视他人，尤其是对自己祝福的对象，要口颂祝贺之词。如祝对方身体健康、生活幸福、节日快乐、工作顺利、事业成功及双方合作成功等。

在主人或他人提议干杯后，应当手持酒杯起身站立。即便滴酒不沾，也要拿起水杯示意。在干杯时，应手举酒杯至双眼高度，口道"干杯"之后，将酒一饮而尽，或饮去一半，或适最少饮，然后还须手持酒杯与提议干杯者对视一下，这一过程方告结束。

过去，在中餐中喝白酒，干杯必须一饮而尽，杯内不剩残酒，现在则不必非得如此。在西餐里，祝福干杯讲究只用香槟酒，而绝不可以啤酒或其他葡萄酒滥竽充数。饮香槟干杯时，应饮去一半杯中酒为宜，但也要量力而行。

在中餐里，还有一个讲究。即主人亲自向自己敬酒干杯后，应当回敬主人，与他再干一杯。回敬时，应右手持杯，左手托底，与对方一同将酒饮下。

有时，在干杯时，可稍为象征性地与对方碰一下酒杯。碰杯时，不要用力过猛，非听到响声不可。出于敬重之意，可使自己的酒杯低于对方酒杯。与对方相距较远时，可以"过桥"之法作为变通，即以手中酒杯之底轻碰桌面。这样做，也等于与对方碰杯了。不过，这一方式只是中式的。在西餐宴会上，人们是只祝酒不劝酒，只敬酒而不真正碰杯的。使用玻璃酒杯时，尤其不能彼此碰杯。在西式宴会上，越过身边之人，而与相距较远者祝酒干杯，或是交叉干杯，都是不允许的。

3. 酒量适度

不管是在哪一种场合饮酒，都要注意酒量适度，努力保持风度，做到"饮酒不醉为君子"。

【小资料】

碰杯礼的由来

人们喜欢在喝酒之前碰杯，这个习惯现在遍及全世界。这是怎么来的呢？

有人认为碰杯礼是由古希腊人创造的。传说古希腊人发现当人在喝酒时，很多器官都可以分享到喝酒的乐趣：鼻子可以嗅到酒的香气，眼睛可以看到酒的颜色，舌头更可以辨别酒的味道，唯有耳朵被排除在这一享受之外。怎么办呢？聪明的古希腊人终于想出一个办法：在喝酒之前，互相碰一下杯子，杯子发出的清脆响声立即传入耳际，这样，耳朵也和其他器官一样高兴了。

有人则认为碰杯礼起源于古罗马。古罗马崇尚武功，常常开展"角力"竞技。竞技前选手们习惯饮酒，以示相互勉励之意。由于酒是事先准备好的，为了防止有心术不正的人给对方喝的酒中暗放毒药，人们便想出一个防范的办法：在角力前，双方同时将自己的酒向对方的杯中倾注一些；后来逐渐变为碰杯礼。

资料来源：陈烜. 旅游交际礼仪. 大连：大连理工大学出版社，2010.

6.4 聚会礼仪

所谓聚会，准确而言，是指两个或两个以上的人，为了一定的目的，或是从事某种活动而聚集在某一地方。实际上，聚会就是人们所进行的一种集体活动。

人们所进行的社交聚会，在现实生活中存在着多种多样的具体形式。其中，最常见的聚会形式有宴会和舞会等。参与社交聚会时，必须遵守必要的礼仪规范。这些礼仪规范，就是所谓的聚会礼仪。

6.4.1 宴会礼仪

宴会，比较严格地说，是一种正式而隆重的宾主在一起用餐的集会。根据交际礼仪的规范，宴会应被视为一种高层次的社交活动形式。

在日常交往中，人们经常会以宴会的形式款待客人，不论吃中餐还是西餐，不论宴会的具体形式是庄严隆重还是轻松随意，我们都应牢记，自己是置身于一种交际应酬的场合，而不是在自己的家中与家人一道用餐。在宴会上勿忘交际，勿忘遵守礼仪，时刻严于律己。

1. 宴会前期的准备工作

（1）确定宴会的宴请形式、规模和规格。

（2）确定主持人。主持人必须有一定的组织能力、交际能力、表达能力和控制能力。

（3）确定宴会的时间、地点，并准备好请柬。

（4）确定邀请的对象、范围，并及时发出请柬。

邀请参加宴会的对象必须是与本组织或与本次宴会有直接利益关系的代表人物，既不要遗漏，也不能随便乱请。参加宴会者的身份应该相当，否则会使宾客感到有点"滥竽充数"。邀请对象一旦确定，就必须马上发请柬，以免误时误事。通常应提前一周左右将请柬发出，以便于客人及早安排和回复。

（5）订菜。订菜应尽量适合宾客的口味，尽量考虑宾客的年龄、性别、风俗习惯、健康状况等，尤其要注意各民族不同的饮食习惯。菜单一经确定，即可印制。菜单可一桌一份或两份，也可每人一份做纪念。

（6）安排好桌次和席位。正式宴会和比较讲究的一般宴会都需安排好桌次和席位。按照国际惯例，桌次高低以离主桌位置远近而定，一般是右高左低，桌数多时应安排桌次牌。

正式宴会一般都事先安排好席位座次，并且要在入席前通知每一位出席者。在安排席位时应注意以下几点。

第一，以主人为中心。若有女主人出席，则以主人和女主人为中心，以靠主人位置远近来体现主次。

第二，以右为上。即主人的右手位置是最主要位置。

第三，把主宾和主宾夫人安排在显要位置。按照国际惯例，男主宾常被安排在女主人右边，而女主宾则被安排在男主人右边。

第四，夫妇一般不相邻而坐。西方国家习惯上把女主人安排在男主人对面，男女穿插安排。女主人通常面向上菜的门，是宴会的中心位置。我国和其他一些国家一般都以男主人为中心，将主宾夫妇分别安排在男主人的右边和左边，女主人则安排在女主宾的左边。

第五，在涉外交往中，译员一般安排在主宾的右边，以便于翻译。

第六，主宾双方人员应穿插安排，并注意礼宾次序。若遇特殊情况，如某人本该出席因故未出席，而座次已事先排好，此时应灵活调整。

2. 宴请的礼仪

在宴会的组织和进行过程中，工作人员应注意一些礼节和行为规范，主要包括以下几个方面。

1）迎接宾客

接待人员、主持人应提前到达宴会地点，在一切安排就绪后，到门口准备迎宾。宾客到达时，作为主人应在门口热情相迎、问候、握手、寒暄几句以示欢迎。

2）引宾入席

引宾人员指引来宾到事先指定的位置坐好。一般是先引主宾，后引一般来宾依次入座。

如果有女宾，则先引女宾后引男宾入座。如果宴会规模较大，也可先将一般客人引入座位，然后引主宾入座。接待人员应将椅子从桌子下拉出，扶好后请客人落座。

3）上菜

主宾及大部分客人落座后便可上菜。上菜是从女主宾开始的，如果没有女主宾则从男主宾开始。上菜一般从主宾的左边上，饮料从右边上。新上的菜要先放在主宾面前，并介绍名称。如果上全鸡、全鱼菜时，应将其头部对准主宾或主人。宴会行将开始时，为所有的来宾斟酒。

4）祝酒

主持人宣布宴会正式开始后，东道主的主人致祝酒词，接着是全体干杯，然后由主宾致答谢词（一般宴会也可省略）。当主宾祝酒致辞时，接待人员和服务人员应停止一切活动，找一个适当位置站好，在干杯之后将酒斟满。

5）主持人和主人应注意活跃会场气氛

主持人或主人应抓住时机，提出一些大家共同感兴趣的问题，引出话题，调动大家的积极性，使宴会自始至终处于热烈、亲切、友好的气氛之中。作为主人，应适当向客人敬酒，以示友好和尊重。

6）送客

当主客双方酒足饭饱时，主人与主宾起立，大家随之，这时宴会即告结束。此时接待服务人员应将主宾等的椅子向后移动，方便主宾等客人离座。当主宾及客人准备告辞时，主人及东道主的接待服务人员应送到门口，握手话别。

3. 赴宴的礼仪

参加重要的宴会活动时，赴宴者应该从以下几方面注意自己的言行举止。

（1）应注意仪表修饰，尽可能整齐、干净、美观地赴宴。

（2）遵守时间，既不要过早，给人急于就餐的感觉，又不能迟到，显得对主人和来宾不礼貌；可以比主人约定时间早到 15～20 分钟。

（3）到了以后要在接待桌上签名，向主人打招呼，对其他宾客笑脸相待。

（4）宴会开始前，可与邻近来宾交谈、自我介绍，不要把自己封闭起来，不与他人交流。

（5）入席要遵守主人的安排，不要随便乱坐。如果邻座是妇女或年长者，应抽开座椅，主动协助她们先坐下。

（6）宴会开始或结束都要听主人的招呼，没有宣布开始不要动筷子；没有宣布结束，即使吃饱了，也不能擅自离席。散席时，要与主人道别，不要悄无声息地走了。

6.4.2　舞会礼仪

舞会，一般是指以参加者自愿相邀共舞为主要活动项目的一种文娱性社交聚会。在舞会上，人们可以自娱，同时兼以娱人。大凡正规的舞会，其组织者、参加者均须自觉地遵守有关的礼仪规范，正规舞会在其本质上属于社交活动。

在优美的乐曲、美妙的灯光、高雅的舞姿的相互衬托下，人们不仅可以从容自在地获得自我放松，恰到好处地展示自己的个人修养，而且还可以联络老朋友、结识新朋友，进一步扩大自己的社交圈，所以舞会也称为交谊舞会。

舞会礼仪涉及多方面的内容，大体可分为两方面：一是舞会的策划和主办者应注意的礼仪问题，主要涉及举办舞会的目的、主办单位与主持人的确定、舞会的规模、时间、场地、音乐等；二是舞会的举办人和参加者应当注意遵守的礼仪规范问题。下面主要讨论第二个问题。

1. 主人应注意的礼仪

（1）男女主人必须招呼男女主宾至舞池边安排好的座位，并介绍其他来宾与主宾相见。

（2）男女主人应留意为无舞伴之男宾或女宾介绍舞伴。

（3）舞会中宜请友好人士兼做招待，以免舞会进行时，会有宾客冷落一旁。

（4）一般而言，男主人必须邀请女主宾共舞至少两次，否则会失礼。

（5）男主人应邀无男伴之女宾共舞，不能让无男伴的女宾受冷落。

2. 邀请舞伴的礼仪

1）男士要主动邀请女士

根据惯例，在舞会上邀请舞伴时，男士应当主动邀请女士。舞曲响起后，男士可行至拟邀跳舞的女士面前，先跟与她一起在座的男士或其他人点头示意，然后向邀舞女士点一下头，或者欠身施礼，目视对方轻声说："请您赏光"或"可以请您跳舞吗？"当然，女士也可以主动邀请男士跳舞，具体做法与男士邀请女士相类似。

要特别注意的是，在一般情况下，女士可以拒绝男士的邀请，而男士一般不宜谢绝女士。在正式的舞会上，一个人不宜单独跳舞，更不宜同性共舞，尤其是男性共舞，特别是有外宾参加的舞会，这是最基本的规矩。

2）拒绝邀请应该得体

在舞会上一般不宜对邀请表示拒绝。如果出于某种原因，不想接受他人的邀请，只要做得得体，也不算失礼。最佳的拒绝方法是"我想暂时休息一下"，或者"这首舞曲我不大会跳"，以便给邀请者一个台阶下，当然也不要马上接受其他人的邀请。

3）要服从社交任务，顾全大局

邀请舞伴时不能单凭个人好恶，还须兼顾现实社交任务的需要，应遵守以下规范。

（1）有意识地多交换舞伴，扩大社交面。

（2）主人要重点照顾好自己的主要客人。自第二支舞曲开始，主人应按尊卑顺序依次邀请主要客人各跳一曲。演奏第二首舞曲时，男主人应邀请女主宾，男主宾应当回邀女主人；女主人也可以邀请男主宾。演奏第三首舞曲时，男主人应邀请次女主宾，次男主宾则应当回邀女主人；女主人也可以邀请次男主宾……

（3）作为来宾在邀请舞伴时有较大的选择，但应当主动抽时间邀请一下主人，而不一定等待对方来邀请自己。对于同来之人，以及被介绍给自己的人，如果有可能也应相邀一次。

3. 跳舞过程的礼仪

1）注意上场、下场的规矩，给舞伴应有的尊重

上场时，男士应主动跟在女士身后，让对方来选择跳舞地点。下场时，不宜在舞曲未完之际先行离去。男士可在原处向女士告别，或是把对方送回原来的地方再离开。

2）舞姿应当文明优美

跳舞时，身体要端正通常为男士领舞，领舞与伴舞者之间不宜相距过近，双方胸部应有30 cm左右间隔，以维护自己的人格尊严。跳舞时，男女双方都不要目不转睛地凝望对方，也不要表情不自然。男士不可把女士的手捏得太紧，不可把整个手掌全贴在女士的腰上。不要在旋转时把女士拖来扯去，或是腿部过分伸入女方两腿之间。女士不要把双手套在男士的脖子上，也不要把头部主动俯靠在对方的肩上。

本 章 小 结

"餐饮"是人们日常生活中最基本、最重要的一项活动。随着生产力水平的不断提高，人们对"食"的要求更体现在获得美好的享受。更多情况下，餐饮活动还是展示个人修养、表达敬重和友善的方式。

人作为现代社会的一员，不可缺少的一项活动就是参加各种各样的集会活动，与人交往时，是否遵守相关的礼仪要求，成为评价一个人素质高低的重要标准。

本章重点介绍了中餐礼仪、西餐礼仪、酒水礼仪和各种聚会礼仪。

关 键 概 念

"6M"原则 餐饮适量原则 餐饮礼仪 西餐菜序 佐餐酒 聚会

自测题

1. 填空题

(1) 按照中餐餐具的使用习惯，其用餐方式可以被划分为_____、公筷式、_____和_____等4种具体形式。

(2) 西餐宴会中所上的酒水，一共可以分为_____、_____和_____三种。

(3) 宴请活动中，上菜是从_____开始的。如果没有_____则从男主宾开始。上菜一般从主宾的_____上，饮料从_____上。新上的菜要先放在_____面前，并介绍名称。如果上全鸡、全鱼菜时，应将其_____对准主宾或主人。

2. 单项选择题

(1) V.O. 表示该酒酿出来后窖存的年代为（　　）年。

　　A. 5　　　　　　　B. 10～12　　　　　　C. 20　　　　　　D. 40

(2) 与中餐相比，西餐座位排列的最大差别在于（　　）。

　　A. 面门为上　　　B. 以右为尊　　　C. 女士优先　　　D. 以远为上

3. 判断题

(1) 西餐用餐时，左手拿刀，右手拿叉，以叉子按住食物，用刀子切下能一口轻松嚼食大小的食物，再用叉子放入口中。　　　　　　　　　　　　　　　　　　（　　）

(2) 在他人为自己斟酒时作为拒绝的方法，可以把自己的酒倒入别人杯中。　（　　）

(3) 在舞会礼仪中，女士可以拒绝男士的邀请，男士也可以谢绝女士。　　（　　）

(4) 着装体现着一个人的素质修养、审美情趣，与会者在参加各类聚会时务必对自己的着装多加注意。　　　　　　　　　　　　　　　　　　　　　　　　　（　　）

4. 简答题

（1）中餐用餐的基本方式有哪些？

（2）西餐座次排列的基本原则有哪些？

（3）中西餐的上菜次序有什么差异？

（4）简述中餐用便餐过程中座次的排列原则。

（5）中西餐餐具的使用方法应注意哪些方面？

（6）酒水的类别一般有几种？其饮用礼仪有哪些不同？

（7）宴会和舞会的参加礼仪有哪些？

案例分析

邀舞缘何被拒绝

小张是一位很帅气的小伙子，穿着很时髦。一次，他买了一件很漂亮的大衣，正好周末本单位举行舞会，他便来到会场，只见人们都在翩翩起舞，小张兴致很浓，便邀请一位在座位里休息的女士跳舞，那位女士看了他一眼，很礼貌地拒绝了他，接着小张又邀请了另外两位女士跳舞，结果均被拒绝。这时，一位朋友来到小张身边，拍拍他说："小张，不能穿着大衣邀请女士跳舞，这是不礼貌的。"小张这才明白刚才为什么被拒绝。

讨论题：

1. 请结合案例分析参加舞会时的着装要求。

2. 除了着装方面，参加舞会时，我们还应注意哪些方面的礼仪要求？

技能训练

假设你所在的单位要举办一个50人的小型中餐宴会，试对此次宴会进行桌次和席位的排列。

第 7 章

大学生校园礼仪

【本章导读】

当代大学生作为一个特殊的、高层次的文化群体，不仅应具有高尚的情操、丰富的知识，还应将知书达理、待人以礼作为其基本的素养。本章将从大学生个人礼仪规范、大学生交往礼仪和大学生在学校各种场合中的礼仪要求等三个方面进行讲解，全面提高大学生待人接物的品位，提升其与人交往的能力。

【学习目标】

1. 明确大学生在不同场合下的服饰穿着要求；
2. 了解大学生规范的语言表达要求；
3. 掌握当代大学生在与老师、学生交往过程中的基本礼仪规范；
4. 掌握在食堂、图书馆、教室等场合中对大学生的礼仪要求。

【引例】

面试的准备

一次某公司招聘文秘人员，由于待遇优厚，应聘者很多。中文系毕业的小张同学前往面试，她的背景材料可能是最棒的：大学四年，在各类刊物上发表了 3 万字的作品，内容有小说、诗歌、散文、评论、政论等，还为六家公司策划过周年庆典，英语表达也极为流利，书法也堪称佳作。小张五官端正，身材高挑、匀称。面试时，招聘者拿着她的材料等她进来。小张穿着迷你裙，露出藕段似的大腿，上身是露脐装，涂着鲜红的唇膏，轻盈地走到一位考官面前，不请自坐，随后跷起了二郎腿，笑眯眯地等着问话。孰料，三位招聘者互相交换了一下眼色，主考官说："张小姐，请回去等通知吧。"她喜形于色："好！"挎起小包飞跑出门。

问题引入：

1. 小张能等到录用通知吗？为什么？
2. 假如你是小张，你打算怎样准备这次面试？

当代大学生作为一个特殊的社会文化群体，肩负着对国家、对社会更高的责任感和历史使命，因此不仅应该学好文化知识，还需要在方方面面用礼仪素养不断地丰富自己。学习礼仪有利于大学生与他人建立良好的人际关系，形成和谐的心理氛围；有利于促进大学生的社会化，提高社会心理承受力；也有利于对大学生进行人文知识教育，提高大学生的人文素质。

7.1 大学生个人礼仪规范

古人曾经强调："正人必先正己。"学习礼仪、运用礼仪，其要求也是如此。只用礼仪去要求别人，而从来不用礼仪来要求自己，永远都不可能真正地学好、用好礼仪。

个人礼仪，是指每一个人在参加人际交往时用以要求自身的有关规范。对于大学生而言，个人礼仪是其待人接物的立身之本，是其自我要求、自我表现之本。

个人礼仪的宗旨，是要为人际交往的每一位参加者努力塑造出一种尽可能完美的个人形象，故个人礼仪可被视为有关个人形象塑造的常规礼仪。

一般而言，一个人的形象主要与别人对他的评价与看法有关，而人们对于一个人的评价与看法，通常又与对他的第一印象直接相关。具体来看，人们对于一个人的第一印象，主要来自对其仪容、服饰、语言、交谈等方面的综合认识。因此，个人礼仪主要包括上述内容，而大学生们所要塑造和维护的个人形象也应该从这些方面着手。

7.1.1 大学生的仪容

现今的时代是一个张扬个性的时代，同时又是一个讲究团队精神的时代。大学生化妆应以所在群体为标准，以显示出年轻人朝气蓬勃、积极奋进的精神风貌。

大学生仪容基本要求是：要符合学生的身份和特点，在追求美上要讲科学，切勿盲目赶时髦、图虚荣、不加分析地模仿。要养成良好的生活习惯，具体来说，应注意以下几个方面。

（1）女大学生在化妆时应以自己面部的客观条件为基础，适当强化和美化，不可以失真。要妆而不露，化而不觉，达到"清水出芙蓉，天然去雕饰"的境界。化妆还应该随着环境、场合、时间、身份的不同而不同。

（2）大学生在日常学习、生活中，以不化妆为宜；在社交娱乐活动中，化妆应以自然、清淡为主，切忌人工痕迹过重，那会丧失年轻人自然的美感。

（3）化妆应和服饰相协调。穿着不同，妆的浓淡和体现的格调就要不同。化妆品的色彩要和服饰色彩一致或具有一定的反差；化妆和服饰的格调也要一致。化妆还要突出重点，"以点带面"。

（4）化妆的目的就是要突出和强化美点。这个美点，或是眉，或是眼，或是唇，或是肤，只要能正确、客观地评价自己，总会找出这个值得突出强化和令人羡慕的美点。

7.1.2 大学生的着装礼仪

关于大学生的着装要求，根据教育部颁布的《高等学校学生行为准则》的规定，各高校都制定了《学生文明行为规范》，其中要求大学生应当"服饰简洁、大方，在进入教室、图书馆等地，参加集会、演出，参加集体活动以及在各公共场所不穿着跨栏背心、吊带背心、拖鞋、运动短裤、超短裙等不适宜学生穿着的服装"。

在不同的场合下，大学生着装又有着不同的要求。

1. 喜庆场合

大学生有时也要参加一些生日派对、同学聚会、亲属的结婚庆典、节日纪念、联欢晚会等，这都属于喜庆场合。这些场合的共同特点是气氛热烈、情绪昂扬、欢快喜庆等，参加这样性质的活动，服饰可以相应地热烈一些，以华丽明快为好。正规的喜庆场合，男同学最好着西装。如果穿中山装对于青年学生来说，则显得老气、过于拘束了。若是同学聚会、生日宴会和游园远足等更轻松愉快的喜庆场合，男同学可以着便装，夹克衫、牛仔服、T恤衫等都是合适的。但要使服装整洁大方，千万不要穿皱褶遍布的衣裤，这样别人一定会认为其是一个生活自理能力差，不讲卫生的人。女同学的服装可以轻松洒脱，职业套装过于正式，旗袍则不太适合女同学的年龄和身份，色彩鲜艳、款式新颖别致的裙子更能显出女孩子的天真与可爱。对于已经上大学的女生来讲，不能像要求初高中的学生那样素面朝天，女大学生在出席喜庆的场合可以适当化妆，戴少许美丽、轻松、飘逸的饰物，但一定要典雅得体、宁缺毋滥。出席婚礼，穿着打扮不宜太出众、耀眼，以避喧宾夺主之嫌，也不要打扮得过于怪异，花里胡哨，妨碍婚礼气氛。

2. 庄重场合

严肃正规的庆典仪式即为庄重场合，如学校的开学典礼、毕业庆典等。大学生参加这样的活动，一般都要遵守主办方对服装所做的规定，不能独出心裁。如果主办方对着装没有什么具体要求，也应根据庆典会议的性质做出适宜的选择，服饰应以庄重、高雅、整洁为度。不宜穿得太随便，颜色比较鲜艳的运动装、牛仔裤等不适宜在这种场合穿着，女生不能穿超短裙。此外，还要注意在这种场合下的举止礼仪，尽量避免一些小动作，如手不要插在裤兜里，不要当众解开衣扣，也不要随意脱去外衣。在室内举行庄重的活动时，男女生都不要佩戴墨镜和有色眼镜，即使在室外，与人交往时，也应将墨镜摘下。

3. 悲哀场合

大学生参加这种性质的活动主要以扫墓为多，还有殡葬仪式和吊唁活动等。这种场合的气氛比较悲哀，庄严肃穆，在服饰的穿着方面要注意这样几点：服装的颜色要以黑色和深色、素色为主，切忌穿红着绿，恣意追求鲜嫩；也不宜穿用带花边、刺绣或装饰飘带之类的服装，衣裤上也不要有镶嵌卡通动物或人物图像的装饰，给人以不严肃的印象。

女生不要有明显打扮痕迹，不宜抹口红和戴饰品，黑色的蝴蝶结和白色的头花是非常适宜这样场合的饰物，总能赢得丧家的认可。男生在举行诸如追悼仪式时要注意垂手而立，不要忘记脱帽，不要敞衣袒胸，显示轻慢随便，与现场气氛不符。

大学生作为社会中最具希望的一个群体，应该自觉以高标准要求自己。在日常的学习、生活、工作中多穿着便于行动、适合年龄要求的休闲装、便装等；在一些特定的场合，着装上应体现出自己的文化层次、道德水准和审美品位。

7.1.3　大学生的谈吐礼仪

语言，是人类所特有的用来表达思想、交流情感、沟通信息的基本工具。它是一种特殊的社会现象，是由语音、词汇、语法所构成的一定的系统。一般来说，语言有口头语言与书面语言之分。在大学生的社会交往之中，礼貌用语与文明用语不可或缺。

1. 语言要礼貌

社会普遍认为大学生是有知识、有素质、有道德修养的人，因此大学生在说话时要体现自己的高素养，所用的言语要符合大学生的身份。在交谈时多使用礼貌用语，多用一些谦语和敬语，不可因为自己是大学生，就盛气凌人，在语言上压制对方。

2. 语言要文雅

人们之间的交往和交流离不开语言，沟通交流要想获得成功，达到预期的目的和结果，在很大程度上取决于运用语言的艺术。俗话说："见事知长短，听话品高低。"说话人人都会，但语言显然有文粗雅俗之分。作为"象牙塔"里具备现代文明修养的大学生，要在语言交流中力求谈吐文雅，切忌说脏话、粗话。

3. 语言要通俗易懂

大学生在与人交谈时，尽量要少用专业术语，否则会有碍与对方的沟通，更不可用一些深奥的词汇在对方面前卖弄。

【小资料】

日本人的言语礼节

日本人在待人接物以及日常生活中十分讲究礼貌、注重礼节，还形成了某种礼仪规范。例如，在待人接物上谦恭有礼，说话常用自谦语，特别是女士，在与人交谈时总是语气柔和、面带微笑、躬身相待。日本人善用礼貌用语，为此，在语言上还分敬体和简体两种。由于日本人等级观念很重，上、下级之间，长辈、晚辈之间界限分得很清。因此，凡是对长者、上司、客人都用敬语说话，以示尊敬；而对平辈、平级、小辈、下级一般用简语讲话。这时敬、简两种语体是不混合使用的。日本人最常用的敬语有："拜托您了""请多多关照""打扰您了"等。同时他们忌问"您吃饭了没有"一类话。重礼节的日本人还爱说"谢谢"。据统计，一个在商场工作的日本员工，一天下来平均要说570次以上的"谢谢"，伴随的鞠躬就不言而喻了，按照那里的标准，做不到这一点就不是一个好员工。

7.2　大学生交往礼仪

古希腊先哲亚里士多德在谈及人类的基本特征时曾经指出：人在社会生活里，永远都是难以拒绝与其他人进行交往的。这句名言其实阐述了一条真理：一个人在社会上如果想生存和发展，就必须以各种形式与其他人进行交往。一个现代人如果没有人际交往，不善于处理人际关系，就难以与人合作，更难以生存和发展。

作为涉世不深的大学生往往一方面乐于进行人际交往，另一方面则缺乏交往能力。有的大学生在人际交往时，要么腼腆、要么自卑、要么多疑、要么固执、要么孤僻，还有极个别者，则将正常的人际交往视为畏途，勉强应付。长此以往，不但难以建立良好的人际关系，而且就连普通的人际交往都难以取得进展。因此，作为一名现代大学生就必须要认真学习交往礼仪。

7.2.1　大学生基本行为礼仪

校园环境对大学生有着潜移默化的作用，它应是一个既严肃又亲切，既庄严又活泼，既紧张又文明的地方。因此，在大学校园中要建立起一套基本行为礼仪规范。具体而言，主要是行路礼仪。

大学生去教室、食堂、图书馆、宿舍，或者是散步等都离不开行路。行路要遵守应有的礼仪规范，讲究文明礼貌。

（1）路遇老师、熟人和同学要主动打招呼。交谈时应站到路边，不妨碍他人的行路和车辆的通行。

（2）维护校园的环境卫生，不要随地吐痰、乱扔果皮等杂物。

（3）行右礼让。在校园中上下楼梯、通过楼道或街道时应自觉靠右行走。如果在上下楼梯或走在狭窄的通道上，遇到师长、老弱幼者或妇女应主动站立一旁，让其先过。

（4）骑自行车要遵守交通规则，人多拥挤的地方要礼让三分，对老师、女生更应如此。进出校门要下车，自行车应停放在指定的地点。

7.2.2　与教师交往的礼仪

与教师的交往是大学生人际交往中最重要的内容。教师是大学生感悟人生、获取知识的引路人。古人云："师同父母"，"滴水之恩必当涌泉相报"。为此，作为深受教师教诲之恩的大学生，在与教师交往的过程中应热爱与尊敬老师，尊重教师的劳动，虚心接受教师的批评教育，严格遵循有关的礼仪规范。

1. 教学中应注意的礼仪

（1）为教师做好课前准备。如擦干净黑板、讲台，搬教学仪器等。

（2）上下课时要和老师相互致礼。

（3）在上课时，如果老师讲的内容没有听懂，应下课再问，或者举手示意，不可突然提出，这种做法是非常不礼貌的。

2. 请教老师问题时应注意的礼仪

（1）事先把请教的问题考虑清楚，以便明确地向老师提出。

（2）请教时态度要谦虚，不要随便打断老师的讲述。若遇观点不同，可用征询语气委婉地说出自己的不同意见，谦虚地与教师探讨，不要反问和质问老师。

3. 到教师家拜访应注意的礼仪

1）有约在先

如果有事需要拜访老师，应事先约好时间，临时拜访、做不速之客不礼貌。预约时间要尽量准确，并且要照顾老师的时间。拜访时间不宜太早，白天避开吃饭和休息时间，晚上不要太晚。约时间的同时讲明拜访事由，让老师事先有所准备。

2）守时守约

拜访老师要准时，不要提前，更不要迟到。若提前到可在外面等候，到时再进去。因为到居室拜访，提前去，别人没准备好，容易让主人难堪。迟到是很不礼貌的，因不可避免的原因不能按时到达，应想办法提前通知老师并诚恳致歉；通知不了老师，过后一定要专门道歉，争取谅解。

3）礼貌登门

到了老师家门口应先按门铃或敲门，门即使是开着的，也要敲门。按门铃或敲门时注意动作要轻，要有节奏地停顿，仔细听是否有回音。不要连续不停地用力拍门。

4）见面礼仪

老师开门后，要问候老师。若去不认识自己的老师家拜访应先确认老师的身份，然后再问候，做自我介绍。如说"你好！请问这是张老师的家吗？""张老师在家吗？""张老师，你好！打扰您了，我是××系的学生，叫×××。"如果敲错门，别忘了道歉。老师请你进门后，你再进门。进屋后，屋里若有其他人应与其他人点头致意。

5）拜访中的礼仪

进屋后，东西不要乱放，老师请坐后再坐下，并向老师谢座。与老师交谈时注意交谈礼节。

6）告辞礼仪

拜访时间不宜太长，一般不超过 20 分钟为好。到吃饭、休息时间应告辞。有其他客人来访时也应告辞。不要老看表，让人觉得你急于想走，也不要在老师说完一段话或一件事后，立即提出告辞，这样会使老师认为你不耐烦和不感兴趣。告辞时一般遵从"先谢后辞"的原则。如恭敬地对老师说："打扰多时了，我该告辞了，谢谢您的帮助指教，再见。"若老师相送，应及时请老师留步。

7.2.3　与同学交往的礼仪

同学是大学生在校园生活中最主要的交往对象，与同学的交往礼仪主要体现在以下几个方面。

1. 相互尊重

（1）见面时要主动与同学打招呼问候。与同学打招呼一方面表示对对方的尊重，另一方面表明自己自信健康的心态。

（2）当同学遇到困难，如学习暂时落后、遭遇不幸、偶尔的失败时，不应嘲笑、讽刺、歧视，而应热情帮助，真诚地伸出援助之手。

（3）在与同学交往的过程中，要一视同仁，不能只跟经济条件好的或在班级、学院担任职务的同学交往。

2. 礼貌相待

（1）在有求于同学时，须用"请""谢谢""麻烦你"等礼貌语言；借用学习用品时，应先征得同意后再拿，用后及时归还并致谢。

（2）在打招呼时，可称同学的全称，或称某某同学。如果关系比较亲密，也可以只称其名，而不称其姓。公开场合下不可称呼同学的小名，或者绰号。

3. 男女同学交往的注意事项

男女同学交往，要以礼相待，要相互尊重、相互帮助。男同学应彬彬有礼，女同学应文雅大方，接触的地点要公开，举止、言谈要大方有礼，相互不要靠得太近。男女生之间不宜过分亲昵，即使是恋人，也不能不分时间、不分场合地过分亲热，否则不但会让目击者感到十分尴尬，也有损于自己的形象，而且不符合学生的身份，破坏了校园的风气。

男女同学之间，不能互起绰号，不能讲粗话、脏话和庸俗的传闻，不能久久凝视对方，不能打打闹闹。

对异性同学的容貌、身体和衣着，不应评头品足。对异性同学的弱点、缺点，不可进行嘲讽，而应热心帮助。

【小思考】

禁 止 喂 饭

小李和小王是一对恋人。他们经常在校园的公开场合卿卿我我。后来，他们的行为越来越亲密，甚至在食堂里"你喂我一口，我喂你一口"地吃饭。对此，有些同学觉得很不舒服。虽然不是原则上的大事，但的确不应该出现在大学校园，起码它有碍观瞻。后来，随着像小李和小王这样的恋人越来越多，餐厅不得不贴出了"禁止喂饭"这样尴尬的字样。

请问小李和小王做得对不对？试分析大学生在公共场合应该注意哪些礼仪规范？

资料来源：https://wenku.baidu.com/view/21abe8a75901020207409ceb.html.

7.3　大学生校园各种场合礼仪

虽然大学生的社会活动不像社会工作人员那样频繁，一般经常出入的场合主要是办公室、教室、图书馆、食堂、学生活动中心等，但在这些简单的场所中也要遵守一定的礼仪规范。

7.3.1　办公室礼仪

办公室是老师办公的地方，是一个严肃、安静的场所，大学生到办公室去拜访老师、领导应遵守相关的礼仪。

（1）进老师办公室一定要先敲门，得到允许后方可进入。

（2）进入办公室后应与看到自己的其他老师主动问好，或点头致意。

（3）注意不要随意坐在其他老师的座位上，或在没有经过允许的情况下，将其他老师的椅子移向他处。也不要随便乱翻办公室的东西；不要随意使用办公室的办公设备；如果需要拿走物品，应该告知，老师不在时可请其他老师转告，或留一张便条。

（4）事情办完后，应该立即离开办公室，并礼貌地与老师告别。告别一般是先谢后辞，如说："谢谢老师，再见！"

（5）进出办公室的动作要轻，不要大声喧哗，以免影响其他老师工作。

（6）到领导办公室找领导，一般要预约，并按时到达。

7.3.2　教室礼仪

教室是同学们学习的地方，同学们每天大部分时间都是在教室里度过的。为此，大学生应严格遵守教室的礼仪规范要求。

1. 整洁的仪容穿着

同学进入教室要面容清洁、头发整齐，男同学不要胡子拉碴，女同学不要化妆。衣服要整洁，大方。男同学在夏天不能穿背心、拖鞋到教室上课，更不能敞胸露怀，女生在穿着上更应该讲究，不能穿着过短、过透、过露的衣服，一方面对同学不够尊重，另一方面也不尊重老师。

2. 举止得体

（1）在进入教室时，不要用脚踢门，也不要倚门。

（2）在进入教室以后，无论是坐、还是站立行走都要严格要求自己，都要按照礼仪规范去行事。

（3）上课时不能吃东西，不能在下面搞小动作，如玩弄手机等。

（4）如果不是讨论，上课时不要交头接耳，否则既影响其他的同学听课，又影响老师讲课。

（5）爱护教室的公共财产，不可在课桌上、椅子上或墙上乱涂乱画。

3. 注意保持教室的卫生和秩序

不要在教室里乱扔果皮、纸屑，不随地吐痰。在教室里随时保持安静、整洁，维持教室的良好学习环境。课间不要追逐打闹，更不能在走廊里吸烟，以免影响同学的学习和身心健康。课间休息时，在楼道内行走要靠右慢行，不要快速奔跑猛拐。如果是最后一个离开教室，要熄灯，关好门窗。

7.3.3 图书馆礼仪

图书馆是学习和查阅资料的场所，因此学生到图书馆一定要遵守相应的礼仪规范。具体要求如下。

（1）进馆时仪容仪表要符合学生的身份。着装要文明，举止要文雅。

（2）办理借还书手续及进馆要按次序。

（3）就座时，移动椅子不要发出声音。不要为同学占座位。走路时要轻，阅读时不要出声，不要和熟人交谈，更不能大声喧哗、吃零食、扔废纸。不要在阅览室睡觉。

（4）查阅卡片和图书时要轻拿、轻翻、轻放。不能在书上乱涂乱画，更不能私自剪裁图书资料。

（5）对书架书刊应逐册取阅，不要同时占有多份，阅后立即放回原处。

（6）借书后要仔细查看还书日期，要在规定的时间内还书。

【小思考】

阅览室的小故事

星期天，刘明到图书馆看书，一进阅览室，他就急急忙忙走到书架前，翻出自己昨天没看完的那本《幽默故事选》，坐在椅子上津津有味地看起来。一边自言自语："哈哈，真好笑"……他又从兜里拿出口香糖，顺手把糖纸扔到地上。"刘明，走啊，踢球去！找你好半天了，原来你在这儿！"严思站在门口大声对刘明说。刘明连忙放下手里的书说："哎，来啦。"两人一溜烟儿跑出了图书馆。

请问刘明和严思两位同学哪些地方做得不对？你认为怎样做才是一个文明的读者？

资料来源：https://wenku.baidu.com/view/21abe8a75901020207409ceb.html.

7.3.4　食堂礼仪

食堂是大家共同用餐的场所，因为用餐的时间比较集中，人数较多，所以为了维持正常的秩序，大学生要遵守一定的食堂礼仪规范。

（1）注意使用礼貌称呼和礼貌语言。如"请""麻烦你""谢谢""对不起"等。

（2）自觉按次序买饭，不要拥挤、插队。

（3）不要浪费粮食，随便倒剩菜剩饭。

（4）就餐后要及时将餐具、剩饭剩菜等分别放到指定位置，保持就餐地点的干净，尊重食堂员工的劳动。

7.3.5　宿舍礼仪

宿舍是大家生活、休息的地方。在大学中，往往是几个人共住同一宿舍，因此在处理事情时要考虑到自己的行为会不会影响到他人。虽然对于宿舍的要求不像教室、图书馆那样严格，但也要注意一些礼仪规范。

（1）要团结同学。大家在一块生活，难免会发生一些摩擦，一旦发生不愉快，要大事化小，小事化了，绝对不能为泄气而进行打击报复。切不可小题大做，更不要在背后说同学的坏话。

（2）在休息的时间，不要大声说话，以免影响其他同学休息。

（3）宿舍是大家共同的家，因此要求每位家庭成员要爱护这个家，爱护宿舍里的公共物品，自觉地维护环境卫生。

（4）如果宿舍里有同学生病了或者遇到了困难，要主动给予帮助。

（5）不要乱动别人的物品，不能使用别人的生活用品，如剃须刀、化妆品等，不随便翻阅别人的书信、日记等。

（6）带朋友到宿舍来玩，不要在室内喧哗、嬉笑、打闹，以防影响同室人的学习、休息。

7.3.6　学生活动中心礼仪

为了丰富大学生活，学校经常会举办一些舞会、晚会或放映一些优秀的电影。在参加这些活动时也要遵守一定的礼仪规范。

（1）在参加晚会时，对别人的精彩表演要表示祝贺，应该适时鼓掌。

（2）要自觉遵守场内的规则，不吃有声响的食物，不随地吐痰、乱扔果皮纸屑。

（3）观看时坐姿要稳，不要时常左右摇晃。不要把脚蹬在前排观众的椅背上，以免弄脏别人的衣服。

（4）节目演出或影片放映当中，要保持安静，不要大声谈笑或大声评论，最好将手机调成振动或关机状态。

（5）遇咳嗽、打喷嚏时，要用手帕捂住口鼻，防止唾沫飞溅到他人的身上。

（6）演出或影片放映中，不应随便走动，也不应随便退场，不得已退场时，离座动作要轻、身姿放低，不要站在过道或剧场门口。

本 章 小 结

　　大学生是现代社会中一个高层次的文化群体，他们既代表着国家的希望，也担负着更多的责任和使命，但在实际生活中，不少学生对于礼仪关注很少，校园中存在着各种各样不符合礼仪要求的行为。因此，本章着重介绍了大学生的个人行为礼仪、交往礼仪、大学生在学校公共场所的礼仪等内容，力求全面提高现代大学生的自身素质。

关 键 概 念

大学生礼仪　行路礼仪　办公室礼仪　教室礼仪　食堂礼仪　图书馆礼仪　宿舍礼仪

自测题

1. 填空题

（1）关于大学生的着装要求，教育部颁布了《高等学校学生行为准则》的规定，各高校又都制定了《学生文明行为规范》，其中要求大学生应当"服饰_____、_____，在进入教室、图书馆等地，参加集会、演出，参加集体活动以及在各公共场所不穿着_____、吊带背心、_____、_____、超短裙等不适宜学生穿着的服装"。

（2）大学生打电话时要有礼貌，常用的附和语言有：重复对方重要的内容，以及"_____""是的""_____"。

2. 单项选择题

（1）在喜庆场合中，大学生的着装要求应该是（　　）。

　　A. 华丽明快　　　　　　　　　B. 整洁高雅

　　C. 庄严肃穆　　　　　　　　　D. 没有特殊要求

（2）大学生到老师家拜访时，停留时间不应太久，一般以停留（　　）分钟为宜。

　　A. 10　　　　　　　　　　　　B. 20

　　C. 30　　　　　　　　　　　　D. 40

3. 判断题

（1）大学生在日常学习、生活中，以不化妆为宜；在社交娱乐活动中，适当化妆是可以的。　　　　　　　　　　　　　　　　　　　　　　　　　　　　　（　　）

（2）大学生在图书馆办理借还书手续及进馆要按次序。　　　　　　　　（　　）

（3）上课时可以通过手机发短信与同学联系。　　　　　　　　　　　　（　　）

（4）在观看电影时，可与邻座同学高声评论剧情。　　　　　　　　　　（　　）

4. 简答题

（1）大学生的谈吐礼仪有哪些要求？

（2）大学生与教师的交往礼仪有哪些？

（3）简述大学生之间的交往礼仪。

（4）大学生在学校各种公共场合中，应该遵守哪些基本礼仪要求？

案例分析

剩饭的归宿①

记者在部分高校调查时发现大学生浪费粮食的现象十分严重。记者来到××学院第一食堂，此时，学生们正陆续来就餐。20分钟后，饭后的餐桌一片狼藉，吃剩的饭菜随处可见。记者粗略地看了一下，几乎每3位学生中就有一位要倒掉小半碗的饭菜。记者在另一大学的学生食堂看到，有的学生打完饭菜后只吃几口就倒掉了，有的学生因为饭菜不合胃口，甚至整盘倒掉。食堂的一位清洁人员说："我干了这么久，桌上没有剩饭、剩菜的情况几乎没遇到过。"

对于如何看待浪费粮食这一问题，一位女学生说："我家是农村来的，看到有些同学剩下那么多的饭菜，我就会想起我父母种地时的情景……"可是，也有些同学对此事不以为然。一位将饭菜整盘倒掉的学生说："我今天胃口不好，所以就倒掉了。"还有的学生以"食堂的饭菜有的不好吃""有时吃不了，拿回去又容易坏"作为浪费粮食的"理由"。

讨论题：

1. 请结合案例分析学生倒掉剩饭的原因。
2. 试从礼仪角度分析，如何才能减少大学校园里浪费粮食的现象发生。

技能训练

观察在你上课的教室中，同学与老师、同学与同学之间是如何相处的？是否遵守了相关的礼仪规范。

---

① 　http://bjyouth.ynet.com/article.jsp? oid＝6690221.

第 8 章
求职就业礼仪

【本章导读】

求职就业对于每个人来说都是一生中最重要的一次经历。通过本章的学习，学生能够为走向社会做好更加充分的礼仪准备，了解面试前、面试中和面试后及就业时需要注意的各种礼仪规范，掌握求职就业对仪容仪表、神情举止和言谈等方面的礼仪要求，从而达到顺利通过面试，把握就业机会的目的。

【学习目标】

1. 了解面试前的准备；
2. 掌握面试中的各种礼仪规范；
3. 理解面试后续礼仪；
4. 熟悉就业礼仪须知。

【引例】

祝贺你被录用了①

孙兰刚跨出大学的门槛，就有一家心仪已久的外资公司通知她去面试。那家公司的总经理是个叫约翰的美国人，和蔼可亲。在一番亲切交谈后，他很愉快地给了孙兰一张他的名片，孙兰恭敬地收下了。近半小时的面谈，给孙兰留下了深刻的印象。

接下来的日子便是漫长的等待，孙兰天天在电话边上守着。一天、两天、一个星期、两个星期过去了，一点儿消息都没有，而且孙兰在等待中也放弃了其他机会。

无奈中，孙兰又翻阅招聘广告，不是她觉得不适合就是她不喜欢。这时候才发觉，自己是很在乎那份工作的。于是她找到总经理约翰的名片，按照上面的地址写了一封信，感谢总经理给了她面试的机会，并期望得到进一步的通知。当白色的信封投入绿色邮筒的时候，孙兰心里一阵轻松。第三天就接到了约翰先生的电话。他用英语说："You are employed, congratulations！"孙兰高兴得禁不住跳了起来！

上班后再次见到约翰先生，孙兰问他："为什么录用我？"他笑着说："因为你的那封信让我觉得你是一个懂礼貌的人，你写了一封信感谢我给予的面试机会。而在近百名求职者当中，你是唯一一位写了感谢信的人，虽然来得有点儿迟。"

每个就业机会，都会遇到很多竞争对手，每个人的能力、素质是很难比较的。这时候，如果能用礼貌而得体的方法，引起公司对你的注意，让其能在厚厚一摞求职信中找出你的简

---

① http://www.chinaliyi.cn/liyitiandi/td8/求职礼仪-5.htm.

历，你就赢了。

问题引入：

1. 你认为孙兰最终能被录用的主要原因是什么？

2. 通过上述案例分析礼仪在求职面试中的重要性。

8.1　面试前的准备

凡事预则立，不预则废。有充分的准备，方能战无不胜，攻无不克。要想取得面试的成功，必须在面试前做好各方面的准备，做到胸有成竹，便可以最大限度地把握成功的机会。

8.1.1　面试前的物件准备

面试前，求职者应该提前把参加面试需要携带的东西准备好，以免遗漏。包括公文包、求职记录笔记本、文凭、身份证、各种证书、照片、笔、多份打印好的简历等。所有准备好的文件都应该平整地放在一个公文包里。

1. 公文包

求职时带上公文包会给人以专业人员的印象。公文包不要求是很贵重的真皮包，但应看上去大方典雅，可以平整地放下 A4 纸大小的文件。

2. 笔记本

在寄出简历的同时，应该把每个公司的招聘信息剪辑、编排，统一整理到一个求职记录本中，以便在收到企业面试通知时进行查询。当然，这个求职记录本还应记录即将参加或已参加过的面试时间、地址、联系人和联系方法，面试过程的简单记录、跟进记录等。此本应随时带在身上，以便记录或查询。

3. 文凭、身份证和各种证书

准备好学历证书、身份证及所获奖励证书等备查文件的正本和复印件。如果面试时公司人事主管提出要查看一些文件的正本而面试者又没有带的话，是非常尴尬和不礼貌的，这是面试礼仪中最应该避免的疏漏。此外，如果有工作成果的证明、作品或者专利证明，务必带上，因为这是证明自己最好的"秘密武器"。

4. 简历

简历，是求职的"敲门砖"，是求职者与用人单位的"第一次接触"，其对于求职的重要性不言而喻。对于用人单位来说，一个招聘信息的发布可能会吸引上千份的求职简历，然而这其中能得到他们眷顾的最多只有 20%。

职场如战场，求职就是一场战争，如何在千军万马中杀出重围，占领成功制高点，简历就是攻城拔寨的利器。制作简历要认真准备，恪守原则，强化细节，如此才能给用人单位留下良好的第一印象。

一般而言，求职简历的正文主要包括以下三部分。

（1）个人的基本情况介绍。

（2）个人的学历情况概述。主要包括学习历程、在校期间获奖情况、爱好和特长、参加过的社会实践活动、所任职务，以及承担的任务等。

（3）个人的工作经历。例如，介绍曾经工作过的单位名称、职位、个人工作成绩、培训或深造求学情况、工作变动情况，以及职务升迁情况等。

即使你的简历已使你获得面试的机会，约谈者也仍有可能再次收取一份，因此必须准备多份完整简历，这样做的目的主要有两个：一是面试前可能出现需要填写信息表格的情况，此时可取出作为参考；二是如果不止一个面试官，让他们人手一份简历，则可表现出你的细心和你对这次求职的重视程度。

【小案例】

才子的遭遇

四年的大学生活就要结束了，作为化学系"仅有的才子"，洪新强对那些已经准备找工作的同学不屑一顾：最后的才是最好的！

在班上大部分的同学签了就业协议之后，洪新强才开始行动："那些土包子就为求个职，连简历怎么写，写多少都去咨询！"洪新强花了三个晚上，写了一份三页的求职信、一份四页的个人简历，而且经过润色，使词句工整，读起来朗朗上口，颇有《少年中国说》的气势。然后，又用整整一天的时间，把求职信和简历进行了精美的设计，最后"不惜血本"用彩色打印机打印了二十份。用洪新强的话说："这材料，洋洋洒洒万言，管叫人家看了就不想放下。"

可事与愿违，二十份"精美"的求职材料都寄给了那些他认为比较中意的企业，竟然没有一家企业和他联系。

洪新强不知道，他的"洋洋洒洒万言"的求职信和求职简历，使企业一下子失去了往下看的兴趣：每个职位企业都能收到几十份求职材料，谁有闲时间看这个万言书！而且，彩色求职材料，恰恰是最不受企业欢迎的。

可见，即使是制作求职材料这样简单的事情，求职者也要同样予以重视。

资料来源：http://www.chinaliyi.cn/liyitiandi/td8/求职礼仪-3.htm.

8.1.2　面试前的形象准备

面试时给面试官的第一印象最为重要，而第一印象的获得，最直接、最迅速的方法，则是通过一个人外在的形象表现出来的，适宜的仪容仪表，不仅能弥补自身条件的某些不足，还能突出自己的优势，使自己在众多面试者中脱颖而出。

1. 仪容修饰要适度

仪容能给人造成直接而敏感的"第一印象"，美好的仪容总能令人敬慕和青睐。在面试时一定要注意自己的仪容美，赢得面试官的好感，促使面试成功。

求职面试时，妆容应以简洁、大方、亲切、自然为恰到好处。对于女性可以化一些淡妆，切记不可浓妆艳抹，或是另类前卫，以免弄巧成拙。

修饰仪容的基本规则是：美观、整洁、卫生、得体。因此，无论男士还是女士在面试前一定要精心梳理，不必涂抹得过于油腻，要除去头屑和头饰中闪亮的饰物，如果戴有近视眼镜，应擦干净眼镜片。此外，女士一般不留披肩发，把头发盘起或梳扎为好；男士不留长发、不烫卷发，在出发前最好刮刮胡须，这样会显得非常精干。

【小案例】

仪容美在总统竞选中的作用

1960 年尼克松和肯尼迪竞选美国总统，尼克松带病参加竞选，体重大减，脸上棱角突出，好出汗，又拒绝电视顾问费尽心机为他设计的补救措施。结果，观众在电视屏幕上看到的尼克松是两眼深陷、面颊苍白、汗流如柱、声嘶力竭的形象。相反，肯尼迪经过电视导演的精密筹划，养精蓄锐，精心彩排，则显得意气风发，红光满面，从容论道，挥洒自如。这是美国历史上第一次总统电视竞选，选民们注意的并不是双方的政见，而是他们的仪表风度。对"形象"的好恶一定程度上决定了选票的投向，最终尼克松在竞选中败北。可见，仪容美对事业的成功具有举足轻重的作用。

资料来源：陈学雷. 面试礼仪漫谈. 开封大学学报，1998（12）.

2. 仪表修饰要得体

面试时，合乎自身形象的着装会给人以干净利落、有专业精神的印象，男士应显得干练大方，女士应显得庄重俏丽。一般来说，面试时仪表修饰的基本要求是：整洁、庄重、正规。

1）整洁

应聘者的仪表必须干净、整齐，绝不能不修边幅。面试时所穿的衣服必无污迹、无破损，尤其是衬衫的领口与袖口要确保洁白无瑕。

2）庄重

设计形象必须围绕面试这一中心进行，求职者的身份要求其仪表修饰必须以庄重为宜。女士穿着切忌过分摩登，或是刻意追求怪异、新奇、性感，尤其忌穿露肩、露背、露腰的"三露"服装，可以选择整洁大方的套装；男士不能在面试时穿 T 恤、牛仔裤、运动鞋，一副随随便便的样子，最好准备一套合身、穿着舒服但并不很昂贵的深色西装。

3）正规

按常规来说男士应该本着"三色原则"着深色西服、穿白色衬衫，系单色领带，穿深色线袜、黑色皮鞋；女士应着素雅套裙、肉色连裤长袜及黑色或与套裙配色的中跟皮鞋，最好不要佩戴首饰。

【小资料】

迈克·阿盖尔的实验

美国行为学专家迈克·阿盖尔曾经做过这样一个实验：他本人以不同的衣着打扮出现在某市的同一地点，当他手执文明棍，头戴礼帽，西装革履，风度翩翩地出现时，很多人向他点头致意、打招呼，而且大多是穿着讲究的绅士阶层。但是，当他破衣烂衫、蓬头垢面再度出现在同一地点时，接近他的多是流浪汉和无业游民。这个实验表明，同一个人穿着不同的服装会产生不同的社会效果和礼仪效果。所以，日本著名推销大王齐腾幸之助在他的自传体《高明的推销术》中说："服饰虽然不能造出完人，但是，初次见面给人的印象产生于服装。"因为，服饰不仅反映了一个人的个性、习惯、爱好、审美情趣和文化修养，而且反映了一个人的道德和礼仪修养水平。

资料来源：陈学雷. 面试礼仪漫谈. 开封大学学报，1998（12）.

8.1.3　面试前的心理准备

面试前的几天要调整好自己的情绪，保持良好的精神状态，要有很好的心理准备，可以说在面试前或面试过程中克服不良心态，是面试能否成功的重要条件。求职者一旦具备了良好心态，就会在面试时精神饱满、意气风发、充满自信，讲起话来语意肯定、语气恳切。良好心态能为成功应聘打下扎实的基础。

1. 积极进取的心态

作为求职者应该具有积极进取的心态，要把每次面试都看成是千载难逢的好机会，在面试前要认真做准备、打电话、查资料，对每一个可能会问到的问题、细节都仔细思考一番。拥有这样心态的人，在面试时一定会正常甚至超常发挥。

2. 充满自信的心态

每一位求职者都要充满自信。自信心会给求职者带来洒脱和豪情。对任何人来说，相信自己的实力，相信自己的水平，相信自己能够干出一番事业，才会热情地、努力地去投身到这个事业中去。所以说，自信是对自己的实力有充分的估计和坚定的信心。一个求职者只有坚信自己有实力能胜任某项工作，才能表现出坚定的态度和从容不迫的风度，才能赢得面试官的信任和赏识。

自信将会帮助求职者藐视困难，以最旺盛、最活跃的精神状态去克服困难，以足够的耐受力去面对挫折，以足够的勇气去迎接挑战，而这正是求职者成功的重要精神支柱。

3. 双向选择的心态

掌握你命运的，并不是对方，而是你自己。的确，从用人单位的角度来看，求职者是在接受"审查"，他们在看其条件是否符合招聘要求。不过，换个角度来看，那家用人单位和面试官同时也在被求职者"审查"，求职者在看他们给出的条件能不能吸引自己。有了这种双向选择的心态，求职者在精神上就占了上风（但不可趾高气扬），自然在面试时就能表现出一种不卑不亢的态度。

4. 输得起的心态

如果有了不怕挫折、不怕失败、输得起的心态，一个人的自信心就会自然而然地增强，面试时讲起话来也会铿锵有力，掷地有声。就算遇到比自己强的竞争者，也会抱着那种"一山更比一山高""我也要成为他那样的人"的积极心态来对待。总之，经不起挫折、输不起的人才是真正的失败者。有了输得起的人，才会不惧失败、勇往直前，也终究会找到称心如意的工作。

8.2　面试礼仪

所谓面试，是指为了更深入了解求职者的情况、判断求职者是否符合工作要求而进行的招聘人员与求职者之间的面对面接触。在面试过程中，求职者所表现出来的礼仪水平，不仅能反映出求职者的人品与修养，而且还直接影响面试官的最终抉择。因此，求职者在面试时要严格遵守面试礼仪。

8.2.1　面试言行规范

1. 准时赴约

遵约守时是最基本的礼仪。应邀赴约时，一定要按通知的时间到达面试地点，或不妨提前 10 分钟到达，所谓"赶早不赶晚"。但如果提前到达了，一定要在外面等候，不可贸然闯入，因为这样会干扰公司正常的工作秩序，给对方留下不好的第一印象，给后面的面试带来不利影响。其实，应试者可以利用这段时间到洗手间整理一下自己的仪容仪表，稳定一下情绪，做好语言上、形象上、心理上的准备。

2. 仪态规范大方

当被叫到名字时，以爽朗的声音应答，如果是在办公室外，应在取得允许后方可进入。进入时，应抬头、挺胸、面带微笑，目光注视考官，不瞻前顾后，不左顾右盼。走到考官面前，应亲切地道一声"您好"，若面试官站起来与求职者握手，应热情地把手伸过去与之相握。当面试官示意坐下时，方可落座。就座时应轻轻坐下，上身正直，微向前倾，目光注视面试官的眼部和脸部以示尊重。需递个人资料时，应站起身双手奉上，表现出大方、谦逊和尊敬。

3. 讲究谈话礼仪

交谈是求职面试的核心。面试是求职者与面试官交谈和回答问题的过程，在这个过程中要根据自我介绍和交谈内容控制音量的大小、语速的快慢、语调的委婉或坚定、声音的和缓或急促，在抑扬顿挫之中表现出求职者的坚定和自信。如果装腔作势，会给人一种华而不实、在演戏的感觉。

回答面试官的问题时，应吐字清楚，把握重点，准确客观，态度要热情、坦诚。答话时，眼睛要看着面试官及其助手，应自信、冷静、沉着，不要浮躁、紧张、胆怯。交谈中还要注意谈话礼貌，不要打断对方的讲话，要集中注意力认真耐心地倾听。对于对方讲话的内容，要仔细斟酌，不但要听出其"话中话"，而且要听出其"弦外之音"，这样才能做出敏捷的反应。如果面试时有两个人同时向求职者提问，求职者可以微笑地对其中一个人说："请让我先回答那个问题好吗？"这样处理问题从一个侧面表现出求职者的修养和处世能力。当然，求职者也可以酌情穿插一些提问，如询问未来的工作情况等，以活跃交谈气氛。

4. 适时告辞

有些面试官往往以起身来表示面试的结束，另一些人则可能用"感谢你前来面谈"等辞令来结束谈话，这时求职者应该敏锐及时地起身告辞。即使在求职无望的情况下，也应及时结束谈话，而不应申辩理由，强行"推销"自己。无论何种情况，都要面带微笑地向面试官表示谢意，然后走出房间并轻轻关上门。出场时，别忘了向接待过自己的接待人员道谢、告辞。

【小资料】

面试简短妙答集萃

语言能力是面试官评估求职者的一个重要指标。对于面试官没有问到的问题，求职者可以不用谈；而一些本来几句话可以概括的问题，就不要反反复复、啰唆、东拉西扯。下面列举一些比较巧妙的简短回答，以供参考。

（1）可惜的是你不是毕业于名牌大学呀！

答：比尔·盖茨也不是从哈佛大学毕业的。

（2）你在我们公司申请的职位好像和你的专业不对口吧！

答：21 世纪最抢手的就是复合型人才，而外行的灵感往往超过内行，因为他们没有思维定式，没有条条框框。

（3）你没什么经历呀，而我们需要的是有丰富工作经验的人！

答：是的，我确信如果我有幸加盟贵公司的话，将很快成为社会经验丰富的人，我希望自己有这样一段经历。

（4）可惜的是，你的学历对我们来说太高了，怕埋没了人才！

答：我带来了三张学历证书，您可以从中挑选一张您认为合适的，至于另外的两张，就请忘掉它。

（5）你的性格过于内向，这恐怕和我们的职业不合适吧？

答：据说性格内向的人，往往具有专心致志、锲而不舍的品质，另外，我善于倾听，因为我觉得应把更多的发言机会留给别人。

资料来源：http://www.chinaliyi.cn/liyitiandi/td8/求职礼仪-54.htm.

8.2.2 面试中的禁忌

俗话说，成事九九，败事只一。意思是说，要做成一件事，需付出九十九项努力，但只要有一项没做好，则会前功尽弃，全盘皆输。因此，面试时一定要留心一些细节，千万不要出现不礼貌的行为，因为这些也会被面试官列作评判内容，正所谓"细节决定成败"。以下十种情形在面试中是要尽量避免的；否则，就很有可能会被淘汰。

1. 不拘小节

面试时未请先坐，坐姿懒散，会令人觉得求职者对此次面谈缺乏兴趣；去面试前喝酒或吃一些造成口腔异味的食品，这会令人反感；面试时嘴里做无用的口腔运动，如嚼口香糖或吹泡泡糖，手指乱动，如啃指甲、抓头发，四处张望等，穿着邋遢或者过于前卫，以这些形象示人的求职者都将是被快速淘汰的一员。

2. 缺乏自信

在面试时，求职者应尽量避免问"你们要几个人？""要不要女性？""要不要应届生？""外地人要不要？"等问题，只要职位要求上面没有对这几方面的因素做出规定，就不需要再向面试官询问这些内容，这样只会给面试官造成一种求职者缺乏自信的感觉。

3. 弄虚作假

有一些求职者，为了获得面试的成功，不惜铤而走险，去做一些假资料，比如假学历、假证书，在简历中杜撰工作经验，夸大个人成绩，也许这些假资料会暂时帮求职者获得面试的成功，但"纸是包不住火的"，终有一天，谎言会被拆穿，到那时即使求职者工作再怎么出色，用人单位也不会再用了，因为这是一个不诚实的人。例如，一个应届生在其简历的"实习经历"一栏中，居然填写的是从事过财务总监这样的职位，这会让面试官怀疑，是什么样的公司可以给予一个实习生财务总监这样的职位呢？

4. 语言表达不准确、不顺畅

也许是因为求职者过度紧张，或是没有认真准备，在面试的过程中表现欠佳，如在介绍自己时结结巴巴，回答问题不符合逻辑，让人摸不着头脑，声音低得像蚊子叫，这样的表现很难打动考官，更谈不上获得面试的成功了。另外，在面试的过程中，说话要谨慎，要对自己所说的话负责任，不管多么自信都不要信口开河，这会引起面试官的极度反感。

5. 缺乏诚意

求职时要表现出一定的诚意，不要让面试官认为自己是一个对职位并不专一的人。有的求职者一边表达进入公司的渴望，一边又在言论中暗示自己在等待其他公司的结果，或者透露自己有诸如考研之类的其他打算，在这样的情形下，面试官是宁愿选择一个条件差一点儿而比较有诚意、用心专一的人。

6. 横向攀比、以上压下

有的求职者为了表现个人的优势，在面试时提到别家单位，说那家企业如何之好，也有的求职者在面试官没有询问的前提下，透露自己良好的家庭背景或者暗示自己与招聘公司的管理层有何关系，给考官施加压力，甚至企图让他偏袒自己，如果有这样的想法就大错特错了，这样做的后果只能是给考官留下专横霸道、目中无人的坏印象，这必然会影响面试的效果。

7. 与面试官"套近乎"

在面试时要注意保持和面试官之间的距离，不要故意与之"套近乎"，这样做不但会让其他的面试官和求职者产生误解，而且会让面试官很不适应，反而让他觉得自己是一个很不自重的人。

8. 不注意时机，一开口就询问待遇事宜

报酬是可以问的，但得讲究时机和氛围，如果刚一交谈，就开门见山、直奔主题地问起薪酬待遇，会让面试官认为求职者是一个只重视收入的人，这样可能无法获得其好感。其实，如果招聘公司对一位求职者感兴趣的话，自然会谈及薪酬待遇问题。

9. 鹦鹉学舌、唯唯诺诺

一般而言，企业是希望招聘到专业能力好、沟通能力强、有自己见解的人。在面谈过程中只是一味迎合面试官，只能是让对方觉得求职者是一个缺乏主见和创新意识的人，这样的人也不是企业所需要的。

10. 反客为主

一些求职者在与面试官的交谈中感觉不错，最后却留下一个败笔，比如对面试官说："能不能在×月×日之前通知我面试的结果？"这种说法虽然表面客气，可实际上是在限定对

方的时间，好像是在给面试官下命令，企业招聘都遵循一定的流程，不可能会为某一个求职者而改变，除非你是企业急需的人才；否则，这样给企业设定时间的结果只能让求职者失去机会。还有的求职者，在面试中画蛇添足地询问一些不应该询问的公司情况，如"贵公司投资规模有多大？""公司的发展趋势如何？"参加求职面试，一定要摆正自己的位置，切不可反客为主，使面试官产生反感。

8.2.3 面试后续礼仪

在一般求职者看来，当面试官表示面试结束时，求职面试的全过程就结束了。其实不然，这只是面试的结束，求职还没有结束。此时此刻，作为求职者，万万不可大意，认为大功告成或没有希望了。面试结束后的礼仪对于求职者来说同样很重要，也许可以扭转不利局面，在困境中重新获得生机。因此，作为求职者一定要使求职过程结束得完美。

首先，面试结束后要写信表示感谢。

为了加深面试官对自己的印象，增加求职成功的可能性，面试后的两三天内，求职者最好给面试官打个电话或写封信表示感谢。这不仅是礼貌之举，而且会使面试官在作决定时对你有印象。据调查，十个求职者往往有九个人不会写感谢信，你如果没有忽略这个环节，则显得"鹤立鸡群"，格外突出，说不定会使对方改变初衷。

感谢信要简洁，最多不要超过 500 字。感谢信的开头应提及你的姓名及简单情况，以及面试的时间，并对招聘人员表示感谢。感谢信的中间部分要重申你对该公司、该职位的兴趣，增加一些对求职成功有用的新内容，尽量弥补一下你在面试过程中的缺憾。感谢信的结尾可以表示你能胜任公司工作的信心，以及为公司的发展壮大作贡献的决心。

【小案例】

面试后的感谢信

尊敬的×××董事长：

感谢您昨天为我面试花费的时间和精力。和您谈话觉得很愉快，并且了解到许多关于贵公司的情况，包括公司的历史、管理形式及公司宗旨等。

正像我已经谈到过的，我的专业知识、经验和成绩对贵公司是很有用的，尤其是吃苦精神和钻研能力。我还在公司、您本人和我三者之间发现了思想方法与管理方法上的许多共同点。我对贵公司的前途十分有信心，希望有机会和你们共同工作，为公司的发展共同努力。

再一次感谢您。希望有机会与您再谈。

×××

2020 年 8 月 8 日

其次，要适时查询面试结果。

在一般情况下，公司面试结束后，都要进行讨论和投票，然后送人事部门汇总，最后确定录用人选，这个过程可能要用一周左右的时间。求职者在这段时间内一定要耐心等候消息，不要过早打听面试结果。

如果两星期之内没有接到任何回音，求职者可以给用人单位的人力资源部门打个电话，询问是否已经做出了决定。这个电话可以表示出你对这份工作的期待。如果你落选了，也可以了解到自己究竟在哪些方面还有不足，以便今后更好地完善自己。

最后，调整心态，总结经验教训。

在求职过程中，一次成功的概率是很小的，不可能个个都是成功者。因此，即使落选了，也不要大惊小怪，灰心丧气，一蹶不振，这一次失败了，还有下一次，就业机会不止一个，关键是必须总结经验教训，找出失败的原因，并针对这些不足重新做准备，"吃一堑，长一智"，谋求"东山再起"。

8.3 就 业 礼 仪[①]

8.3.1 及时与就业单位沟通

单位对录取人员都要求某日某时到人事部门报到，并交下列证件：录取通知书、学历证明、身份证复印件、个人近期免冠照片等。作为即将走向工作岗位的毕业生，应在临近毕业时，及时与就业单位联系沟通，以确定未来工作的时间和工作的具体安排。及时与就业单位沟通也是尊重就业单位的最好的方式。

8.3.2 按时报到

按照现有政策，毕业生应在获得毕业证书，正式派遣后的一个月内到就业单位报到。按时报到表明自己到新单位工作的确定，也会让就业单位再一次体会到你的守信用。俗话说："好的开始就是成功的一半"，按时报到也许会影响到对你具体工作的安排，所以，毕业派遣时与就业单位及时沟通后，最首要的就是确定自己的报到时间。

8.3.3 签订就业合同

到就业单位报到后，应及时与就业单位签订就业合同并办理相关的手续。就业合同涉及单位和你个人的相关权利及义务，一定要认真阅读相关条款，明确个人应享受的权利和应尽的义务，认真阅读同意后方可签字，一般就业合同一式两份，由就业合同签订双方各保存一份。此后应遵守就业合同上的规定。如果出于个人原因要解除合同，个人应按有关规定接受一些处罚措施；如果由于单位原因要解除合同，个人也要了解自身的权利是否受到侵害，如果受到侵害，个人有权提出要求。

【小案例】

拒签劳动合同的后果

大学生张某，是外地人在沪就读的大学生，成绩优异，被上海一家房产公司相中并签订了就业协议。协议约定企业为其办理大学生毕业入沪手续，以及张某必须工作两年的约定，

---

① 李莉. 实用礼仪教程. 北京：中国人民大学出版社，2002.

并约定了违约金 50 000 元。

报到后，张某很快在公司的帮助下办妥了户籍手续；待到公司要求签订劳动合同时，张某却不愿意签订为期两年的劳动合同，而只愿意签订一年，以至于协商不成，张某一怒之下辞职离开了公司。

公司随即将张某诉至法院，法院在审理后认为张某不遵守就业协议的约定，无理拒绝签订劳动合同，构成违约行为，应当承担违约责任。

8.3.4　充分的心理准备

对于大多数刚刚走向工作岗位的大学毕业生而言，个人的心理准备都是不足的。虽然有为数不少的学生在校期间参加过社会实践，但由于所担任的角色不同，所以工作感受是不同的。在即将工作之时，适时适度地做好较为充分的心理准备是非常必要的。

对待第一份工作的态度，在很大程度上决定着你是否能够顺利完成从一个校园人到社会人的转变。因此，正确的工作观十分重要。刚入社会的新人应该如何建立工作观？正确的工作观，犹如人生路上的明灯，不但会为你指引正确的方向，也会为个人的职场生涯创造丰富的资源。

作为一个新人，学习和建立负责任的观念，会让主管、同事觉得孺子可教。抱着多做一点多学一点的心态，很快就会进入状态。新人进到公司，往往不知如何利用团队的力量完成工作。现在的企业很讲究 teamwork（团队工作），这不但包括依托团队，寻求资源，也包括主动帮助别人，以团体为荣。新人由于对自己的人生目标还不确定，常常三心二意，不知道自己将来要做什么。设定目标是首先要做的功课，然后就是坚韧执着地前行。途中当然应该停下来检视一下成果，但变来变去的人，多半会一事无成。

要有所追求，有发展的方向和目标，很多年轻人因为贪图一时的轻松，而放弃未来可能创造前景的挑战。要时时鼓励自己将目标放远。新人首先要学会分辨是非，懂得细心观察时势，脚踏实地，一步一个脚印地工作，累积雄厚的实力。切忌说得天花乱坠，却无法一一落实。脚踏实地的人会让别人有安全感，也愿意将更多的责任赋予你。

工作压力、人际关系，往往是新人无法承受之重。人生的路很漫长，要有负重的精神，才能安全地抵达终点。可以像海绵一样吸取别人的经验，但职场不是补习班，没有人有义务教导你如何完成工作。有感恩图报的心，工作会更愉快。大任务、新任务，对于新人是最好的磨炼，若有机会，应该勇敢接受挑战，借此积累别人得不到的经验。

工作中的流程有些往往是一成不变的，新人的优势在于不了解既有的做法，而能创造出新的创意与点子。一味地接受工作的交付，只能学到工作方法的皮毛；能思考应变的人，才会学到方法的精髓。学会善解人意，常常问自己：如果我是主管该怎么办？这有助于吸收处理事情的方法。在工作上善解人意，会减轻主管、共事者的负担，也会让自己更具人缘。

最后，所有求职的新人一定要记住，第一份工作不要太计较薪资，要将眼光放远，抱着学习的心态，才会有更光明的未来。重要的是，当你拥有了正确的工作观，继而在职场中发现别人的优点加以学习，观察别人的缺点予以警惕，第一份工作会让你受用无穷。

本 章 小 结

　　求职就业礼仪事实上是每个人在求职过程中所表现出的由里到外的一种涵养。外表的礼仪是对招聘单位和面试人员最起码的尊重，而内在的礼仪更是一名当代大学生所必备的修养。本章着重介绍了求职者在面试求职过程中应该遵守的各种礼仪规范，帮助求职者在走向社会前做好充分的礼仪准备，树立正确的就业观，顺利地完成从一个校园人到社会人的转变。

关 键 概 念

求职者　面试　面试礼仪　就业　就业礼仪

自测题

1. 填空题

(1) 面试时给面试官最直接的第一印象是通过一个人＿＿＿＿＿＿表现出来的。

(2) 面试是求职者与＿＿＿＿＿＿交谈和回答问题的过程。

(3) 到就业单位报到后，应及时与就业单位签订＿＿＿＿＿＿并办理相关的手续。

2. 单项选择题

(1) 在面试前求职者对仪容修饰的基本规则是：美观、整洁、卫生、（　　）。

　　A. 前卫　　　　　　　　　　　B. 时尚

　　C. 夸张　　　　　　　　　　　D. 得体

(2) 求职者在回答面试官问题时，应该（　　）。

　　A. 准确客观　　　　　　　　　B. 夸大事实

　　C. 全面阐述　　　　　　　　　D. 态度强硬

(3) 面试后写的感谢信要（　　）。

　　A. 冗长　　　　　　　　　　　B. 简洁

　　C. 深刻　　　　　　　　　　　D. 创新

3. 判断题

(1) 求职者在面试时可以随意着装，只要合身、舒服即可。　　　　　　　（　　）

(2) 在简历中撰写工作经验，一定要夸大个人成绩。　　　　　　　　　　（　　）

(3) 面试结束时要向面试官表示谢意，与其握手道别。　　　　　　　　　（　　）

4. 简答题

(1) 求职者在面试前应做好哪些心理准备？

(2) 面试中有哪些禁忌？

(3) 就业礼仪应该注意些什么？

案例分析

面　试①

一家公司准备聘用一名公关部长。经过笔试后，只剩 8 名考生等待面试。面试限定每人在两分钟内，对主考官的提问作答。当每位考生进入考场时，主考官问的是同一句话："请把大衣放好，在我面前坐下。"然而，在考试的房间中，除了主考官使用的一张桌子和一把椅子外别无他物。

有两名考生听到考官的话，不知所措；另有两名急得流泪；还有一名听到提问后脱下自己的大衣，搁在主考官的桌子上，然后说了句话："还有什么问题？"结果这 5 名考生全部被淘汰了。

在剩下的三名考生中，一名听到主考官发问后，先是一愣，随即脱下大衣，往右手上一搭，鞠躬致礼，并轻声询问："这里没有椅子，我可以站着回答您的问题吗？"公司对这位考生的评语是："有一定的应变能力，但创新、开拓不足。彬彬有礼，能适应严格的管理制度，可用于财务和秘书部门。"另一名考生听到问题后马上回答说："既然没有椅子，就不用坐了，谢谢您的关心，我愿听候下一个问题。"公司对此人的评语是："守中略有攻，可先培养用于对内，然后再对外。"最后一位考生的反应是，当他听到主考官的发问后，眼睛一眨，随即出门去，把候考时坐过的椅子搬进来，放在离主考官侧面 1 米处，然后脱下自己的大衣。对主考官施礼，说了声"谢谢"，便退出考场房间，把门轻轻关上。公司对此人的评语是："不说一词而巧妙地回答了考题；富于开拓精神，加上笔试成绩俱佳，可以录用为公关部长。"

讨论题：

1. 请问那 5 名考生为什么会直接被淘汰？他们的哪些行为是不合乎礼仪规范的？

2. 请结合案例讨论求职者在面试时应该如何赢得面试官的青睐。

技能训练

全班分为若干小组，每组 5～7 人，分别扮演不同的角色，模拟面试场景，将面试前的准备、面试过程和面试后的内容浓缩到一起。通过仔细揣摩模拟场景，能够熟练掌握求职就业的基本礼仪规范。

---

① http://www.welcome.org.cn/liyi/liyi/zhichangliyi/wanweizhichang/2008 - 3 - 5/MianShiDeZhuYiShiXiangYuMianShiLiYi.html.

第 9 章 公务礼仪

【本章导读】

公务礼仪是指在办公室、会议和各种仪式过程中应遵守的礼仪规范，要想让自己在公务交往过程中获得成功，掌握公务交往礼仪规范就显得十分重要。通过本章的学习，我们将会了解公务礼仪的基本内容，掌握公务礼仪的各种礼仪规范，熟悉会议礼仪、办公室礼仪和各种仪式礼仪等，从而进一步提高个人公务交往能力。

【学习目标】

1. 了解公务礼仪的内容；
2. 理解仪式礼仪；
3. 熟悉办公室礼仪、会议礼仪。

【引例】

外商的不辞而别

国内有一医疗设备企业，在与国外投资商签约之时，外商参观了该厂的生产车间，厂长亲自陪同，外商对厂长的能干精明和生产线印象不错。不料，就在陪同外商期间，厂长突然感到喉咙不舒服，本能地咳了一声，朝车间的墙角吐了一口痰，然后用鞋连忙擦去。第二天厂长收到外商的一封信："厂长的不文明习惯让我们不放心医疗产品的质量。中国成语说得好：人命关天，请原谅我的不辞而别，否则上帝会惩罚我的……"

问题引入：

1. 该外商为何不辞而别？
2. 请根据案例回答礼仪在公务活动中的重要性。

资料来源：http：//wenwen. soso. com/z/q109192938. htm？w.

9.1 办公室礼仪

办公室是工作的地方，同事们在这里朝夕相处，许多对外交往也在这里产生。因此，办公室礼仪最能体现一个人良好的素质和修养，可以树立个人和公司的良好形象，同时也关系到一个人的前程和事业。

9.1.1 办公室内的礼仪

办公室虽然是一个小空间，却是大的公共环境，可以说它是很多公务交往的起点，这里的言谈举止都体现着个人和公司的形象。

1. 办公室内的形象礼仪

1) 仪表要得体

办公室既是工作场所也是公共场合，工作人员要讲究个人卫生，同时仪容仪表要保持庄重，整洁。

2) 举止要文明

每位员工在办公室里都要注意自己的举止行为，除了要保持良好的站姿或坐姿外，还应注意避免在办公室里做一些不雅的小动作，如化妆、挖耳朵、抠鼻子等。此外，谈话时要注意与对方的距离，如若过近（尤其异性）会令对方感觉尴尬，同时也不要过分亲昵、拍肩搂臂，或是大声嚷嚷、指手画脚，这些都会显得你没有修养。

3) 环境要整洁

办公室的桌椅、地面及其他办公设施，都需要保持干净、整洁、井井有条。要将垃圾扔进垃圾桶里，切记不可到处乱扔。此外，还要保持办公室空气清新，因此在办公室里用餐是不合时宜的，工作人员在上班时间也不能吃带味的食物，不能喷过多的香水、清新剂等。

【小资料】

桌面透露职业形象

桌面形象可直接反映个人职业习惯。调查显示，超过半数受访者认为，桌面的秩序反映了其"专业及轻松"的个人风格，也有受访者觉得工作桌面反映了其创造性或沉闷的个性，其实只有极少数从事设计、广告等创意型工作的人能有这样的特权，大多数职场中的人不得不问自己：如果你的桌面影响到了你的职业形象，你还能容忍下去吗？

在国外，办公桌要体现专业形象和个人效率早已是职场人奉行的金科玉律。不过，在DYMO的调研中，60%的国外职场人表示，这样的习惯需要通过后天的训练来养成。在美国，不少家庭在孩子很小的时候，就引导他们使用一些工具，比如使用一些标签机给他们的桌椅编好名字，来培养孩子细节管理的能力。当他们长大进入办公室后，他们同样会通过这些从小培养起来的习惯来管理他们的办公桌。

其实，这是一些很简单的技巧。比如，紧急的文件可以用红色文件夹收藏，常用的文件则用黄色，然后用标签机制作好标签，进行专业的归类。重要的还是在于习惯的培养，在目前，国内公司好像还没有意识到这一点，工作效率、工作环境和职业形象，其实都需要由这些习惯的培养来塑造。

资料来源：http://www.eol.cn/article/20050128/3128114.shtml.

2. 办公室内的招呼礼仪

人际关系从口开始，亲切有礼地打招呼是开拓人际关系重要的一步。尤其是在办公室中，要时时不忘体谅他人的立场，关心他人的行动。

1) 主动打招呼，迅速应答

进入办公室，首先在别人未看到自己时主动地与同事打招呼，问候一声"你好！"如果遇到自己的晚辈、下属，则不妨与其多寒暄几句，体现自己对他们的关心之意。譬如："怎么样？精神不错呀！你处理的那份业务进展很顺利吧！预定的事就请多费心了！"当然，对于同事的问候也应及时而礼貌地做出应答。

2) 有事外出要告知同事

有事要外出，一定要注意与办公室的同事讲一声，交代外出地点及联络方式。办公人员如果有未打一声招呼就随意地离开公司的情形，不但容易被认为是玩忽职守的行为，而且有可能会影响其他同事工作的顺利进行。

3) 关心他人的行动，体谅他人的立场

例如，当同事外出回来时，不要忘了问候一句"辛苦了！欢迎回来！"这样的一句简单问候，不但可以使外出者感到温暖，而且还能使公司的气氛变得温馨。

3. 办公室内的接待礼仪

接待人员要品貌端正，举止大方，口齿清楚，具有一定的文化素养。

（1）接待人员服饰要整洁、端庄、得体、高雅；女性应避免佩戴过于夸张或有碍工作的饰物，化妆应尽量淡雅。

（2）如果来访者是预先约定好的重要客人，则应根据来访者的地位、身份等确定相应的接待规格和程序。在办公室接待一般的来访者，谈话时应注意少说多听，最好不要隔着办公桌与来人说话。对来访者反映的问题，应做简短的记录。

4. 办公室内的同事相处礼仪

1) 与一般同事相处

众所周知，良好的同事关系会给自己在工作、事业等各个方面带来莫大的帮助。那么，应如何与一般的同事相处呢？要注意下列几条原则。

（1）尊重同事。相互尊重是处理好人际关系的基础，同事关系也不例外。同事关系不同于亲友关系，亲友之间一时的失礼，可以用亲情来弥补，而同事之间的关系是以工作为纽带的，一旦失礼，创伤就难以愈合。所以，处理好同事之间的关系，最重要的是尊重对方。

（2）物质上的往来应一清二楚。同事之间可能有相互借钱、借物或馈赠礼品等物质上的往来，但切忌马虎，每一项都应记得清楚明白，即使是小的款项，也应记在备忘录上，以提醒自己及时归还，以免遗忘，引起误会。

（3）对同事的困难表示关心。当同事遇到困难时，应主动询问，对力所能及的事应尽力帮忙，这样会增进双方之间的感情，使关系更加融洽。

（4）不在背后议论同事的隐私。每个人都有隐私，隐私与个人的名誉密切相关，背后议论他人的隐私，会损害他人的名誉，引起双方关系的紧张甚至恶化。

（5）对自己的失误或同事间的误会，应主动道歉说明。同事之间经常相处，一时的失误在所难免。如果出现失误，应主动向对方道歉，以求对方的谅解；对双方的误会应主动向对方说明，不可小肚鸡肠，耿耿于怀。

2) 与领导相处

与领导相处的好坏会直接关系到晋升的快慢。因此，在与领导相处时一定要谨慎，通过领导的言谈举止去了解他，只有这样你才能够知道如何与他进行交往。具体而言，应该注意以下几个方面。

（1）倾听。与领导交谈时，要学会聆听，要领会领导谈话的意图，只有这样你才能知道下一步如何来做。必要的时候可以拿出记事本来进行记录。

（2）要保持一定的距离。在与领导相处时要保持一定的距离。距离走得过近，别人会认为你在溜须拍马，会给自己带来不好的影响，同时也会给领导带来一些不便；如果距离过远，这也不利于大家的工作，因为现在很多工作需要大家齐心协力才能完成。所以要与领导保持适当的距离。

（3）维护领导的形象。在跟随你的领导参加一些活动时，要维护领导的形象。在外人面前不要说领导的坏话，当听到别人说领导坏话时要进行解释。在一些场合要给领导创造一些表现的机会。

（4）了解你的领导。如果想让你的领导喜欢你，你要先了解一下领导的性格、爱好、工作风格，只有这样才能够取悦于他，成为他生活中的朋友，工作中的最佳搭档。

3）与下属相处

作为一个成功的领导，应该学会如何与其下属和睦相处，具体体现在下面三个方面。

（1）尊重下属。尊重下属是领导应具备的基本素质。得到对方的尊重是每个人的权利，领导不能因为在工作中有上下级的关系，就可以随意地呵斥下属，不尊重下属的人格。

（2）善于听取下属的意见和建议。领导者应当采取多种方式听取下属的意见，了解下属的愿望，这样既可以提高领导的威信，又能够体现领导对下属的关心。

（3）宽待下属。领导应心胸开阔，对下属的失礼、失误应用宽容的胸怀对待，尽力帮助下属改正错误，而不是一味打击、处罚，更不能记恨在心，挟私报复。

【小案例】

管理人员的苦恼

小王是某酒楼的一名管理人员。生性内向的他，潜意识中总有一种想法——这种人这么"难伺候"，凭什么我一定要照顾他们的情绪，搞得自己不开心呢？同时，他又觉得有时自己好心好意安排给下属的工作，却又无法让对方领情。因此，小王陷入了深深的苦恼之中。

在职场闯荡，有的人忙忙碌碌举步维艰，有的人却如履青云直上九天。这是为什么？其实，职场如江湖，如何和同事"过招"也是门艺术。

4）男女同事间的相处

在办公室里最难把握的是男女之间相处的"度"。尤其是年轻的女士，处理与男同事或男上司的关系更不容易。如若过"度"则会影响其形象；拒人于千里之外，又会使人产生独特清高、孤芳自赏的印象。因此，要注意保持空间距离，不要身体靠得太近，动作表示不要过于亲昵，语言交流时要注意用语恰当，要随和，不要过于随便。

5. 办公室内应注意的问题

为了进一步提高办公室人员的综合素质，培养良好的作风，提高办事质量和效率，在办公室内工作时应注意以下问题。

（1）增强时间观念。上班要按时到位，不迟到，不早退。如遇重大活动，要提前到岗做好准备工作。需要加班时，也不要抱怨，要服从安排。注意提高单位时间办事效率，工作尽量在上班时间内完成。

（2）严格请假制度。除遇特殊情况和突发事件可电话请假外，请假必须由当事人当面提出，不允许"先斩后奏"。

（3）保守秘密。对于公司内的一切重要物品，一定要妥善保管，更不可将公司的商业机密泄露出去。

（4）要讲团结。办公室同事间要团结，不传播谣言和小道消息，不搬弄、议论是非。

（5）主动服务。若遇外来人员前来办事，要主动给予帮助，不要等到对方要求时才不情愿地去做。必要时还要为对方准备一些饮品。

（6）节约从小事做起。从节约纸张、出门注意关空调和计算机（包括显示器的电源）、随时关水龙头、出车时节油、缩短电话通话时间等细小方面做起，历行节约。

（7）工作要有责任心。工作要讲求效率和质量，凡是领导交办的任务，都要尽最大努力在规定时间和期限内完成。工作要力求细致，养成一种严谨细致的作风，要有上进心，力求在本职岗位上多出成绩，多出亮点。

（8）办事要有章法。在做事时要按照自己岗位职责和责任要求去操作，不能只按照自己的主观认定去做事情。

6. 在他人办公室的礼仪

1）提前预约，准时赴约

不同的部门即使是在同一个办公楼里办公，在见面之前，也一定要提前预约，而且要准时赴约。

2）遵守他人办公室的规章

由于每个单位的不同的部门都有其各自的工作职能，自然每个办公室的规章也不一样。我们在光顾别人的办公室时要自觉遵守其办公室的规章，例如档案室，它是一个单位的机要部门，除其内部工作人员外，任何人不得随便进入。

3）不要乱动他人的东西

到了他人的办公室不要乱动东西。如果确实需要使用某人的设备，应事先征得同意。不要乱翻文件，更不要偷看桌上的文件。如果用坏别人的办公工具，应该向其说明，并征求是否需代为修理或给予赔偿。

4）及时撤离

到他人办公室拜访时，无论是否达到拜访的目的，都不要停留过久，到了该走的时间就要离开，因为停留过久会影响被拜访人的工作。

9.1.2　会议室及公用设备使用礼仪

1. 会议室礼仪

1）预约

专用会议室一般不用预约，使用公用会议室或借用其他地方的会议室要提前与会议室的管理人员预约。

2）保持会议室的环境卫生

使用会议室后，桌面或地下如有污损或脏乱，离开时应随手用抹布或吸尘器清理，以保持会议室的清洁；使用公共的文具或美工用品完毕之后，应立刻归还原位；饮料瓶、废纸杯要主动扔进垃圾桶；个人的衣服或包要整齐地放在会议室的置物处，勿置于桌上；若下雨天带雨伞，雨伞要放置于特定位置。

2. 各类公用设备使用礼仪

1）使用公用计算机礼仪

（1）学会正确使用，如果不会要先向别人请教，不可自己随意乱弄。

（2）注意保养计算机，每次使用之前先杀毒，使大家都有一个安全的使用环境。

（3）注意文件的保密。不要偷看别人的文件，不要占用他人的存储空间或存储设备。

（4）不要在工作期间玩计算机游戏。

2）使用复印机的礼仪

（1）使用的先后问题。复印机是公司里使用频率较高的公共设备，同事容易在使用时间上发生冲突，一般来说，遵循先来后到的原则。

（2）不要将与工作无关的资料拿到办公室去进行复印。

（3）如果碰到需要更换碳粉或处理卡纸等问题，不知道如何处理，就请别人来帮忙，不要悄悄走掉，把问题留给下一个同事，让人觉得你不为别人着想，遇到困难和责任不敢承担。

（4）使用完毕后，不要忘记将原件拿走，否则容易丢失原稿，或走漏信息，给自己带来不便。此外，使用完后，还应将复印机设定在节能待机状态。

3）使用电话的礼仪

（1）电话虽然不是自己的私人财产，但也要细心维护，不可因为情绪不好而摔打电话。

（2）接打电话时，说话声音要小，尽量不要影响他人办公。

（3）电话是方便大家工作的，尽量不要用公用电话处理私人问题。

9.2　会议礼仪

会议是为实现一定的目的，由主办或主持单位召集组织的，由不同层次和不同数量的人参加的一种事务性活动。会议的目的多种多样，主要包括表扬批评、布置任务、解决问题、交流经验、调查情况、沟通信息和纠正错误等。无论什么目的的会议，要想取得良好的效果，就必须遵守一定的会议礼仪。

9.2.1　筹备会议

1. 会议前计划

举行任何会议，皆须先行确定其主题（包括会议名称），进行会议的筹备。会议主题一般是在开会前由有关领导集体确定，负责筹备会议的工作人员则应围绕会议主题，将领导议定的会议的规模、时间和议程等组织落实。通常要组成专门班子，明确分工，责任到人。

2. 通知的拟发

按常规，举行正式会议均应提前向与会者下发会议通知。所谓的会议通知，是指由会议的主办单位发给所有与会单位或全体与会者的书面文件，同时还包括向有关单位或嘉宾发的邀请函件。通知的拟发具体要做好以下两个方面的工作。

1) 拟好通知

会议通知一般应由标题、主题、会期、出席对象、报到时间、报到地点及与会要求等7项要点组成。拟写通知时，应保证其完整而且规范。

2) 及时送达

下发会议通知，应设法保证其及时送达，不得耽搁延误。

3. 常规性准备

负责会务工作时，往往有必要对一些会议所涉及的具体细节问题做好充分的准备工作。

1) 文件的起草

会议上所用的各种文件材料，一般应在会前准备妥当。需要认真准备的会议文件，主要有会议的议程、开幕词、闭幕词、主题报告、大会决议、典型材料、背景介绍等。有些文件应在与会者报到时就下发。

2) 做好会场的布置

对于会议举行的场地要有所选择，对于会场的桌椅要根据需要做好安排，对于开会时所需的各种音响、照明、投影、摄影、录音、空调、通风设备和多媒体设备等，应提前进行调试检修，有问题的要马上修理，以免耽误会议的正常进行。

3) 做好与相关机构的协调

一次会议的成功召开离不开相关机构和部门的配合，比如有关的新闻媒体、安全保卫部门和后勤服务部门等。

4) 会议用品的采购

一些会议用品，如纸张、本册、笔具、文件夹、姓名卡、座位签及饮料、声像用具等需要根据情况及时补充和采购。

5) 会议座次的安排

一般情况下，会议座次的安排分成两类：方桌会议和圆桌会议。

（1）方桌会议。方桌会议要特别注意座次的安排。如果只有一位领导时，领导一般应面门而坐，而且坐在方形会议桌的短边部分；如果由主客双方来参加的会议，一般双方对面而坐，客人坐在主方的对面。为了体现对客人尊敬，一般让客人坐在面门的一侧。

（2）圆桌会议。在圆桌会议中，可以不用拘泥过多的礼节，但要以门作为基准点，面门为上即可。

9.2.2 组织会议

会议组织工作是各类会议的重要环节，会议组织需要各个部门的协同配合，这样才能提高工作效率，会议才能顺利进行。

1. 会议议程

会议组织者或主持人应随时掌握会议进程。在工作性会议中，组织者或主持人就像交响乐团的指挥，应随时控制、掌握会议进程。具体来说，主要应做好以下几方面的工作。

（1）事先准备好一份会议议程表，并按照议程进行。

（2）开会时应告知与会者召开本次会议的目的，以及要取得的会议效果，与会者要围绕会议主题来进行讨论。

（3）规定会议的起止时间。要准时开始，按时结束。

2. 会议的气氛

会议的气氛是否融洽、顺利，与会议主持人角色扮演得好坏有很大的关系。会议主持人是宣布开会、散会、休息及主持会议进行者，主持会议应公平、公正，客观地行使其职权。

会议主持人在会议中，应做到以下几点。

（1）要对重要的来宾做详细的介绍，包括其姓名、职务、单位，如果是学术会议还应该介绍来宾在自己研究的领域中所取得的成绩。

（2）如果需要贵宾致辞，一般只需请一位代表即可。

（3）如同时有两个以上的人需要发言，这时若没有其他补充或要求，可请距离主持人较远者先发言。

（4）在有人进行发言时，主持人要尊重发言人，不要随意打断发言人的谈话；如果必须打断，要给发言人以一定的暗示。另外，主持人要控制好发言的时间。

（5）请人发言时，态度要诚恳，用语应有礼貌。

（6）维持会场秩序，并遵守会议规则。

3. 会议的开始

（1）会议开始之前，如果与会人员彼此不认识，主持会议方要进行介绍，以免大家同处一室内尴尬。另外，通过介绍，大家也可以趁此机会多结交一些朋友。

（2）告之参加会议的注意事项。例如，请所有人把手机全部关掉，不要随便走动，不要早退，在发言人发言结束后要给予热烈的掌声等。

（3）介绍会议的议程。

（4）会议记录。会议记录是对发言内容进行的客观文字记录，以便进行分析、研究、综合、整理，它是会议的简报、纪实、决策的主要依据。因此一般的会议，都应该由专人做记录。做会议记录要有专门的记录本，切记不可随处乱记，这样以后查阅起来比较难。会议记录一般包括会议的名称、主题、会议日期、地点、出席者名单、主持人、记录人。在进行记录时务必做到真实、准确、完整、简洁。

9.2.3　主持会议

1. 主持会议的时间要求

主持会议既是一门学问，也是一门艺术，作为会议主持人应该特别注意对时间的掌控。

（1）会议起始时间。准时开会，这是一位会议主持人的基本素养。守时是开好会议的一个重要因素，从大家坐定开始，主持人就要严格地注意时间，不要浪费时间，并且要注意应该准时结束会议，如果进展顺利，可以提早结束。

（2）讨论时间。给每一项议题都要分配讨论的时间，时间可以分钟来计算。

2. 会议主持人的礼仪规范

各种会议的主持人，一般可由具有一定职位的人来担任，其礼仪表现对会议能否圆满成功有着重要的影响。作为会议的主持人，应注意遵守下列各项礼仪规范。

（1）主持人应衣着整洁，大方庄重，精神饱满，切忌不修边幅，邋里邋遢。

（2）主持人在走上主席台时，步伐应稳健有力，行走的速度据会议的性质而定。一般而言，对热烈的会议步频应较慢，反之亦然。如果是站立主持时，应双腿并拢，腰背挺直。手持稿时，稿件的高度应与胸齐高；如果是坐姿主持时，应将身体挺直，双臂前伸，两手轻按于桌沿，主持过程中，切忌出现搔头、揉眼、跷腿等不雅动作。

（3）主持会议的人一定要注意避免走题。走题不仅浪费与会人员的时间，还会耽误会议的进程。所以主持人要明确开会的目的，在进行主持时要时刻围绕着会议主题来进行。

（4）主持人言谈应口齿清楚，思维敏捷，简明扼要。

（5）主持人应根据会议性质调节会议气氛，或庄重，或幽默，或沉稳，或活泼。

（6）主持人在会场上要是遇到了熟人，不可过分热情地与之寒暄，而忘记了做其他的事情，或冷落了其他的客人。此时只需向熟人点头、微笑致意，进行简单的问候即可，等会后再进行细谈。

9.2.4　参加会议

对于一个会议的参与者，参加会议是展示自我、学习、接触领导的好机会，应该注意自己的行为举止。

1. 参加会议人员

1）会议参加者的个人礼仪

会议参加者应衣着整洁，仪表大方。参加会议应准时或提前进入会场，会议开始后才进入会场是失礼的，进入会场后要服从会议组织人员的安排，讲究礼节，要轻轻寻找座位坐下，不可喧哗。如果与会者在会场内遇到熟识者可点头致意，但不可四处握手招呼。会议进行中，尽量不要随意讲话、走动，特殊情况需提前退场应向有关人员说明情况。

2）会议参加者应做忠实聆听者

听取他人发言，应专心听讲并做好会议记录，不要私下小声说话或交头接耳，发言人发言结束时应鼓掌致意，中途退场应轻手轻脚，不要影响他人。

2. 会议发言人

会议发言有正式发言和自由发言两种，前者一般是领导或重要人士做报告，后者一般是讨论发言。

（1）正式发言者，应衣冠整齐，走上主席台应步态自然，刚劲有力，体现一种胸有成竹、自信自强的风度与气质。发言时应口齿清晰，讲究逻辑，简明扼要。如果是书面发言，要时常抬头扫视一下会场，不能低头读稿，旁若无人。发言完毕，应对听众的倾听表示谢意。

（2）自由发言要注意讲究顺序和秩序，不能争抢发言；发言应简短，观点应明确；与他人有分歧，应以理服人，态度平和，听从主持人的指挥，不能只顾自己。

如果有会议参加者对发言人提问，应礼貌作答；对不能回答的问题，应机智而礼貌地说明理由；对提问人的批评和意见应认真听取，即使提问者的批评是错误的，也不应恶语相击。

9.3　仪 式 礼 仪

仪式是指在人际交往中，特别是在一些重大、庄严、隆重、热烈的正式场合里，为了激发起出席者的某种情感，或者为了引起其重视，而郑重其事地参照合乎规范与管理的程序，按部就班地举行的某种活动的具体形式。在现实生活里，人们可能接触到的仪式很多，诸如开业仪式、签字仪式、剪彩仪式、交接仪式、庆典仪式等。

当今社会，对各种社会组织而言，仪式有着重要的作用——有利于提高组织的知名度和美誉度，塑造组织形象；有利于鼓舞员工的士气，激发员工对本组织的热爱，培育组织员工的价值观念，增强组织的凝聚力；有利于传递组织的信息，使组织赢得更多的成功机会和合作伙伴；有利于沟通情感，传达意愿，增进友情。

9.3.1 开业仪式

开业仪式，是指在单位创建、开业，项目完工、落成，某一建筑物正式启用，或是某工程正式开始之际，为了表示庆贺和纪念，按照一定的程序所隆重举行的专门的仪式。筹备和举行开业仪式始终应按照"热烈、隆重、节约、缜密"的原则进行。

1. 开业仪式的准备

1）舆论宣传

举办开业仪式是为了吸引社会各界对组织的重视与关心，必须运用广泛的传播媒介，向公众传播开业信息。

常规工作有两项：一是选择有效的大众传播媒介，进行集中性的广告宣传。其内容多为开业仪式举行的日期、开业仪式举行的地点、开业之际对顾客的优惠、开业单位的经营特色等；二是邀请有关的大众传播界人士在开业仪式举行之时到场进行采访、报道，以便对本单位进行进一步的正面宣传。

2）邀请来宾

开业仪式成功与否，在很大程度上与参加典礼的主要宾客的身份和人数有直接关系。在开业典礼前应邀请上级领导、知名人士、有关职能部门、社区负责人、社团代表及新闻媒介等方面的人士参加。对邀请出席的来宾，应将请柬送达，以示对客人的敬重。请柬要精美、大方，一般用红色、白色、蓝色，填写好的请柬应放入信封内，并于提前一周左右的时间邮寄或派人送到有关单位和个人。

3）现场布置

（1）地点的选择。选择具体地点时，应结合庆典的规模、影响力及本单位的实际情况来决定。本单位的礼堂、会议厅，本单位内部或门前的广场，以及外借的大厅等，均可予以选择。室外举行庆典时，切勿因地点选择不慎，从而制造噪声、妨碍交通或治安，不要顾此失彼。

（2）环境的美化。反对铺张浪费，应当量力而行，着力美化庆典举行现场的环境。为了烘托出热烈、隆重、喜庆的气氛，可在现场张灯结彩，悬挂彩灯、彩带。张贴一些宣传标语，并且张挂标明庆典具体内容的大型横幅。如果有能力，还可以请由本单位员工组成的乐队、锣鼓队届时演奏音乐或敲锣打鼓等。但要注意，庆典活动结束后，要将因此产生的垃圾清除，不可置之不理。

（3）场地的大小。从理论上说，在选择举行庆祝仪式的场地时，其大小应与出席者人数的多少成正比。也就是说场地的大小，应同出席者人数的多少相适应。

（4）音响的准备。在举行庆典之前，务必要把音响准备好。尤其是供来宾们讲话时使用的麦克风和传声设备，在关键时刻绝不允许临阵"罢工"，让主持人手忙脚乱、大出洋相。

4) 接待服务

对来宾的接待服务工作一定要指派专人负责，重要来宾的接待应由组织负责人亲自完成。要安排专门的接待室，接待室的茶几上要放置烟灰缸，茶杯要洁净；如不允许吸烟，应用礼貌标语标牌放置在接待室中，提示来宾；要准备好来宾的签到处，准备贵宾留言簿，最好是红色或金色锦缎面的高级留言册，同时准备好留言所用的文具。

5) 礼品馈赠

开业仪式上向来宾赠送的礼品是一种宣传性的传播媒介，如果准备得当，往往能产生很好的宣传效果。举行开业仪式时向来宾赠送的礼品，应具有以下三大特征。一是宣传性。可选用本单位的产品，也可在礼品及其包装上印有本单位的企业标志、广告用语、产品图案、开业日期等。二是纪念性。要使之具有一定的纪念意义，并且使拥有者对其珍惜、重视，并为之感到光荣和自豪。三是独特性。它应当与众不同，具有本单位的鲜明特色，使人一目了然。

6) 程序拟定

要做好程序拟定工作。从总体上来看，开业仪式大都由开场、过程、结束三大基本程序构成。

开场，即奏乐，邀请来宾就位，宣布仪式正式开始，介绍主要来宾。

过程，是开业仪式的核心内容，它通常包括本单位负责人讲话，来宾代表致辞，启动某项开业标志等。

结束，则包括开业仪式结束后，宾主一道进行现场参观、联欢、座谈等。它是开业仪式必不可少的尾声。

此外，为使开业仪式顺利进行，在筹备之时，必须要认真草拟开业仪式程序，并选定好仪式主持人，还要精心拟定好庆典的具体程序。一次庆典举行得成功与否，与其具体的程序不无关系。仪式礼仪规定，拟定庆典的程序时，必须遵循以下两条原则。

(1) 时间宜短不宜长，应以一个小时为极限。这既是为了确保其效果良好，也是为了尊重全体出席者，尤其是为了尊重来宾。

(2) 程序宜少不宜多。程序过多，不仅会加长时间，而且还会分散出席者的注意力，并给人以庆典内容过于凌乱之感。

2. 开业仪式的种类

1) 开幕仪式

开幕仪式是开业仪式常见的形式之一，通常是指公司、企业、宾馆、商店、银行等正式启用前，或各类商品的展示会、博览会、订货会正式开始之前所正式举行的相关仪式。每当开幕仪式举行之后，公司、企业、宾馆、商店、银行等将正式营业，有关商品的展示会、博览会、订货会将正式接待顾客与观众。一般来说，在举行开幕式时要在比较宽敞的活动空间中进行，如门前广场、展厅门前、室内大厅等处，都是较为合适的地点。

2) 奠基仪式

奠基仪式是指一些重要的建筑物，如大厦、场馆、亭台、纪念碑等，在动工修建前正式举行的庆贺性活动。其举行地点应选择在动工修建建筑物的施工现场，一般在建筑物的正门右侧，在奠基仪式的举行现场设有彩棚，安放该建筑物的模型、设计图、效果图，并使各种建筑机械就位待命。

用来奠基的奠基石应是一块完整无损、外观精美的长方形石料。在奠基石上文字应当竖写，在其右上款写上建筑物的名称，正中央应有"奠基"两个大字，左下款刻有奠基单位的全称及举行奠基仪式的具体年月日。奠基石上的字体，大都用楷体字刻写，并且最好用白底金字或黑字。在奠基石的下方或一侧，还应安放一只密闭完好的铁盒，内装与该建筑物相关的各有关资料及奠基人的姓名。届时，它将同奠基石一道被奠基人等培土掩埋于地下，以示纪念。

3）开工仪式

开工仪式是指工厂准备正式开始生产产品、矿山准备正式开采矿石时专门举行的庆祝性和纪念性活动。开工仪式大都在工厂的生产车间或矿山的主要矿井等生产现场举行，在仪式现场除了司仪人员可以穿礼仪性服装之外，其他人员均应穿着干净整洁的工作服出席仪式。

4）落成仪式

落成仪式也称竣工仪式，是指本单位所属的某一建筑物或某项设施建设、安装工作完成之后，或是某一纪念性、标志性建筑物——诸如纪念碑、纪念塔、纪念堂等建成之后，以及某种意义特别大的产品生产成功之后，所专门举行的庆贺性活动。落成仪式一般应在现场举行，如新落成的建筑物之前，纪念碑、纪念塔的旁边等。参加落成仪式要注意情绪，在庆贺工厂大厦落成、重要产品生产时应表现得欢乐和喜悦；在庆祝纪念碑、纪念塔等落成时应表现得庄严而肃穆。

5）下水仪式

下水仪式是指新船建成下水之时所专门举行的仪式。一般造船厂在吨位较大的轮船建造完成、验收完毕、交付使用之际，为其正式下水起航而特意举行的庆祝性活动。下水仪式基本上都是在新船码头上举行。届时，应对现场进行一定的美化，如在船坞门口与干道两侧，应饰有彩旗、彩带；在新船所在码头附近，应设置专供来宾观礼或休息用的彩棚。对新船也应装扮，可在船头扎上由红绸结成的大红花，在船两侧船舷上扎上彩旗，系上彩带。

6）开通仪式

开通仪式是指在重要的交通建筑完工并验收合格之后，正式举行的启用仪式。例如，公路、铁路、地铁、轻轨及重要的桥梁、隧道等，在正式交付使用前，均应举行一次开通仪式表示庆祝。举行开通仪式的地点应在公路、铁路、地铁与轻轨新线路的某一端，新建桥梁的某一头，或者新建隧道的某一侧。在现场附近及沿线两旁，应当适量地插上彩旗，系上彩带。必要时，还应设置彩色牌楼，并悬挂横幅。对汽车、火车或地铁列车等要进行装饰，可在车头系上红花，在车身两侧插上彩旗，系上彩带，悬挂大幅醒目标语。

3. 开业典礼程序

1）迎宾

请来宾就座，出席者安静，介绍嘉宾。

2）典礼开始

宣布庆典正式开始，全体起立，奏国歌或唱本单位之歌。

3）致辞

单位主要负责人致辞。其内容大体包括对来宾表示感谢，介绍此次庆典的缘由等，其重点应是报捷及庆典的可"庆"之处。

4）致答谢词

邀请嘉宾讲话，一般而言，出席典礼的上级主要领导、协作单位及社区关系单位，均应有代表讲话或致答谢词。应当提前约定好，不要当场当众推来推去。对外来的贺电、贺信等，可不必一一宣读，但对其署名单位或个人应当公布。在进行公布时，可依照其"先来后到"为序，或是按照其具体名称的汉字笔画的多少进行排列。

5）揭幕

正式开工，届时应由本单位职工代表或来宾代表到机器开关或电闸旁，动手启动机器或合上电闸。全体人员此时应鼓掌祝贺，并奏乐。

6）安排文艺演出

这项程序可有可无，如果准备安排，应当慎选内容，注意不要有悖于庆典的主旨。

7）邀请来宾进行参观

如有可能，可安排来宾参观本单位的有关展览或车间等，此项程序有时亦可省略。

4. 参加开业典礼的礼仪要求

参加庆典时，不论是主办单位的人员还是外单位的人员，均应注意自己临场之际的举止表现。其中，主办单位人员的表现尤为重要。

1）组织方礼仪

在举行庆祝仪式之前，主办单位应对本单位的全体员工进行必要的礼仪教育。对于本单位出席庆典的人员，还须规定好有关的注意事项，并要求大家在临场之时，务必要严格遵守。在庆祝仪式上，真正令人瞩目的，还是东道主方面的出席人员。假如这些人在庆典中精神风貌不佳，穿着打扮散漫，行为举止不雅，很容易对本单位的形象塑造造成负面的影响。

按照仪式礼仪的要求，作为组织方或接待方应该注意以下几个方面。

（1）仪容要整洁。所有出席本单位庆典的人员，都要精心整理自己的仪容，最基本的要求是干净、整齐。

（2）服装要统一。有统一制服的单位，应要求以制服作为本单位人士的庆典着装；无制服的单位，应规定届时出席庆典的本单位人员必须穿着礼仪性服装。

（3）遵守时间。本单位工作人员要在规定的时间到达指定的场所，不得迟到，不得无故缺席或中途退场。

（4）表情要自然。在举行庆典的整个过程中，要表情庄重、全神贯注、聚精会神。在庆典举行期间，不允许嬉皮笑脸．嘻嘻哈哈，或是愁眉苦脸、一脸晦气、唉声叹气；否则会给到会的嘉宾留下不好的印象。

（5）态度要友好。主要体现为：对来宾要主动热情地问好；对来宾提出的问题，要立即予以友善的答复；不要围观来宾、指点来宾，或是对来宾持有敌意；当来宾在庆典上发表贺词时，或是随后进行参观时，要主动鼓掌表示欢迎或感谢；在鼓掌时，不要在对象上"挑三拣四"，不要"欺生"或是"杀熟"。

（6）行为要自律。作为举行仪式方的工作人员在行为上要严格要求自己。因为其一言一行都代表着公司，如果在行为上不严格要求自己，将会损害公司的形象。

（7）发言要简短。倘若某工作人员有幸在本单位的庆典中发言，则务必谨记以下几点：上下场时要沉着冷静，讲究礼貌，发言一定要在规定的时间内结束，不要有太多的肢体语言。

2）宾客礼仪

来宾在参加庆典时，同样有必要遵守一定的礼仪规范。以自己良好的临场表现（如个人着装、个人举止等），来表达对主人的敬意与对庆典本身的重视。

9.3.2 签字仪式

签字仪式是组织与对方经过会谈、协商，形成某项协议或协定，再互换正式文本的仪式。它是一种比较隆重的活动，礼仪规范也比较严格。

1. 签字仪式准备

签字仪式是组织具有"里程碑"意义的大事，组织应予以充分准备，做到万无一失。

1）准备待签文本

洽谈或谈判结束后，双方应指定专人按谈判达成的协议做好待签文本的定稿、翻译、校对、印刷、装订、盖印等工作。文本一旦签字就具有法律效力，因此，对待文本的准备应当郑重严肃。

待签文本通常应装订成册，并以仿皮或其他高档质料作为封面，其规格一般为大八开，所用的纸张务必高档，印刷务必精美，以示郑重。

2）布置签字场地

签字场地一般为专用场地，有时也可临时以会议厅、会客室来代替。布置签字场地的总原则是庄重、整洁、清静。

一间标准的签字厅，应当在室内铺满地毯，正规的签字桌为长桌，上面最好铺设深绿色的台呢。

按照仪式礼仪的规范，签字桌应该横放。在其后，可摆放适量的座椅。签署双边性合同时，可放置两张座椅，供签字人就座；签署多边性合同时，既可仅放一张座椅，供各方签字人签字时轮流就座，也可为每位签字人都各自提供一张座椅。

在签字桌上，应事先安放好待签文本，以及签字笔、吸墨器等签字时所用的文具。

与外商签署涉外商务合同时，须在签字桌上插放有关各方的国旗。插放国旗时，在其位置与顺序上，必须依照礼宾序列而行。如签署双边性文本时，有关各方的国旗须插放在该方签字人座椅的正前方。如果签署多边性合同、协议等时，各方的国旗应依一定的礼宾顺序插在各方签字人的身后。

3）安排签字人员

在举行签字仪式之前，有关各方应预先确定好参加签字仪式的人员，并向其有关方面通报。客方尤其要将自己一方出席签字仪式的人数提前给主方，以便主方安排。签字人要视文件的性质来确定，一般可由最高负责人签，但双方签字人的身份应该对等。参加签字的有关各方事先还要安排一名熟悉签字仪式详细程序的协助签字人，并商定好签字的有关细节。其他出席签字仪式的陪同人员，基本上是双方参加谈判的全体人员，按一般礼貌做法，人数最好大体相等。为了表示重视，双方也可对等邀请更高一层的领导人出席签字仪式。

此外，参加签字仪式的人员还应注意以下礼仪规范。

（1）由于签字仪式是比较正规的仪式，因此签字人员的穿着必须符合礼仪规范的要求，签字人、协助签字人及其随员，在出席签字仪式时，应当穿着具有礼服性质的深色西装或套装，并且配以单色衬衫与深色皮鞋。

（2）在签字仪式上的服务人员，可以穿自己的工作制服，或是适合这种场合的礼仪服装，如旗袍等。

（3）签字人员应注意仪态、举止，要落落大方，自然得体。

2. 签字仪式的程序

虽然签字仪式的时间不长，但它是合同、协议签署的高潮，其程序规范、庄重热烈。一般来说，签字仪式主要包括以下几项程序。

1）签字仪式开始

有关各方人员进入签字厅，在既定的位次上坐好。签字者按照主居左、客居右的位置入座，其他陪同人员分主客两方以各自职位、身份高低为序，自左向右（客方）或自右向左（主方）排列于各签字人之后，或坐在己方签字者的对面。双方协助签字人分别站在己方签字者的外侧，协助翻揭文本，指明签字处，并为已签署的文件吸墨防洇。

2）签字人签署文本

签字人签署文本通常的做法是先签署己方保存的合同文本，接着再签署他方保存的合同文本，这一做法在礼仪上称为"轮换制"。其含义是在位次排列上，轮流使有关各方都有机会居于首位一次，以显示机会均等，各方平等。

3）交换合同文本

各方签字人，正式交换有关各方已经正式签署的文本，交换后各方签字人员握手，互致祝贺。此时全场人员应该鼓掌，表示祝贺。

4）共同举杯庆贺

交换已签订的合同文本后，礼宾小姐会用托盘端上香槟酒，有关人员尤其是签字人当场干上一杯香槟酒，这是国际上通用的旨在增添喜庆色彩的做法。

5）有秩序退场

签字仪式结束后请各方最高领导者及客方先退场，然后东道主再退场。整个签字仪式以半小时为宜。

9.3.3 剪彩礼仪

剪彩仪式是指有关的组织为了庆贺其成立开业、大型建筑物落成、新造的车船和飞机出厂、道路桥梁落成首次通车、大型展销会、展览会的开幕而举行的一种庆祝活动。

剪彩作为一种庆典仪式，可以在开业典礼中举行，也可举行专门的剪彩仪式，以期引起社会各界的重视。一般情况下，在各式各样的开业仪式中，剪彩都是一项极其重要的、不可或缺的程序。尽管它往往也可以被单独地分离出来，独立成项，但是在更多的时候，它是附属于开业仪式的。

1. 剪彩仪式准备

剪彩仪式也有大量的准备工作需要做好。其中主要涉及剪彩用具的准备和剪彩人员的选择。在准备过程中，必须认真细致，精益求精。此外，场地的布置、环境的卫生、灯光与音响的准备、媒体的邀请、人员的培训等内容基本等同于开业仪式，这里不再赘述。

1）剪彩用具准备

主办方应仔细地选择和准备剪彩仪式上所需使用的一些特殊用具，诸如红色缎带、新剪刀、白色薄纱手套、托盘及红色地毯等。

（1）红色缎带。红色缎带即为剪彩仪式之中的"彩"。作为主角，它自然是万众瞩目之处。按照传统做法，应当由一整匹未曾使用过的红色绸缎，在中间结成数朵花团而成。目前，有些单位为了节约，以长度为两米左右的细窄的红色缎带，或者以红布条、红线绳、红纸条等取而代之。一般来说，红色缎带上所结的花团，不仅要生动、硕大、醒目，而且其具体数目往往还同现场剪彩者的人数直接相关。依照惯例，红色缎带上所结的花团的具体数目有两类模式：一是花团的数目比现场剪彩者的人数多上一个；二是花团的数目比现场剪彩者的人数少上一个。前者可使每位剪彩者总是处于两朵花团之间，尤显正式；后者则不同常规，亦有新意。

（2）新剪刀。新剪刀是专供剪彩者在剪彩仪式上正式剪彩时使用的专用剪刀，必须是每位现场剪彩者人手一把，且要崭新、锋利而顺手。事先应对剪刀逐一检查，务必确保剪彩者在正式剪彩时，可以"手起刀落"，一举成功，切勿一再补刀。在剪彩仪式结束后，主办方可将每位剪彩者所使用的剪刀经过包装之后，送给对方以做纪念。

（3）白色薄纱手套。在正式的剪彩仪式上，剪彩者剪彩时最好每人戴上一副白色薄纱手套，以示郑重其事。在准备白色薄纱手套时，除了要确保其数量充足之外，还须使之大小适度、崭新平整、洁白无瑕。

（4）托盘。在剪彩仪式上，托盘是托在礼仪小姐手中，用作盛放红色缎带、剪刀、白色薄纱手套的。在剪彩仪式上所使用的托盘，最好是崭新的、洁净的。它通常首选银色的不锈钢制品。为了显示正规，可在使用时铺上红色绒布或绸布。就其数量而论，剪彩时可以用一只托盘依次向各位剪彩者提供剪刀与手套，并同时盛放红色缎带；也可以为每一位剪彩者配置一只专为其服务的托盘，同时使红色缎带专由一只托盘盛放。后一种方法显得更加正式一些。

（5）红色地毯。红色地毯主要用于铺设在剪彩者正式剪彩时的站立之处。其长度可视剪彩人数的多寡而定，其宽度则不应在一米以下。在剪彩现场铺设红色地毯，主要是为了提升其档次，并营造一种喜庆的气氛，亦可不予铺设。

2）剪彩人员的选定

在剪彩仪式上，最为活跃的，当然是剪彩者。因此，对剪彩人员必须认真地进行选择，并于事先进行必要的礼仪培训。除主持人之外，剪彩人员主要有剪彩者与助剪者等，确定剪彩者名单，必须是在剪彩仪式正式举行之前。

（1）剪彩者。名单一经确定，即应尽早告知对方，使其有所准备。在一般情况下，确定剪彩者时，必须尊重对方个人意见，切勿勉强对方。需要由数人同时担任剪彩者时，应分别告知每位剪彩者届时他将与何人同担此任。这样做是对剪彩者的一种尊重。千万不要"临阵磨枪"，在剪彩开始前方才强拉硬拽，临时找人凑数。

必要之时，可在剪彩仪式举行前，将剪彩者集中在一起，告知对方有关的注意事项，并稍事排练。按照常规，剪彩者应着西装、套裙或制服，并将头发梳理整齐。不允许戴帽子或戴墨镜，也不允许其穿着便装。

若剪彩者仅为一人，则其剪彩时居中而立即可；若剪彩者不止一人时，则其同时上场剪彩时位次的尊卑就必须予以重视。一般而言，按照职位的高低——中间高于两侧，右侧高于左侧，距离中间站立者越远位次便越低，即主剪彩者应居于中央的位置。需要说明的是，之所以规定剪彩者的位次"右侧高于左侧"，主要是因为这是一项国际惯例，剪彩仪式理当遵守。

（2）礼仪人员。具体而言，在剪彩仪式上服务的礼仪小姐，又可以分为迎宾者、引导者、服务者、拉彩者、捧花者、托盘者。迎宾者的任务是在活动现场负责迎来送往；引导者的任务是在进行剪彩时负责带领剪彩者登台或退场；服务者的任务是为来宾尤其是剪彩者提供饮料，安排休息之处；拉彩者的任务是在剪彩时展开、拉直红色缎带；捧花者的任务则是在剪彩时手托花团；托盘者的任务则是为剪彩者提供剪刀、手套等剪彩用品。

礼仪小姐的基本条件是外在形象好、气质高雅、音色甜美、反应敏捷、机智灵活、善于交际。礼仪小姐的最佳装束应为：化淡妆、盘起头发，穿款式、面料、色彩统一的单色旗袍，配肉色连裤丝袜、黑色制式皮鞋。除戒指、耳环或耳钉外，不佩戴其他任何首饰。有时，礼仪小姐身穿深色或单色的套裙亦可。但是，她们的穿着打扮必须尽可能地整齐划一。必要时，可以从礼仪公司聘请礼仪小姐。

2. 剪彩仪式程序

1）安排座席

在剪彩仪式上，通常只为剪彩者、来宾和本单位的负责人安排座席。在剪彩仪式开始时，即应敬请大家在已排好顺序的座位上就座。在一般情况下，剪彩者应就座于前排。若其不止一人时，则应使之按照剪彩时的具体顺序就座。

2）仪式开始

在主持人宣布仪式开始后，乐队应演奏音乐，现场可燃放鞭炮，全体到场者应热烈鼓掌。此后，主持人应向全体到场者介绍到场的重要来宾。

3）发言

发言者依次应为东道主单位的代表、上级主管部门的代表、地方政府的代表、合作单位的代表等。其发言内容应言简意赅，每人不超过三分钟，重点应为介绍、道谢与致贺。

4）剪彩开始

进行剪彩，全体应热烈鼓掌，必要时还可奏乐或燃放鞭炮。剪彩前要向手拉缎带的礼仪小姐点头示意，全神贯注、表情庄重地将缎带一刀剪断，如果几位剪彩者共同剪彩，要注意协调行动，力争同时剪断彩带。还应与礼仪小姐配合，让彩球落于托盘中，剪彩者在放下剪刀后，应转身向周围的人鼓掌致意，并与主人进行礼节性的谈话，然后在礼仪小姐引导下退场。

5）参观现场

剪彩之后，主人应陪同来宾参观被剪之物，随后东道主单位可向来宾赠送纪念性礼品，并以自助餐款待全体来宾。

【小资料】

剪彩仪式的起源

剪彩仪式起源于开张。据说美国人做生意保留着一种习俗，即一清早必须把店门打开。为了使人们知道这是一个新开张的店铺，还要特地在门前横系上一条布带。因为这样做既可以防止店铺未开张前闯入闲人，又起到引人注目、标新立异的作用。等店铺正式开张时才将布带取走。

1912 年，美国的一家大百货公司将要开张，老板威尔斯严格地按照当地的风俗办事，在早早开着的店门前横系着一条布带，万事俱备，只等开张。这时，老板威尔斯十岁的女儿牵着一只哈巴狗从店里匆匆跑出来，无意中碰断了这条布带。这时在门外等候的顾客及行人以为商店正式开张营业了，蜂拥而入，争先恐后地购买货物，真是生意兴隆。不久，当老板的一个分公司要开张时，想起第一次开张时的盛况，如法炮制。这次是有意让小女把布带碰断，果然财运又不错。于是，人们认为让女孩碰断布带的做法是一个极好的兆头，因而争相效法，广为推行。之后，凡是新开张的商店都要邀请年轻的姑娘来撕断布带。

后来，人们又用彩带取代色彩单调的布带，并用剪刀剪代替用手撕，有的讲究用金剪子。这样一来，人们就给这种正式做法取了个名——"剪彩"。剪彩的人也逐步被一些德高望重的社会名流甚至是国家元首所代替。

资料来源：http://www.qmonline.cn/bbs/showtopic－3069－2.aspx.

本 章 小 结

公务礼仪是现代工作环境中的礼仪规范。在处理复杂的人际交往、减少工作生活中的摩擦时，办公室礼仪起到了重要的作用；而在参加一些会议、仪式时，适度而正确地把握会议礼仪及各种仪式礼仪的规范又是必不可少的。本章着重介绍了办公室礼仪、会议礼仪和各种仪式礼仪的规范。

关 键 概 念

办公室礼仪　会议礼仪　仪式礼仪　开业仪式　开幕仪式　奠基仪式　开工仪式　落成仪式　下水仪式　开通仪式　签字仪式　剪彩仪式

自测题

1. 填空题

（1）办公室内的形象礼仪主要包括员工的仪表要得体、举止要文明和＿＿＿＿＿三个方面。

（2）会议发言有正式发言和＿＿＿＿＿两种，前者一般是领导或重要人士做报告，后者一般是讨论发言。

（3）剪彩礼仪有时是＿＿＿＿＿的一部分，随着现代商业步伐加速，往往以单独形式出现。

2. 单项选择题

（1）剪彩人员主要由剪彩者和（　　）组成。

　　A. 与会者　　　　　B. 嘉宾　　　　　C. 助剪者　　　　　D. 参观者

（2）布置签字场地的总原则是要庄重、整洁和（　　）。

　　A. 清静　　　　　B. 热闹　　　　　C. 温馨　　　　　D. 浪漫

3. 判断题

（1）仪式礼仪中的各种仪式程序均不相同。　　　　　　　　　　　　　　（　　）

（2）开会时由主持会议的组织决定所有时间，不用事先通知与会者。　　（　　）

（3）办公室的公用设备随便使用，坏了再修。　　　　　　　　　　　　（　　）

4. 简答题

（1）办公室内应注意处理哪些关系？

（2）办公室内礼仪有哪些？

（3）会议常规性准备有哪些？

（4）简述开业典礼程序。

案 例 分 析

参 加 会 议①

　　小刘的公司应邀参加了一个研讨会，该次研讨会邀请了很多商界知名人士及新闻界人士参加。老总特别安排小刘和他一道去参加，想让小刘见识见识大场面。

　　小刘早上睡过了头，等他赶到，会议已经进行了二十分钟。他急急忙忙推开了会议室的门，"吱"的一声脆响，他一下子成了会场上的焦点。刚坐下不到五分钟，肃静的会场上又响起了摇篮曲，是谁在播放音乐？原来是小刘的手机响了！这下子，小刘可成了全会场的明星……没过多久，听说小刘已经另谋高就了。

讨论题：

　　1. 小刘为什么会另谋高就？他的哪些行为是不合乎会议礼仪规范的？

　　2. 请结合案例讨论参加会议应注意哪些问题。

技 能 训 练

　　全班分为若干小组，每组5～7人，分别讨论办公室内会经常出现的一些问题，对一些比较难办的问题进行现场模拟。通过场景模拟，能够熟练掌握办公室的基本礼仪规范。

---

①　http://ks.cn.yahoo.com/question/1306110410063.html.

第 10 章 涉外礼仪

【本章导读】

涉外礼仪是涉外交际礼仪的简称，是指在对外交往活动中，用以维护自身和本国形象，向交往对象表示尊敬和友好的国际通用礼仪规范。掌握涉外礼仪，有助于维护我国的形象和尊严，不负"礼仪之邦"的美誉。本章将在初步掌握涉外礼仪交往原则的基础上，介绍各个主要国家在饮食、馈赠礼物、数字、风俗习惯和宗教信仰上的礼仪差异。

【学习目标】

1. 掌握涉外礼仪的基本原则；
2. 了解不同国家在数字、颜色、饮食上的禁忌；
3. 熟悉涉外礼仪中的馈赠礼仪。

【引例】

国别习俗①

国内某家专门接待外国游客的旅行社，准备在一次接待来华的意大利游客时送每人一件小礼品。于是，该旅行社订购制作了一批纯丝手帕，是杭州制作的，还是名厂名产，每个手帕上都绣着花草图案，十分美观大方。手帕装在特制的纸盒内，盒上又有旅行社社徽，显然是很像样的小礼品。中国丝织品闻名于世，料想会受到客人的喜欢。

旅游接待人员带着盒装的纯丝手帕，到机场迎接来自意大利的游客。欢迎词致得热情、得体。在车上他代表旅行社赠送给每位游客两盒包装甚好的手帕，作为礼品。

没想到车上一片哗然，议论纷纷，游客显出很不高兴的样子。特别是一位夫人，大声叫喊，表现得极为气愤，还有些伤感。旅游接待人员心慌了，好心好意送人家礼物，不但得不到感谢，还出现这般景象。中国人总以为礼多人不怪，这些外国人为什么怪起来了？

【问题引入】

1. 请分析意大利客人不满的原因。
2. 如果你打算给这批意大利游客赠送礼物，会选择什么礼物呢？

10.1　涉外礼仪交往的原则

涉外礼仪是在长期的国际交往中逐步形成的，属于国际通行的一种专用性礼仪规范。周

---

① 王连义. 怎样做好导游工作. 北京：中国旅游出版社，1993.

恩来总理生前在谈到涉外工作时，曾谆谆教导我国的外事干部：外事无小事，事事是大事，事事要重视。确实，在涉外礼仪方面，任何一个细节的疏忽都有可能酿成大错。因此，我们在涉外交往中，应当遵守国际交往惯例。

1. 维护形象

在国际交往之中，人们普遍对交往对象的个人形象倍加关注，并且都十分重视遵照规范而得体的方式去塑造和维护自己的个人形象。这是因为个人形象不仅能够体现一个人的教养、品位、精神风貌和生活态度，还能够体现对交往对象的重视程度。因此，在涉外交往中，每个人都必须时时刻刻注意维护自身形象，特别是要注意维护自己在正式场合留给初次见面的外国友人的第一印象。

个人形象的塑造，主要体现在仪容、服饰、举止、言谈、表情、为人处世 6 个方面。按照社交礼仪的要求，进行涉外交往活动时，在这 6 个方面要做到符合礼仪规范（前已述及，本章不再重复）。

【小资料】

国家领导对涉外人员的行为要求

周恩来同志曾经要求我国的涉外人员要"具备高度的社会主义觉悟，坚定的政治立场和严格的组织纪律，在任何复杂艰险的情况下，对祖国赤胆忠心，为维护国家利益和民族尊严，甚至不惜牺牲个人的一切"。江泽民同志则指出："涉外人员必须能在变化多端的形势中判明方向，在错综复杂的斗争中站稳立场，在再大的风浪中也能顶住，在各种环境中都严守纪律，在任何情况下都忠于祖国，维护国家利益和尊严，体现中国人民的气概。"他们的这些具体要求，应当成为我国一切涉外人员的行为准则。

---

2. 不卑不亢

不卑不亢是涉外礼仪的一项基本原则。所谓不卑不亢，是指在涉外交往活动中表现要自然，待人要真诚，既不畏惧、不自卑、不低三下四，也不狂妄自大、嚣张放肆。每一个人在参与国际交往时，都必须意识到自己在外国人的眼里，不仅仅代表着自己，还代表着自己所在的单位，代表着自己的国家。因此，在涉外交往活动中要有意识地表现出从容不迫，堂堂正正，既要充满自信，讲究自尊，又要善待他人，尊重对方。

1）尊重自己

在涉外交往中，应以自尊、自爱、自信为基础，在外国人面前表现得豁达开朗，乐观坦诚，从容不迫，落落大方，气宇轩昂。既要谨慎，但又不拘谨；既要主动，但又不盲动；既要自我约束，但又不手足无措，畏首畏尾。在任何情况下，都要坚持自立、自强，努力以本人的实际行动在外国人面前充分地展现良好的精神风貌。

2）尊重他人

在涉外交往中坚持自尊的同时，必须注意尊重他人。尊重外国友人主要体现在要尊重对方的风俗习惯、宗教信仰、生活禁忌，在与其进行交往时要使用正确的礼节，并虚心学习对方的一切长处。要反对傲慢自大，盛气凌人，自以为是，目空一切，唯我独尊。

【小案例】

玉帛成干戈

公元前592年，齐国国君齐顷公在朝堂接见来自晋国、鲁国、卫国和曹国的使臣，各国使臣都带来了墨玉、币帛等贵重礼品献给齐顷公。献礼的时候，齐顷公向下一看，只见晋国的亚卿郤克是个独眼，鲁国的上卿是个秃头，卫国的上卿孙良夫是个跛脚，而曹国的大夫公子首则是个驼背，不禁暗自发笑：怎么四国的使臣都是有毛病的。

当晚，齐顷公见到自己的母亲萧夫人，便把白天看到的四个人当作笑话说给萧夫人听。萧夫人一听便乐了，执意要亲眼见识一下。正好第二天是齐顷公设宴招待各国使臣的日子，于是便答应，让萧夫人届时躲在帷帐的后面观看。第二天，当四国使臣的车子一起到达，众人依次入厅时，萧夫人掀开帷帐向外望，一看到四个使臣便忍不住大笑了起来，她的随从也个个笑得前仰后合。笑声惊动了众使者，当他们弄明白原来是齐顷公为了让母亲寻开心，特意做了这样的安排时，个个怒不可遏，不辞而别。四国使臣约定各自回国请兵伐齐，雪洗在齐国所受的耻辱。四年后，四国联合起来讨伐齐国，齐国不敌，大败，齐顷公只得讲和，这便是春秋时著名的"鞍之战"。

3. 求同存异

在进行涉外交往的活动中，由于交往双方的文化背景不同，难免会在交往方式、宗教信仰、民族禁忌等方面有所不同，甚至出现完全对立的局面，这种"十里不同风，百里不同俗"的局面，是不以人的主观意志为转移的，是世间任何人都难以强求统一的。因此，我们不应该去评判它的是非，或是鉴定它的优劣，而是应该尊重它、理解它、接受它。在涉外交往中尊重外国友人所特有的习俗，容易增进中外双方之间的理解和沟通，有助于更好地、恰如其分地向外国友人表达我方的亲善友好之意。

【小思考】

宗 教 习 俗

20世纪80年代，中国女排在国际大赛中获得了三连冠。一家对外的画报用女排姑娘的照片做封面，照片上的女排姑娘都穿着运动短裤。阿拉伯文版也用了，结果有些阿拉伯国家不许进口画报。你知道为什么吗？

在国际交往中，究竟是以我方的礼仪还是以对方的礼仪为标准进行交往呢？一般而言，可采用以下的三种方式。

1）"以我为主"

所谓"以我为主"，是指在涉外交往中，基本上采用本国礼仪。

2）"兼及他方"

所谓"兼及他方"，是指涉外交往中在基本采用本国礼仪的同时，适当地采用一些交往对象所在国现行的礼仪。

3）"求同存异"

所谓"求同存异"，是指在涉外交往中为了减少麻烦，避免误会，最为可行的做法是既对交往对象所在国的礼仪有所了解并予以尊重，更要对于国际上所通行的礼仪惯例认真地加以遵守。

4. 信守约定

所谓"信守约定"的原则，是指在一切正式的国际交往之中，都必须认真而严格地遵守自己的所有承诺。也就是说，说话务必要算数，许诺一定要兑现，约会必须要如约而至。在涉外交往中，要真正做到"信守约定"，对一般人而言，要在以下三个方面严格地要求自己。

（1）在人际交往中，许诺必须谨慎。对于对方的要求，不要随随便便就答应。如果做不到，会让对方觉得你是个言而无信的人。

（2）对于自己已经做出的约定，务必要认真地加以遵守，不可以自己的主观意志为转移，随便地更改双方的约定。

（3）万一由于难以抗拒的因素，致使自己单方面失约，或是有约难行，需要尽早向有关各方进行通报，如实地解释，并且还要郑重其事地向对方致以歉意，并且主动地负担给对方所造成的某些物质方面的损失。

5. 热情有度

所谓"热情有度"的原则，是指人们在参与国际交往，直接同外国人打交道时，不仅待人要热情友好，还要把握好待人热情友好的具体分寸。切勿使自己对对方的热情友好超出了对方所能接受的限度，进而让对方感觉不快，甚至给对方增添麻烦。

在涉外交往中要遵守好"热情有度"这一基本原则，关键是要掌握好下列的 4 个"度"。

1）关心有度

中国人在进行交往时倡导"关心他人胜过关心自己"，而外国人大都崇尚个性独立，以我为尊，绝对自由。因此，外国人一般都不希望外人对其过于关心；否则会被视为碍手碍脚，多管闲事。

2）批评有度

所谓批评有度，简单地讲，就是不提倡对外国人"犯颜直谏"，即对其日常行为"不得纠正"。世界各国习俗不同，对同一事物的判断也会大相径庭，所以在涉外活动中没有必要对外国人的所作所为加以判断，并当面指出其对错。只要对方的所作所为不危及人身安全，不触犯法律，不违背伦理道德，不侮辱我方的国格人格，一般均可听其自便。

3）交往有度

外国人大都认为"君子之交淡如水"，不习惯与交往对象走动过勤、过多。在涉及钱财之时，尤其讲究划清界限，即便家人、至交也概莫能外。这便是其所谓交往有度之中的"度"。

4）举止有度

举止有度要求在涉外交往中举止要文雅、要文明、要讲礼貌。

6. 尊重隐私

所谓"尊重隐私"的原则，主要是提倡在国际交往中主动尊重每一位交往对象的个人隐私，不询问其个人秘密，不打探其不愿公开的私人事宜。目前，在国际社会里，尊重隐私与否，已被公认为一个人在待人接物方面有无个人教养的基本标志。在涉外交往中，尊重隐私实际上具体表现为人们在交谈中的下述"八不问"①。

（1）不问收入支出。收入与支出问题，实际上与个人的能力相关，且事关个人脸面。交谈时一旦涉及此点，便让交谈对象没有平等与尊严可言。

（2）不问年龄大小。在国际社会里，人们普遍将本人的年龄视为"核心机密"，并且讳言年老。西方的白领丽人们，特别讲究这一点。

（3）不问恋爱婚姻。谈论婚恋问题，在国外不仅被视为无聊，而且还有可能被视为成心令人难堪，或是对交谈对象进行"性骚扰"。

（4）不问身体健康。每个人的身体状况与健康状况，均为其立足于社会的重要"资本"，所以轻易不会将其实情告之于人。

（5）不问家庭住址。家庭被外国人看作私人领地，故此对外绝不公开。即便私宅的电话号码，也通常不会对外界公开。

（6）不问个人经历。外国人主张"英雄莫问出处"，反之则往往会被看作居心不良，或少调失教。

（7）不问信仰政见。在国际社会里，国与国、人与人之间都提倡"超意识形态合作"，所以对交往对象的信仰政见不应冒昧地打探。

（8）不问所忙何事。"所忙何事"，在外国人心中绝对属于个人自由。向其询问此点，肯定会被视为"没话找话"。

7. 女士优先

"女士优先"是国际社会公认的一条重要的礼仪原则，它主要适用于成年的异性之间进行社交活动之时。"女士优先"的含义是：在一切社交场合，每一名成年男子都有义务主动自觉地以自己实际行动，去尊重妇女，照顾妇女，体谅妇女，关心妇女，保护妇女，并且还要想方设法，尽心竭力地去为妇女排忧解难。倘若因为男士的不慎，而使妇女陷于尴尬、困难的处境，便意味着男士的失职。外国人普遍认为，一名男子如果不对"女士优先"身体力行，便是没有教养的粗汉莽夫。

在社交场合，"女士优先"主要体现在以下几个方面。②

1）尊重妇女

与妇女交谈时，一律要使用尊称。涉及具体内容时，谈话亦不应令在场的妇女难堪。排定礼仪序列时，应将妇女列在男子之前。

2）照顾妇女

在一切社交活动中，男子均应细心地照顾妇女。如就座时，应请其选择上座；用餐时，应优先考虑其口味。

3）关心妇女

外出之际，男子要为女士携带重物。出入房间时，男子要为女士开门、关门。在女士面前，任何时候都不允许男子吸烟。

4）保护妇女

在一切艰难、危险的条件下，男子均应竭尽其全力保护妇女。通过危险路段时，男子应

---

① http://www.reader8.cn/data/2007/0130/article_74338.html.

② 同①.

走在前列。在马路上行走时，男子则应行走于外侧。任何危险之事，男子均应主动承担。

8. 以右为尊

在正式的国际交往中，大到政治交往、商务往来、文化交流，小到私人接触、社交应酬，依照国际惯例，但凡需要确定具体的尊卑顺序时，最基本的规则是右高左低，即以右为上，以左为下；以右为尊，以左为卑。

9. 爱护环境

所谓"爱护环境"的原则，是指在日常生活里，每一个人都有义务、有责任对人类所赖以生存的环境自觉地加以爱惜和保护。

在涉外交往中，人们把环境意识视为一个人有无教养、讲不讲文明的重要标志。另外，在当今国际舞台上，它已经成为舆论倍加关注的焦点问题之一。在环境的具体问题上，要严于自律，尤其要注意以下 8 个方面的问题：①不可毁损自然环境；②不可虐待动物；③不可损坏公物；④不可乱堆乱挂私人物品；⑤不可乱扔乱丢废弃物品；⑥不可随地吐痰；⑦不可到处随意吸烟；⑧不可任意制造噪声。

10. 不必过谦

"不必过谦"也是在进行涉外交往活动中应遵守的原则。"不必过谦"原则的基本含义是：在国际交往中，虽然不应该自吹自擂，自我标榜，一味地抬高自己，但是也绝对没有必要妄自菲薄，自我贬低，自轻自贱，过度地对外国人进行谦虚、客套。如果有必要，可在实事求是的基础上，对自己所做出的贡献或成绩加以评价和肯定。如果在涉外交往活动中过分地谦虚，会让对方觉得你是一个很虚伪的人，这种印象自然会影响彼此接下来的交往。在这一点上，与我国不同。

【小案例】

谦虚也有错的时候

一位英国老妇到中国游览观光，对接待她的导游小姐评价颇高，认为她服务态度好，语言水平也很高，便夸奖导游小姐说："你的英语讲得好极了！"小姐马上回应说："我的英语讲得不好。"英国老妇一听生气了，"英语是我的母语，难道我不知道英语该怎么说？"老妇生气的原因无疑是导游小姐忽视东西方礼仪的差异所致。西方人讲究一是一，二是二，而东方人讲究的是谦虚，凡事不张扬。

资料来源：http://blog.tianya.cn/blogger/post_show.asp? BlogID=261657&PostID=8318578.

10.2　涉外基本礼仪

在进行涉外交往活动时，除了要按照涉外交往的原则去进行交往外，还要遵守一定的礼仪规范。

10.2.1　一般生活禁忌

1. 数字禁忌

西方人认为"13"是不吉利的，应当尽量避开，甚至每个月的 13 日，有些人也会感到忐忑不安。并且人们还认为星期五也是不吉利的，尤其是逢到 13 日又是星期五时，最好不举办任何活动。在日常生活中的编号，如门牌号、旅馆房号、楼层号、宴会桌编号、汽车编号等也尽量避开"13"这个数字。

【小知识】

西方人为什么会忌讳"13"

关于西方人为什么会忌讳"13"的说法，主要有以下两种说法。

其一，传说耶稣受害前和弟子们共进了一次晚餐。参加晚餐的第 13 个人是耶稣的弟子犹大，他把耶稣出卖给犹太教当局，致使耶稣受尽折磨。参加最后晚餐的是 13 个人，晚餐的日期恰逢 13 日，"13"给耶稣带来苦难和不幸。从此，"13"被认为是不幸的象征。"13"是背叛和出卖的同义词。

其二，西方人忌讳"13"源于古希腊。希腊神话说，在哈弗拉宴会上，出席了 12 位天神。宴会当中，一位不速之客——烦恼与吵闹之神洛基忽然闯来了。这第 13 位来客的闯入，招致受天神宠爱的柏尔特送了性命。

这类的传说很多、很广，特别是关于"最后的晚餐"的传说，在西方已经深入人心，达·芬奇还画了名画《最后的晚餐》，流传甚广。因此"13"成了西方世界最为忌讳的数字。

"4"这个数字在中文和日文中的发音与"死"相近，所以日本、朝鲜、韩国等东方国家将它视为不吉利的数字。

另外，在日语中"9"发音与"苦"相近似，因而也属忌讳之列。

此外，有很多国家对"3"这个数字也很忌讳。有个战士用火柴给第 3 个战士点烟时，中敌人冷枪送了命，从此人们便忌讳"3"，所以一般遇到点烟场面，都在点了第 2 根后，把火熄灭，再换火柴给第 3 个战士点。另外，忌讳 3 人一起合影，认为中间的人被夹着，是不幸的征兆。

2. 食品的禁忌

外国人的饮食禁忌主要是源于以下几方面的原因：一是宗教信仰；二是生活习惯；三是身体健康。不论哪种原因，都要特别注意，在与对方交往时，不要触犯对方的禁忌。例如，信仰伊斯兰教的人不食猪肉，不饮酒。又如，藏族人忌吃驴肉、马肉和狗肉，有些地方也不吃鱼肉、飞禽等。

【小案例】

更换牛皮沙发的原因

在一次印度官方代表团前来我国某城市进行友好访问时，为了表示我方的诚意，有关方面做了积极准备，就连印度代表下榻的饭店里也专门换上了宽大、舒适的牛皮沙发。可是，在我方的外事官员事先进行例行检查时，这些崭新的牛皮沙发却被责令立即撤换掉。原来，印度人大多信奉印度教，而印度教是敬牛、爱牛、奉牛为神的，因此无论如何都不应该请印度人坐牛皮沙发。这个事例表明，旅游服务人员是很有必要掌握一些宗教礼仪的。

资料来源：薛建红. 旅游服务礼仪. 郑州：郑州大学出版社，2002.

3. 颜色的忌讳

（1）世界上好多国家都不喜欢黑色，因为黑色是丧葬的颜色，表示对死者的悼念和尊敬，在遇到丧事时，人们往往要穿黑色的衣服。而埃塞俄比亚人则是以穿淡黄色的服装表示对死者的深切哀悼。

（2）日本人认为绿色是不吉利、不吉祥的象征，所以忌用绿色。另外，日本人也不喜欢紫色。法国人也不喜欢绿色，一看见墨绿色就会回想起第二次世界大战时希特勒横行欧洲、法国政府流亡英国的耻辱。而很多伊斯兰教国家却喜欢绿色，因为他们认为绿色代表着吉祥如意，我们熟知的清真寺就多用绿色。

（3）巴西人认为人死好比黄叶落下，因而巴西人认为棕黄色为凶丧之色。叙利亚人也将黄色视为死亡之色。巴基斯坦忌黄色是因为那是僧侣的专用服色，而委内瑞拉却用黄色做医务标志色。

（4）蓝色在埃及人眼里是恶魔的象征。比利时人也最忌蓝色，如遇有不吉利的事，都穿蓝色衣服。泰国人不喜欢褐色，反而比较喜欢蓝色，认为蓝色代表着"永恒""安定"。

（5）土耳其人认为花色是凶兆，因此在布置房间、客厅时绝对禁用花色，好用素色。

（6）英国人不喜欢红色，认为红色有凶兆；也同样不喜欢墨绿色。

（7）除个别国家的特殊颜色禁忌以外，一般欧美人都认为白色是纯洁的象征，黑色是肃穆的象征，黄色是和谐的象征，蓝色是严肃的象征，红色则是热情的象征。

4. 花卉的忌讳

（1）德国人认为郁金香是没有感情的花，而郁金香却深受荷兰人民的喜爱，并将郁金香定为荷兰的国花。

（2）中国人很喜欢荷花，因其"出淤泥而不染"的气节让人敬佩，而日本人认为荷花是不吉祥之物，意味着祭奠。在探望病人时，日本人忌讳用山茶花及淡黄的、白色的花，也不能把玫瑰和盆栽植物送给病人。一般不接受菊花和有菊花图案的东西和礼品。

（3）菊花在意大利和南美洲各国被认为是"妖花"，只能用于墓地与灵前，房间不可摆菊花，更不可用菊花送人。

（4）在法国，黄色的花被认为是不忠诚的表示，因此不能以黄花送人。菊花和康乃馨堪称是不祥之花，还忌讳用核桃花和杜鹃花作为商标的图案。

（5）绛紫色的花在巴西一般用于葬礼。

（6）在欧美，被邀请到朋友家去做客，献花给女主人是件愉快的事；但在阿拉伯国家，则是违反了礼仪，到别人家做客是不能送女主人鲜花的。

（7）泰国人不喜欢茉莉花，因为在泰语里，它的发音与"伤心"类似。

5. 其他忌讳

（1）在使用筷子进食的国家，不可用筷子垂直插在米饭中，这种方式是在祭祀的时候使用的。

（2）在日本不能穿白色鞋子进房间，这被认为是不吉利之举。

（3）佛教国家不能随便摸小孩的头，尤其在泰国，人们认为人的头是神圣不可侵犯的，头部被人触摸是一种极大的侮辱。拿东西从泰国人的头上通过，也被视作一种侮辱。在睡觉时，泰国人忌讳"头朝东，脚朝西"，因为在泰国只有停尸才这样做。另外，跟泰国人接触时，也不要动手拍打对方。

（4）在欧洲国家，新娘在婚礼前是不试穿结婚用的礼服的，因为害怕幸福婚姻破裂。

（5）有些西方人将打破镜子视作运气变坏的预兆，包括我国香港居民，他们认为"破镜难圆"。

（6）西方人不会随便用手折断柳枝，他们认为这是要承受失恋的痛苦的。

（7）在匈牙利，打破玻璃器皿，就会被认为是厄运的预兆。在我国也有这样的习俗，一旦不小心打破东西要说："碎碎平安。"

（8）中东人不用左手递东西给别人，认为这是不礼貌的，因为在中东，人们认为左手是不洁的。

（9）英、美两国人认为在大庭广众中节哀是知礼；而印度人则相反，丧礼中如不大哭，就是有悖礼仪。

（10）英国人忌讳称他们"英国人"，一般将英国人称为"不列颠人"或具体称"英格兰人"或"苏格兰人"。

【小案例】

入国要问讳

焦小姐是一名白领丽人，她机敏漂亮，待人热情，工作出色。有一回，焦小姐所在的公司派她和几名同事一道，前往东南亚某国洽谈业务。可是，平时向来处事稳重、举止大方的焦小姐，在访问那个国家期间，竟然由于行为不慎，而招惹了一场不大不小的麻烦。事情的经过是这样的：焦小姐和她的同事一抵达目的地，就受到了东道主的热烈欢迎，在随之为他们特意举行的欢迎宴会上，主人亲自为每一位来自中国的嘉宾递上一杯当地特产的饮料，以示敬意。轮到主人向焦小姐递送饮料之时，一直是"左撇子"的焦小姐不假思索，自然而然地抬起自己的左手去接饮料，见此情景，主人神色骤变，重重地将饮料放回桌上，扬长而去。

原来，在那个国家里，人们的左右手有着明显的分工。正规情况下，右手被视为"尊贵之手"，可用于进餐、递送物品及向别人行礼。而左手则被视为"不洁之手"，用左手递接物品，或是与人接触、施礼，在该国被人们公认为是一种蓄意侮辱。焦小姐在这次交往中违规犯忌，说到底还是由于她不了解交往国的习俗所致。

资料来源：http://www.bhu.edu.cn/news/jingpin/2005/lvyfwly/other/54.doc.

世界上各个不同的国家、不同的地区都有自己的禁忌，这些禁忌是人们在交往过程中不愿意被触及的，所以我们在交往时，如果交往对象是外国人，最好还是应该先了解一下他所在国的风俗习惯、宗教信仰、各种禁忌，以免在交往时触犯对方的忌讳，进而影响彼此的

交往。

10.2.2　赠送礼物的礼仪

经常与外国客人打交道免不了要赠送礼品，如探望病人或参加婚礼、生日聚会的时候，送上一束鲜花；当相处较长的外宾离别时，赠送一两件具有地方特色或民族特色的小纪念品等，都是一种友好、祝愿或者感谢的表示。

在进行涉外交往活动中，除了要注重受赠礼物的礼节，还要注重礼物的选择，礼物选择得好，会给你的人际交往增光添彩，礼物选择得不好，则会给你的人际交往带来不利影响。

1. 在给外国友人选择礼物时应遵守的原则

礼物的价值不在于是否名贵，而在于是否适宜。一份适宜的礼物往往会赢得友情。选择礼物时，宜选一些物美价廉、特色鲜明、具有纪念意义、有民族特色并有一定艺术欣赏价值的物品，如受礼人喜爱的小艺术品、小纪念品、特色美食、花束、书籍、字画、丝绸制品、瓷器、茶叶、绍兴老酒等。另外，在赠送礼物的同时除了不要触犯对方的忌讳，还要考虑到对方的喜好，要做到"投其所好"。

2. 选择礼物的讲究

在外国的一些传统节日、重要的纪念日，以及看望病人、登门拜访时，选择礼物是有一定讲究的。

1）圣诞礼品

圣诞节是西方国家最重要的节日，就像我们国家过新年一样。在节日到来之前人们总要送一些礼物给自己的家人和亲戚朋友。在礼物选择上要有所讲究，送给孩子的礼物通常是各种新奇玩具和糖果，大人们之间一般互赠书籍、文具、巧克力糖或盆景等。

2）生日礼品

西方人送生日礼品大都是一块大的蛋糕。青年男女之间常送领带、书籍、文具、室内的陈设品、手提包及其他装饰品。

在礼品上大抵要附上一张名片，写上一句客气的话。送生日礼品时，英国人常写：

Wishing you many happy returns of the day.

美国人则常写：Happy birthday.

3）结婚赠品

在赠送结婚纪念物的时候往往是送给新婚夫妇的，在选择礼物时要选择那些实用性强的家庭日用品和家用饰品，如银器、花瓶、果盆、瓷器、地毯、家具、刺绣、食器、餐具、床毯等都是不错的选择。这些礼物虽然普通，但却代表着赠者美好的祝愿。

在赠送礼物时，要进行包装，在包装时要注意，中国人喜事爱用红色，往往在进行包装时会选择红色的包装纸，这样看上去比较喜庆；西方人正好相反，爱用白色，送礼时也要用白纸包，系一条白绸带，或加一个绸花，代表纯洁，往往绸带上还要附一张名片，可用笔写上一些祝贺语。如：

All good wishes.

Wishing you happiness.

4）探望病人的礼品

探视病人通常送鲜花或盆景。但是在选择花的种类上要有所讲究，选择花时要根据鲜花在对方国家的寓意去选择，千万不能冒犯对方的忌讳。

5）赠别礼物

凡友人要远行时，也要送一些礼物。按照我国的习俗，往往会选择一些在路上吃的、喝的，以表心意，有时也会请对方喝一顿饯行酒。外国友人在远行时通常赠送鲜花、点心、水果或书籍杂志等，所附名片上写：Bon Voyage.

Best wishes for your journey.

如送一本书做纪念，在扉页上则写一些祝福的话。如：

In remembrance of many days we spent together.

6）宴会赠品

参加大型宴会不需要带礼品。参加个人宴会，如家庭宴会时，常常带上一束鲜花。可以提前让花店送到主人家，也可以等到宴会结束后送。参加宴会的当天，本人带去也可以，但这不太时兴。

西方人崇尚自由，直来直往，不喜欢过分谦虚，因此在赠送礼物时会说："Wish you'd like it."

中国人讲究保守、含蓄内敛，谦虚，因此在赠送礼物时会说："薄礼一份，请笑纳。"

收到礼品时一定要当着送礼人的面打开礼品欣赏或品尝食物（如果对方送的是食品的话），并立即向送礼人致谢。

道谢时经常会说："Thank you very much indeed."

"It's very nice of you to bring me such…"

"I shall remember you whenever I eat them（or use it）."

西方人送的礼物虽然不一定贵重，但讲究包装。至于礼品的数目，西方人以1、3等单数为吉利，不像中国人讲究"好事成双"。

3. 送礼物的禁忌

（1）向阿拉伯人送礼要尊重其民族和宗教习俗，不要送古代仕女图，因为阿拉伯人不愿让女子的形象在厅堂高悬；不要送酒，因为多数阿拉伯国家明令禁酒；向女士赠礼，一定要通过她们的丈夫或父亲，赠饰品予女士更是大忌。

（2）在日本，要选择人不多的场合送礼。而在阿拉伯国家，必须有其他人在场，送礼才不会有贿赂的嫌疑。在英国，合适的送礼时机是请别人用完晚餐或在剧院看完演出之后。在法国，不能向初次结识的朋友送礼，应等下次相逢的适当时机再送。

（3）日本人忌讳打上蝴蝶结。礼品的包装纸也很有讲究，黑白代表着丧事，绿色代表着不祥，也不要用红色的包装纸，最好用花色包装纸。中国人在逢年过节讲究送烟送酒，而日本人却送酒不送烟。中国人送礼成双，日本人则避偶就奇，通常用1、3、5、7等奇数，但又忌讳其中的"9"。

（4）拉丁美洲不能送刀剪，否则认为友情的完结；手帕也不能作为礼品，因为它是和眼泪相联系的。拉丁美洲人喜欢美国生产的小型家用产品，如厨房用具等。在拉美国家，征税很高的物品极不受欢迎，最好不送奢侈品。

（5）在给泰国人送礼物时，他不会当面打开；如果泰国友人送你礼物也不要当面打开，除非他要求你打开。

（6）新加坡人对"恭喜发财"这句祝福话极其反感，因此与新加坡人交往时一定要注意。

10.2.3 外交礼宾次序和国旗悬挂

涉外工作中，既有双边关系，又有多边关系。同时接待两个国家以上来宾时，就应慎重对待礼宾次序和国旗悬挂的问题。因为这涉及国家或民族地位和尊严的问题，同时还体现出国与国之间的远近亲疏关系，在政治和外交方面极为敏感，涉外交往时应予以高度重视。

1. 礼宾次序

所谓礼宾排序，是指国际交往中对出席活动的国家、团体、各国人士的位次按某些规则和惯例进行排列的先后次序。一般来说，礼宾次序体现着东道主对各国宾客所给予的礼遇；在一些国际性的集会上则表示各国主权平等的地位。礼宾次序安排不当或不符合国际惯例，则会引起不必要的争执与交涉，甚至影响国家之间的关系。因此，在组织涉外活动时，要重视礼宾排序。常见的礼宾排序有以下几种方法。

1）按来宾的身份与职务高低排列

这是礼宾次序排列的主要根据。一般的官方活动，经常是按身份与职务的高低安排礼宾次序。如按国家元首、副元首、政府总理（首相）、副总理（副首相）、部长、副部长等顺序排列。各国提供的正式名单或正式通知是确定职务的依据。由于各国的国家体制不同，部门之间的职务高低不尽一致，要根据各国规定，按相当的级别和官衔进行安排。

2）按字母顺序排列

多边活动中的礼宾次序有时按参加国国名字母顺序排列，一般以英文字母排列居多，少数情况也有按其他语种的字母顺序排列。在国际会议上，公布与会者名单，悬挂与会国国旗，座位安排等均按各国国名的英文拼写字母的顺序排列。在联合国召开联合国大会，各专门机构的会议和悬挂会员国旗等均按此法。联合国大会的席次也按英文字母排列，但为了避免一些国家总是占据前排席位，每年抽签一次，决定本年度大会席位以哪一个字母打头，以便让各国都有机会均等排在前列。

3）按应邀日期先后排列

在一些国家举办的多边活动中，这种礼宾排序方法也是经常被采用的。比如可以按派遣国决定应邀的答复时间先后排序；也可以按到派遣国代表团组成日期的先后排序；还可以按各国代表团抵达的时间先后排序。

在实际工作中，遇到的情况往往是复杂的，如有的国家不管以上种种惯例，把关系密切国家的排列在最前列。所以礼宾次序的排列常常不能按一种排列方法，而是几种方法的交叉，并考虑其他因素。如在某一多边国际活动中，对与会代表团礼宾次序的排列，首先是按正式代表团的规格，即代表团团长的身份高低来确定，这是最基本的。在同级代表团中则按派遣国通知代表团组成日期先后来确定，对同级和同时收到通知的代表团则按国名英文字母顺序排列。

总之，在复杂多样的国际关系交往中，可以打破常规，设计新方案，灵活变通，要耐心、细致、反复考虑研究，力求使礼宾排序工作达到宾主各方都满意的效果。

2. 国旗悬挂

国旗是国家的一种标志，是国家的象征。人们往往通过悬挂国旗，表示对祖国的热爱或对他国的尊重。但是，在一个主权国家领土上，一般不得随意悬挂他国国旗。不少国家对悬挂外国国旗都有专门的规定。在国际交往中，还形成了悬挂国旗的一些惯例，为各国所公认。

1）悬挂国旗的场合

按国际关系准则，一国元首、政府首脑在他国领土上访问，在其住所及交通工具上悬挂国旗（有的是元首旗）是一种外交特权。东道国接待来访的外国元首、政府首脑时，在隆重的场合，在贵宾下榻的宾馆、乘坐的汽车上悬挂对方（或双方）的国旗（或元首旗），这是一处礼遇。此外，国际上公认，一个国家的外交代表在接受国境内有权在其办公处和官邸，以及交通工具上悬挂本国国旗。

在国际会议上，除会场悬挂与会国国旗外，各国政府代表团团长也按会议组织者有关规定在一些场所或车辆上悬挂本国国旗（也有不挂国旗的）。有些展览会、体育比赛等国际性活动，也往往悬挂有关国家的国旗。

2）悬挂国旗的方法

悬挂国旗的方法是多种多样的。基本要求是：高度适当、旗面平整、色泽鲜艳。在具体悬挂时，如果挂双方国旗，按国际惯例，以右为上，以左为下。两国国旗并挂，以旗本身面向为准，右挂客方国旗，左挂本国国旗。汽车上挂旗，则以汽车行进方向为准，驾驶员左手为主方，右手为客方。所谓主客，不以活动举行所在国为依据，而以举办活动的主人为依据。例如，外国代表团来访，东道国举行的欢迎宴会，东道国为主人；答谢宴会，来访者是主人。也有个别国家，把本国国旗挂在上首。如果是悬挂多国国旗，应按礼宾排序，以右上左下的原则依次悬挂，东道国的国旗挂在最后。

【小案例】

中国的国旗凭什么不能插在前面

这是一个真实的故事：小陆是一位年轻的企业家，刚从部队转业不久，放弃了做公务员的机会，自己办起了企业，为一些外国品牌做代理。一次，德国方邀请其在中国的一些代理商去德国总部参观，晚上，他们在德方总经理的陪同下来到闻名的慕尼黑啤酒馆。一长溜的长桌，上千人在那里喝啤酒、听音乐，啤酒馆里顺序插着许多国家的国旗：德国、美国、日本……小陆发现中国的国旗被插在较不显眼处，他就一下子冲上去将中国的国旗拔起插到美国国旗旁，旁人都惊呆了。但不一会儿四周响起了热烈的掌声，德方总经理上前紧紧拥抱住小陆，使劲竖起大拇指，嘴里还不停地念叨着什么……

资料来源：张百章. 公关礼仪. 大连：东北财经大学出版社，2005.

本 章 小 结

中国是礼仪之邦，向来很重视与外国人的交往，并注重在交往过程中礼节的使用。

在交往过程中要严格按照涉外交往的原则去进行交往，还要注意不要触犯对方的禁忌。

关键概念

涉外礼仪 赠送 禁忌 不卑不亢 信守约定 热情有度

自测题

1. 填空题

(1) 不卑不亢就是指在涉外交往活动中_____，待人要真诚，既_____，低三下四，也_____，嚣张放肆。

(2) 在赠送礼物的同时除了不要_____，还要考虑到对方的喜好，要做到"_____"。

(3) 在赠送礼物时，中国人一般说_____，西方人在赠送礼物时习惯于说_____。

2. 选择题

(1) 在进行涉外交往活动时，交谈不能涉及的内容有（   ）。

    A. 个人的收入   B. 政治

    C. 个人的婚姻状况   D. 身体健康

(2) 在给阿拉伯国家的友人赠送礼物时可选择（   ）。

    A. 茶叶   B. 酒   C. 瓷器   D. 地毯

(3) 热情有度原则包括（   ）。

    A. 关心有度   B. 举止有度

    C. 批评有度   D. 交往有度

3. 判断题

(1) 在给来我国的印度客人送礼物时，是不能送牛皮画的。   （   ）

(2) 在与外国人交往时，一定要谦虚。   （   ）

(3) 在给外国人选择礼物时，如果商品本身已经有包装了，就不用再进行包装。（   ）

(4) 在给日本人送礼物时，要选择单数。   （   ）

(5) 在与外国人进行交往时，外方的礼仪如果与我方的礼仪相抵触，按照"入乡随俗"的原则，要按照我方的礼仪去接待对方。   （   ）

4. 简答题

(1) 什么是涉外礼仪？

(2) 进行涉外交往活动时应遵守的原则有哪些？

(3) 在给外国人赠送礼物时要注意哪些问题？

(4) 日本国家在数字上有什么禁忌？

▶ 案 例 分 析 ◀

如此选择礼物①

美国某公司是我国北京某公司在美国出口的总代理商，2003 年 3 月 18 日该公司的副总到北京考察生产企业，并商谈某项产品向美国出口，扩大市场份额的问题。随同来华的还有市场顾问、技术专家、秘书共 4 人。中方公司为了表示友好，决定给客人送一点小礼物。根据国际礼仪的一般原则，决定送中国的折扇和茶叶，因为夏天即将来临，这两样东西都是消夏用品，而且又都具有中国特色，比较有纪念性。折扇为两把，一把檀香扇，给夫人用，一把是中国文人用的白色纸扇，上面写有中国诗词，两把扇子都用木盒包装。中国文人比较喜欢用黑色的纸扇，但是考虑到西方人认为黑色不吉利，因此不用黑色折扇，而用写有诗词或绘画的白色折扇。茶叶是每人半斤上等"西湖龙井"，用精美竹盒包装。外面再用包装纸包好。在美国客人回国前，中方公司经理前去话别时把礼物送给客人，同时希望他们有机会再来北京访问、旅游。

讨论题：

1. 你对中国公司的做法有何评价？
2. 如果你是中国公司的代表，让你为美国客人选择礼物，你会选择什么样的礼物？

▶ 技 能 训 练 ◀

假设你要去不同国家和地区（欧美、阿拉伯、日本）的家庭参加家庭宴会，按照国际礼仪的要求，需要准备礼物，请你根据所学的知识，分别为每个家庭选择一份合适的礼品，并且模拟送礼、受礼、表示感谢的全过程。

---

① 于立新. 国际商务礼仪实训. 北京：对外经济贸易大学出版社，2003.

附录 A
现代社交礼仪实训教学指导

一、现代社交礼仪实训教学大纲

（一）开展现代社交礼仪实训教学的意义和目的

1. 开展现代社交礼仪实训教学的意义

礼仪是很微妙的东西，看起来是一些小节，却代表着个人、单位甚至国家的形象，反映出一个国家的人们的行为规范和文明程度。礼仪是文明公民应有的行为规范；是民族精神面貌和凝聚力的体现；是社会交往的基本要求和表现形式；是保证社会安定团结、促使人际关系和谐的需要。在现代社交活动中，许多的社会组织已经意识到，要想在激烈的市场竞争中生存和发展，就必须时刻保持良好的整体组织形象和员工的个人形象。因此，遵循礼仪规范，已经成为现代社会组织超越同行、保持领先的重要战略。

为了培养和打造出合格的从事现代社交活动的人员，我们必须从严要求学生，从每一个细节做起，从一言一行，一个动作举止抓起，保证我们培养出的学生知书达理，懂得起码的礼仪常识，有一定的现代社交礼仪修养，在现代社交活动中，更加规范化、职业化，让文明礼貌给现代社交活动带来良好的效益。

具体来说，开展现代社交礼仪实训教学的意义主要体现在以下三个方面。

（1）培养学生的礼仪修养。修养是礼仪的基础。礼仪是一个人品德教养、文化修养等内在精神的外在表现。让学生在社会交往中能够充分地展示出良好的个人修养，成为社会上受欢迎的人。

（2）懂得尊重别人。"治礼，敬为大"这是中国的古训，也就是说礼的核心就是尊敬他人。开展礼仪实训，让学生懂得如何尊敬别人，创造和谐的人际关系。

（3）能够自尊律己。自尊是赢得他人尊重的前提。一个不懂得自尊的人必然会受到别人的鄙视。培养学生的自尊，才会让他们自知、自省、自信、自强，从而在其日常的工作生活中，也才能严于律己，使自己的言行举止符合礼仪规范。

2. 开展现代社交礼仪实训教学的目的

随着我国改革开放的不断深入，市场经济的日益发展，礼仪在人们日常交往中起着越来越重要的作用。许多组织已经意识到，要想在激烈的市场竞争中生存和发展，就必须时刻保持良好的组织形象和员工的个人形象。特别是在现代社交活动中，礼仪是通向现代市场的"通行证"。作为高等职业院校，开展礼仪实训教学，主要目的有以下几个方面。

（1）加强学生道德修养，提高礼仪水平。道德是调整个人与个人、个人与社会之间关系的行为规范的总和，是做人的规矩和行为标准。我们培养的学生是社会的人，理应具有良好的道德意识和道德行为修养，这样才能成为一个合格的社会公民。

（2）弘扬我国优良的礼仪传统，加强礼仪教育。礼仪是人类文化的产物，也是人类文明的结晶和标志。我国是礼仪之邦，礼仪文化源远流长，有着完整的体系和内容。弘扬我国优良的礼仪传统，加强礼仪教育是我们教育工作的责任，也是加强社会主义精神文明建设和培养人才的需要，更是提高全民素质的需要。

（3）运用礼仪，协调好人际关系，促进社会和谐与安定。礼仪是社会交往的基本要求和表现形式。人们在交往中讲究礼仪，才能建立友谊，交流感情，融洽关系，增长见识，扩展信息。讲究礼仪有助于创造安定团结的环境，是人际交往和谐的润滑剂。

（4）讲究礼仪，做好本职工作。礼仪具有沟通、协调、维护关系的功能。学生毕业后，走上社会将会与各种各样的人员打交道，注重礼貌礼节，会给人留下美好的印象，有助于提高服务工作的质量，维护企业形象和个人形象。有"礼"走遍天下，无"礼"寸步难行。礼仪是走入社会的"通行证"，是递给社会的一张"名片"。

（二）现代社交礼仪实训教学的方式和内容

1. 实训教学的方式

现代社交礼仪实训教学主要有以下两种方式。

一是结合课堂讲述的现代社交礼仪基本理论，利用课堂教学时间，组织学生随堂进行实训，情景模拟，小品表演，现场演示等，以学生自身的体验，加深对理论的理解。

二是利用学生实训实践课堂，专门进行综合性的现代社交礼仪技能训练。重点培养学生的实际礼仪技能。

实训的项目数与学时，可根据专业的不同与课时的多少由任课老师确定调整，不同专业的学生应有所区别。

任课教师在自主选择与组合训练项目时，注意根据学生操作效果的反映，不断地摸索和完善现代社交礼仪的实训操作。

2. 实训教学的内容

实训教学的内容见表 A-1。

表 A-1　实训教学的内容

实训模块	实训项目名称	实训内容	学时	考核评价
个人形象训练	仪容设计	现代社交活动的职业妆（面容和发型）设计	2	5分
	服饰设计	个人职业装及西装的穿着 领带的打法、饰品的佩戴	2	5分
	仪态训练	正确的站姿、正确的坐姿 正确的行走、正确的蹲姿 不雅动作举止的纠正 路遇时礼貌地相让	2	10分
个人形象训练	规范手势	指示的手势、招手致意的手势 告别的手势、常用的手势动作及用意	2	5分
	表情与眼神	自如的微笑　目光的正确注视	2	5分
日常礼节训练	介绍礼	自我介绍和为他人介绍	2	10分
	握手礼	正确的握手		
	鞠躬礼	正确的鞠躬		

实训模块	实训项目名称	实　训　内　容	学时	考核评价
日常礼节训练	致意礼	点头、欠身、起立、注目礼、举手、拱手（抱拳）、合十、鼓掌、叩指礼等	2	10分
	名片递接	正确地递名片，正确地接名片		
	物品递送	正确地传递物品		
	界域的把握	正确的交往距离		
礼貌谈吐训练	称呼礼	正确的称呼	2	10分
	问候礼	礼貌问候		
	告别礼	恰当的告别		
	交谈礼	交谈		
拜访迎送训练	拜访礼	拜访	2	5分
	迎访礼	迎访		
	送客礼	送客		
	方位礼	方位确定		
交往礼节训练	馈赠礼	馈赠物品	1	5分
	接受礼	接受物品		
	回赠礼	回赠物品		
	拒绝礼	拒绝物品		
出行礼仪训练	公共场所出行	出行交通礼仪、出行住宿礼仪	1	5分
	涉外出行	称呼、馈赠、购物、观光游览		
宴请礼仪训练	宴请礼	了解宴请程序	2	5分
	赴宴礼	了解赴宴礼仪		
通联礼仪训练	电话礼仪	接打电话礼仪、手机的使用礼仪、网络的使用礼仪	2	10分
	书信礼仪	请柬、书信等礼仪		
求职面试礼仪训练	求职面试	求职信的撰写、面试礼仪	2	10分
	上岗礼仪	了解上岗的基本礼仪		
会议仪式礼仪训练	谈判礼仪	了解谈判过程及人数的确定和谈判座位安排	4	10分
	开业庆典仪式礼仪	掌握开业庆典仪式的程序及对主持人和发言人的要求		
	剪彩仪式礼仪	了解剪彩仪式程序		
	签字仪式礼仪	掌握签字仪式的程序和座次的安排		
	新闻发布会礼仪	了解新闻发布会的程序及对主持人和发言人的要求		

（三）现代社交礼仪实训教学的难点与重点

重点是个人的仪容、仪表、仪态以及待人接物的基本交际礼节、礼仪、程序；难点是现代社交活动礼仪形式。

（四）现代社交礼仪实训教学的学时分配

实训总学时为 28 个学时。具体实训项目需要时间见实训内容表。（仅供实训参考，具体需要课时由实训教师灵活安排。）

（五）现代社交礼仪实训教学课的性质

现代社交礼仪课作为高职院校的一门必修基础课，具有十分重要的作用和意义。根据礼仪课程开设的目的和任务，设计了专题实训项目，力求突出一般社交活动礼仪和现代社交活动中必须遵循的礼仪规范，注重了实用性和可操作性。通过礼仪专题实训，可以强化学生礼仪知识，更好地掌握礼仪规范，并养成一定的习惯，在以后的生活、社会交往和工作中能熟练运用。

（六）现代社交礼仪实训教学的场地

现代社交礼仪的实训教学的场地主要以教室、模拟实验室为主。

（七）现代社交礼仪实训教学的要求

（1）严格遵循礼仪规范的原则和形式。

（2）参与完成教学中分配的实训任务。

（3）必须按照教师要求进行专题实训操作。

（4）遵守实训场所规章制度。

（5）在日常生活中注意克服不良习惯和行为。

（6）尊重各民族、各宗教、各国家和地区的不同习俗礼仪，友好交往。

（7）实训后学生填写实训报告并完成实训作业及体会。

（八）现代社交礼仪实训教学考核方法及标准

1. 实训教学考核方法

参照实训指导的考核评价，结合具体的实训项目内容，采取以下考核评价。

（1）由实训指导教师进行点评。

（2）实训现场学生评价。

（3）实训后自我体会和自我评价。

2. 实训教学考核的评分细则

考核可采用小组统一评分和个人单独记分相结合的方式。

具体等级评定：

（1）优秀：85～100分。

（2）良好：75～84分。

（3）合格：60～74分。

（4）不合格：60分以下。

二、现代社交礼仪实训教学指导内容

第一模块　个人形象礼仪训练
专题实训项目一：个人形象训练——仪容设计

（一）实训项目：仪容设计

（二）实训目标

（1）正确认识自己，了解自己容貌的优劣。

（2）学会根据仪容设计的原则，恰到好处地修整容貌。

（3）了解一般的化妆程序。

（4）正确地选择和使用化妆用品。

（5）能简单地设计出自己在不同场合的美容化妆。

（三）实训内容

1. 发型训练

（1）护理头发。

（2）发型的选择。

（3）发型设计。

2. 化妆训练

（1）掌握化妆的基本要求。

（2）了解化妆的基本程序。

（3）选择适合自己的化妆用品。

（4）保持个人卫生。

（5）皮肤的保养。

（6）男士美容。

（7）女士面部化妆的基本技巧。

（8）不同类型的化妆（工作妆、舞会妆、晚宴妆和生活娱乐休闲妆）。

（9）手部的清洁护理。

（四）实训方法

（1）组织观看美容化妆的视频，学习现代社交活动中的化妆技法和发型设计。

（2）自我观察，了解自己面容的优缺点和适合自己的发型。

（3）为自己设计一般的职业妆和发型。（个人为自己进行化妆和发型设计，或同学中选模特进行设计化妆；也可以到美容美发店咨询，让专业人士给设计；还可以利用计算机进行设计。）

（4）根据学生的兴趣还可以组织化妆比赛。

（五）实训注意事项或要求

（1）最好是使用个人的化妆用品，比较卫生。

（2）使用别人的化妆用品要注意不要损坏。

（3）切忌浓妆艳抹。

（4）化妆以修饰弥补自己的不足为主。

（5）化妆男女有别。

（六）实训场地及设备要求

（1）最好能在一个有镜子的实训场所进行实训。

（2）有条件的情况下，可以购买些简单的化妆用品。

（七）实训重点与难点

仪容实训的重点和难点主要是根据自己的实际情况进行化妆，体现出个人特点。

（八）实训考核

现场评价或组织学生进行化妆比赛，由教师给小组或个人打分。

专题实训项目二：个人形象训练——服饰设计

（一）实训项目：服饰设计

（二）实训目标

（1）了解职业装的穿着方法。

（2）学会男士西服的正确穿法及衬衫、领带、鞋袜的搭配原则。

（3）掌握领带的正确系法。

（4）学会女士套裙的正确穿法。

（5）了解穿着职业装的禁忌。

（6）熟悉饰品的佩戴原则及方法。

（三）实训内容

（1）练习职业人员的穿着方法。

（2）练习男士西服和女士套裙的穿着方法。

（3）练习系领带（要求学生至少学会两种领带的系法）。

（4）练习佩戴饰品。

（四）实训方法

（1）根据实际条件，可以在班级组织学生拿些自己日常穿着的衣服，让学生当模特，现场挑选搭配服装。

（2）给学生看服装搭配的教学片，学习服饰的审美。

（3）以小组为单位，同学自己准备衣物，选模特，现场示范。让学生自己进行个人职业装设计、便装设计和休闲装设计。

（4）根据同学的特点，给自己的同学选择各种现代社交活动的服饰。

（5）根据学生的兴趣，结合化妆，可以组织进行化妆和服装表演。有条件的还可以摄像和照相。

（五）实训注意事项或要求

（1）认真完成老师布置的实训任务。

（2）在日常生活中，注意观察他人服饰的穿着。

（3）日常生活中在购买挑选服装时考虑个人的喜好和搭配。

（4）服装的穿着切忌过分地炫耀和过分地暴露。

（六）实训场地及设备要求

（1）购买或租借几套男士西服和女士套裙。

（2）准备几条领带和一些饰品。

（3）实训场地设置几面大镜子。

（七）实训重点与难点

服饰实训的重点和难点主要是在不同场合中服装色彩、款式的搭配。

（八）实训考核

教师现场点评，学生评价，由教师和学生共同为小组或个人打分。

专题实训项目三：个人形象训练——仪态训练

（一）实训项目：仪态训练

（二）实训目标

（1）通过训练强化个人站、坐、行、蹲的规范。

（2）了解个人行为举止的基本礼仪。

（3）掌握规范的仪态动作。

（4）把握好社交场合中个人举止的分寸。

（三）实训内容

1. 标准站姿的训练

- 女士的标准站姿；
- 男士的标准站姿；
- 不同场合的站姿；
- 不良站姿的矫正。

2. 标准坐姿的训练

- 女士的标准坐姿；
- 男士的标准坐姿；
- 不同场合的坐姿；
- 不良坐姿的矫正。

3. 标准走姿的训练

- 女士的标准走姿；
- 男士的标准走姿；
- 不同场合的走姿；
- 不良走姿的矫正。

4. 正确蹲姿的训练

- 交叉式蹲姿；
- 高低式蹲姿。

5. 写姿的训练

6. 路遇他人时礼貌行为演示

7. 社交场合中的个人举止行为训练

（四）实训方法

1. 站姿训练

（1）个人靠墙站立，或两人背对背站立，要求后脚跟、小腿、臀、双肩、后脑勺都紧贴墙，每次训练 20 分钟左右。练习持久性和挺拔性。

（2）在头顶放一本书使其保持水平，促使人把颈部挺直，下巴向内收，上身挺直，感受挺拔的姿态。

（3）用腿夹一张纸练习站立。要求并小腿，感受夹腿并膝，收腹挺胸。

（4）面对训练镜练习。要求在正确的站姿基础上，结合脸部表情练习（重点是微笑），通过训练镜观察自己整体站姿形象。

2. 坐姿训练

（1）面对训练镜，练习入座、就座、离座的动作，要求慢坐、轻起。

（2）按坐姿基本要领，练习端坐的姿态。着重脚、腿、腹、胸、头、手部位的训练，可以同时给训练者播放舒缓、优美的音乐，以减轻疲劳。

（3）练习不同的坐姿姿态：正坐、侧坐。训练坐姿腿部的造型，两腿开合、平行步、丁字步、小叠步等。

(4) 选择不同的椅子、凳子或沙发练习坐姿，体会不同的座椅适合的坐姿。

(5) 纠正学生的错误举止，并掌握标准的动作。

(6) 每天个人坚持训练 5 分钟左右，习惯成自然。

3. 行走训练

(1) 走直线，训练身体平衡性。

(2) 对镜行走，练习行走的速度、步频、步幅和身体的姿态。

(3) 选择不同学生做行走表演，观察不同的行走姿态。

(4) 前行步打招呼练习。

(5) 后退步告别练习。

(6) 侧行步引领指示方向练习。

(7) 前行左右转身步练习。

(8) 后退左右转身步练习。

(9) 后退向后转身步练习。

(10) 行进中给对方让路练习。

(11) 行进中上下楼梯练习。

4. 蹲姿训练

(1) 低处取物。练习交叉式蹲姿、高低式蹲姿。

(2) 列举不雅蹲姿。

(3) 对个别同学不雅动作举止的纠正。

(4) 观看教学片中动作举止的演示。

(5) 挑选学生示范表演，有条件的可以录像或现场观看评价。

(五) 实训注意事项或要求

(1) 认真按要求完成实训任务。

(2) 日常生活中养成良好的习惯。

(3) 经常检查自己的仪容、仪表、仪态。

(六) 实训场地及设备要求

实训场地应该提供大镜子、桌子和各种式样的椅子。购买一些教学片并提供播放用具和场地。

(七) 实训重点与难点

仪态实训的重点与难点主要是个人正确的行姿、站姿和坐姿。

(八) 实训考核

由学生和教师共同评价、打分。

专题实训项目四：个人形象训练——规范手势

(一) 实训项目：规范手势

(二) 实训目标

(1) 掌握正确的指示手势。

(2) 掌握招手致意的手势。

（3）学会告别的手势。

（4）了解其他常用的手势动作及用意。

（三）实训内容

1. 指示手势的训练

● 横摆式

● 直臂式

● 曲臂式

● 双臂式

2. 招手致意手势的训练

3. 告别手势的训练

4. 通过观看教学片了解常用手势的动作及用意

（四）实训方法

（1）强化练习各种手势动作。

（2）设计情景，观察同学对见面、打招呼、请求、请坐、提问题、慰问、指示方向、介绍、交谈、告别等手势的使用是否正确。

（3）列举日常不雅的一些手势和动作。

（4）纠正不雅动作和举止。

（五）实训注意事项或要求

（1）与人交谈时，手势不宜过多，动作不宜过大，速度快慢及时间的长短要根据场景来控制。

（2）不能在别人面前手舞足蹈，旁若无人。

（3）不能用手指指点别人，那是非常不礼貌的。

（六）实训场地及设备要求

在教室或专用的实训场地都可以组织进行。

（七）实训重点与难点

手势实训的重点与难点主要是手势的柔美、流畅，各种手势的用意与忌讳。

（八）实训考核

现场由教师和学生共同评价、打分。

专题实训项目五：个人形象训练——表情与眼神

（一）实训项目：表情与眼神

（二）实训目标

（1）学会自如地微笑。

（2）掌握正确目光的注视礼仪。

（三）实训内容

（1）正确微笑的训练。

（2）正确目光的注视训练。

（四）实训方法

1. 表情训练方法

（1）个人对镜练习法。教师传授要领后，以学生个人对着镜子自我训练为主。

（2）情绪记忆法。回忆自己认为美好的、愉快的事情。

（3）情绪调整法。播放舒缓的音乐，或听自己喜欢的音乐，观看自己喜欢的小说、画册，或参加自己喜欢的活动等，调整自己的情绪，保持愉悦的情绪。

（4）他人诱导法。面对镜子，听他人讲笑话，同时纠正笑姿，避免大声地狂笑。

（5）每天早晚洗脸时对镜练习微笑。

2. 目光交流训练

（1）设计情景，现场分小组，由学生扮演不同的角色，进行情景对话，练习自如的目光注视。

（2）分小组，每位同学用2～3分钟讲述一件自己认为最高兴的事情。

（五）实训注意事项或要求

（1）日常练习，养成自然的微笑习惯。

（2）注意克服不良的表情动作。

（3）多与陌生人交谈，学会大方的眼神运用。

（六）实训场地及设备要求

（1）每人备有一面小镜子。

（2）实训场地有大镜子。

（3）提供训练使用的桌椅，用于情景设计。

（七）实训重点与难点

表情和眼神实训的重点与难点主要是正确目光的运用和发自内心的微笑。

（八）实训考核

学生评价，谈谈观看别人的笑容后自己的感受，教师给个人或小组打分。

第二模块　日常礼节训练

专题实训项目一：日常礼节训练——介绍礼

（一）实训项目：介绍礼

（二）实训目标

（1）能够自如地做好自我介绍。

（2）了解介绍的通则，不失礼。

（3）在各种场合能够为他人做好介绍。

（4）当被介绍时能够礼貌地与新结识的人打招呼。

（三）实训内容

（1）练习自我介绍。

（2）练习为他人介绍。

（四）实训方法

（1）自我介绍。选出学生使之向老师或同学做自我介绍。要求语言表述简单、表情自然。

（2）为他人介绍。模拟向长辈介绍自己的同学、向客人介绍自己的领导、向女士介绍男士、向对方介绍自己的同事等。

（3）教师设计情景、分组，由学生做男女之间的介绍、上下级之间的介绍、领导与来客之间的介绍、老师与学生之间的介绍、长辈与晚辈之间的介绍等。教师现场指导，要求注意介绍的规则。

（4）学生自编情景小品表演。将体态动作编排在其中。比如站、坐、行走、打招呼、介绍等。

（五）实训注意事项或要求

（1）认真地对待实训，表现自然得体。

（2）不可违背礼仪规则。

（3）在日常生活中，注意介绍的礼节。

（六）实训场地及设备要求

在教室或专用的实训场地都可以进行实训。

（七）实训重点与难点

介绍礼实训的重点与难点主要是介绍的语言表达和介绍的规则。

（八）实训考核

教师现场评价，由学生与教师共同为小组和个人打分。

专题实训项目二：日常礼节训练——握手礼

（一）实训项目：握手礼

（二）实训目标

（1）掌握正确的握手姿势。

（2）了解握手的顺序，讲究握手的规则。

（三）实训内容

（1）正确的握手方式的训练。

（2）体会被握手方的感受。

（3）观看教学片，了解握手时伸手的顺序和握手的基本礼仪规范。

（四）实训方法

（1）分组练习。两人一组进行练习，教师指导点评，直到规范为止。

（2）设置情景练习见面时的介绍和握手。如与同性别的同学或同事握手；与异性同龄人握手；与长辈握手；与异性的长辈、领导握手；与外宾男士、女士握手；与来访者握手；与多人一一握手等。

（3）分组互相握手，体会与不同角色握手时的感觉。让学生自己谈谈与不同同学握手的感受。

（五）实训注意事项或要求

（1）要以假设的问题情景为真实场景。

（2）要遵守握手的基本规则。

（3）要注意握手的禁忌。

（六）实训场地及设备要求

在教室或专用的实训场地均可进行实训。

（七）实训重点与难点

握手礼实训的重点与难点主要是握手的基本规则和对握手的力度、时间长短的把握。

（八）实训考核

由教师现场评价、打分。

专题实训项目三：日常礼节训练——鞠躬礼

（一）实训项目：鞠躬礼

（二）实训目标

（1）熟悉在不同的场合行不同的鞠躬礼的要求。

（2）掌握标准的鞠躬礼。

（3）学会还礼。

（三）实训内容

（1）标准鞠躬礼的训练。

（2）观看教学片，了解在不同场合行不同的鞠躬礼的要求。

（四）实训方法

（1）分组练习。两人一组互相鞠躬致礼，教师指导点评，直到符合规范。

（2）选学生模特进行表演示范。

（3）体会 $15°$、$30°$、$45°$、$90°$ 的鞠躬礼。施礼一方和受礼一方分别说说感受。

（五）实训注意事项或要求

（1）忌鞠躬时不脱帽。

（2）忌鞠躬时只点头，不倾身。

（3）忌眼睛不往下，而是翻起看着对方。

（4）忌鞠躬前后不正视客人。

（5）忌鞠躬时嘴里吃着东西或叼着香烟。

（六）实训场地及设备要求

在教室或专用的实训场地均可进行实训。

（七）实训重点与难点

鞠躬礼实训的重点与难点主要是不同角度鞠躬礼的规范动作。

（八）实训考核

学生互相体会评价，由教师和学生共同给个人打分。

专题实训项目四：日常礼节训练——致意礼

（一）实训项目：致意礼

（二）实训目标

掌握正确的常用致意礼节——点头、欠身、起立、脱帽、注目、举手、拱手（抱拳）、合十、鼓掌、叩指等。

（三）实训内容

（1）点头训练。

（2）欠身训练。

（3）起立训练。

（4）注目礼训练。

（5）脱帽训练。

（6）举手礼训练。

（7）拱手（抱拳）礼训练。

（8）合十礼训练。

（9）鼓掌训练。

（10）叩指礼训练。

（四）实训方法

（1）分组由学生分别进行点头、欠身、起立、脱帽、注目、举手、拱手（抱拳）、合十、鼓掌、叩指等礼节的练习。

（2）选择学生进行表演示范。

（3）分小组，自由设计情景进行日常致意礼节的表演。

（五）实训注意事项或要求

（1）要以假设的问题情景为真实场景。

（2）遵守各种致意礼节的适用场合。

（六）实训场地及设备要求

在教室或专用的实训场地均可进行实训。

（七）实训重点与难点

致意礼实训的重点与难点主要是点头、欠身、注目、举手、拱手（抱拳）、合十、鼓掌等礼节的规范动作。

（八）实训考核

学生互相体会评价，由教师给小组打分。

专题实训项目五：日常礼节训练——名片递接

（一）实训项目：名片递接

（二）实训目标

（1）正确地使用名片。

（2）了解递送名片的时机。

（3）学会正确地保存名片。

（三）实训内容

（1）递送名片礼节的练习。

（2）接受名片礼节的练习。

（四）实训方法

（1）递接名片练习。两人一组分别进行递接名片练习。

（2）选择几组学生，示范递接名片的规范动作。

（3）情景模拟练习。介绍、握手、递接名片等礼节一起完成，体会动作的自然性。

（4）选择两组学生演示不雅的递接名片，让其他学生观察并找出错误。

（五）实训注意事项或要求

（1）遵守名片使用的礼仪规则。

（2）掌握名片递送的时机。

（六）实训场地及设备要求

在教室或专用的实训场地均可进行实训。

（七）实训重点与难点

名片递接实训的重点与难点主要是递送名片时机的把握。

（八）实训考核

由教师现场评价、打分。

专题实训项目六：日常礼节训练——物品递送

（一）实训项目：物品递送

（二）实训目标

（1）了解物品递送的礼仪规则。

（2）通过物品的传递，体现出个人的内在修养。

（3）了解不同物品在递送时的不同要求。

（三）实训内容

（1）递物品的礼节的练习。

（2）接物品的礼节的练习。

（四）实训方法

（1）让几组学生练习递接其他物品，如发票、礼品、文件、商品及有尖或锋利的物品等。

（2）让学生自己设计情景，模拟递接物品练习。递物与接物的训练在情景训练中进行，如接待客人时递烟、上茶或其他物品的递接等。

（3）模拟在家或办公室接待来访者。进行站、坐、行、表情、目光、各种手势动作、递送物品和常用礼节的综合练习。

（五）实训注意事项或要求

（1）认真、小心地递送物品。

（2）递交尖锐的物品时不能把尖朝向对方。

（3）贵重的物品要动作轻缓地传递。

（4）递送物品不能扔或摔物品。

（5）递接物品时要注视对方。

（六）实训场地及设备要求

（1）需要准备一些可以做模拟练习的小物品。

（2）在教室或专用的实训场地均可进行实训。

（七）实训重点与难点

物品递接实训的重点与难点主要是在递接礼品、文件、商品、尖或锋利的物品时动作的规范性。

（八）实训考核

学生自己评价物品递接的感受，由教师和学生共同为小组或个人打分。

专题实训项目七：日常礼节训练——界域的把握

（一）实训项目：界域的把握

（二）实训目标

（1）体会与他人间隔不同距离的感受。

（2）了解不同交往距离的运用准则。

（3）在社交场合能够恰到好处地把握好与他人的交往距离。

（三）实训内容

（1）让学生说说在不同场景下交往距离的基本准则。

（2）体会在不同情景下各种交往距离的感受。

（四）实训方法

（1）设置情景，由学生示范。演示求职应聘、上门推销产品、与老同学见面、与上级领导见面、看望自己的客户等情景下个人界域的把握。

（2）由学生自编小品，进行表演，体会在各种场景下交往距离的感受。

（五）实训注意事项或要求

（1）掌握在日常交往中自己感觉较适宜的距离。

（2）在社交场合中，注意把握好交往的距离。

（六）实训场地及设备要求

（1）在专用的实训场地进行实训。

（2）准备场景需要的一些物品，如桌、椅及其他摆放的物品等。

（七）实训重点与难点

界域把握实训的重点与难点主要是掌握在社交场合交往距离的把握。

（八）实训考核

学生自己体会、评价，由教师给小组打分。

第三模块　礼貌谈吐训练
专题实训项目一：礼貌谈吐训练——称呼礼

（一）实训项目：称呼礼

（二）实训目标

（1）了解不同的称呼方法。

（2）正确地使用称呼。

（3）在称呼上不失礼。

（三）实训内容

（1）通用称呼。

（2）职业性称呼。

（3）姓名式的称呼。

（四）实训方法

（1）分组做情景模拟，练习对各种身份（不同职业、年龄、性别等）的人的称呼礼仪。

（2）设计情景场合，将称呼、介绍、握手、问候、点头致意等礼节进行综合练习。

（3）根据学生的兴趣，可以编排小品进行表演。

（4）练习口头称呼和书信的称呼。

（五）实训注意事项或要求

（1）日常注意观察社会交往中人们使用的各种称呼是否规范。

（2）自我感受，希望别人怎样称呼自己。

（3）对熟悉的朋友，在正式场合不能叫小名或外号。

（4）称呼要亲切、清晰、准确。

（六）实训场地及设备要求

各种环境均可进行实训。

（七）实训重点与难点

称呼礼实训的重点与难点主要是注意称呼中的禁忌。

（八）实训考核

学生互相体会评价，由教师给小组打分。

专题实训项目二：礼貌谈吐训练——问候礼

（一）实训项目：问候礼

（二）实训目标

（1）掌握正确的问候语。

（2）能够说出亲切的问候语。

（3）掌握问候的时机。

（4）学会日常问候、节日问候和特殊日子的问候。

（三）实训内容

（1）日常问候。

（2）节日问候。

（3）特殊问候。

（四）实训方法

（1）现场练习。选几位学生现场演示向其他同学及向老师的问候。

（2）情景设计练习。如节日向同事、朋友的问候，向来访者的问候，同事婚庆的问候，朋友外出的问候，向客户的节日问候等。

（3）利用计算机设计电子贺卡，做节日问候。

（4）模拟电话问候。如向久别的同学、战友或同事问候。

（五）实训注意事项或要求

（1）注意问候的语气要亲切。

（2）注意问候的语言表达要清晰。

（3）对于特殊日子的问候，语言表达要准确。

（4）问候时表情要热切。

（六）实训场地及设备要求

能够提供条件，让学生利用电话、计算机做模拟练习。

(七) 实训重点与难点

问候礼实训的重点与难点主要是把握问候语言的运用时机。

(八) 实训考核

学生互相评价，由教师为小组或个人打分。

专题实训项目三：礼貌谈吐训练——告别礼

(一) 实训项目：告别礼

(二) 实训目标

(1) 掌握正确告别的时机。

(2) 学会使用正确的礼貌告别语。

(三) 实训内容

(1) 社交场合常用的告别语练习。

(2) 主宾之间的告别练习。

(3) 熟人之间的告别练习。

(四) 实训方法

(1) 选几位学生模拟做各种场合的告别。如送客出门的告别；到车站、码头或机场送行的告别；宴请客人后的告别；送领导、送长辈的告别；老同学远行的告别等。

(2) 观看教学片，了解正确的告别方式。

(五) 实训注意事项或要求

(1) 选择日常交往的各种情景做恰当的告别。

(2) 以不同身份、不同地位、不同关系反复练习。

(3) 告别的语言和告别的动作配合练习。

(六) 实训场地及设备要求

在专用的实训场地或教室均可以进行实训。

(七) 实训重点与难点

告别礼实训的重点与难点主要是在不同场景下，对不同年龄、不同身份者的礼貌告别语言的正确使用。

(八) 实训考核

学生互相观摩评价，由教师和学生共同为小组或个人打分。

专题实训项目四：礼貌谈吐训练——交谈礼

(一) 实训项目：交谈礼

(二) 实训目标

(1) 掌握说话的基本要求：有效性、正确性、情感性。

(2) 学会有备而谈，不冒失。

(3) 掌握倾听的技巧。

(三) 实训内容

(1) 说话声音练习。

(2) 交谈内容练习。

（3）倾听练习。

（四）实训方法

（1）现场设计情景，做交谈的练习。如接待一个顾客；上门推销一个商品；看望一个多年没有相见的同学；到车站、码头或机场接一个外国客户等。

（2）分组让学生讲述一个故事或回答问题。

（3）模拟做一个现场访谈。

（4）日常注意收集一些良好语言的表述。

（五）实训注意事项或要求

（1）与人交谈时，应神态专注；如果东张西望、漫不经心、答非所问，就很失礼。

（2）学会有备而谈，善于谈话。

（3）仪表端庄，仪态得体。

（4）主旨明确，思路清晰。

（5）用语文雅。

（6）尽量用敬语。

（7）多用商量的口吻。

（8）忌用命令的语气和语调。

（9）掌握说话分寸。

（10）仔细倾听别人的谈话。

（六）实训场地及设备要求

最好在专用的实训场地，设置谈话的场景进行实训。

（七）实训重点与难点

交谈礼实训的重点与难点主要是注意谈话的准确性、说服力和感染力。

（八）实训考核

学生自己体会，找差距，做个人自我评价，由教师给小组打分。

第四模块　拜访迎送训练
专题实训项目一：拜访迎送训练——拜访礼

（一）实训项目：拜访礼

（二）实训目标

（1）了解拜访的准备工作。

（2）能够在拜访中给对方留下一个好印象。

（三）实训内容

（1）预约。

（2）拜访的准备。

（3）拜访礼节。

（4）道别。

（四）实训方法

（1）做情景模拟，练习拜访和迎接。学生分组，规定角色，设计情景。例如，预约上门推销商品；访问一个知名人士等。（可结合后面的迎访接待项目共同实训）

（2）现场电话预约，拜访一位人士。

（3）现场模拟与人在茶馆会晤。

（五）实训注意事项或要求

（1）注意衣着打扮。

（2）做好拜见的心理准备。

（3）准备好交谈的话题和内容。

（4）礼貌地拜访和道别。

（六）实训场地及设备要求

（1）在专用的实训场地进行实训。

（2）要求准备实训情景模拟所需的简单物品。

（七）实训重点与难点

拜访礼实训的重点与难点主要是拜见的心理准备，以及交谈的话题和内容的选择。

（八）实训考核

学生互相观摩评价，由教师给小组或个人打分。

专题实训项目二：拜访迎送训练——迎访礼

（一）实训项目：迎访礼

（二）实训目标

（1）能够做好日常来客接待工作。

（2）安排接待好重要的现代社交活动来宾。

（3）重视处理同事、朋友的往来，维持好关系。

（三）实训内容

（1）做好接待，了解接待的性质。

（2）接待工作的一般要求（以企业接待为例）。

（3）迎送宾客的一般程序。

（四）实训方法

（1）观看教学片，了解日常接待礼仪的规范。

（2）模拟现场接待一——迎送仪式。将学生分组，由小组制定迎送仪式的程序并模拟演示。其他学生观摩，指出不足。

（3）模拟现场接待二——处理顾客的投诉。让学生自己编排在办公室接待一位顾客的投诉。要求不能发生争吵。

（五）实训注意事项或要求

（1）由学生编排小品表演，每个学生要认真准备。

（2）模拟练习时要认真。

（3）认真编写可行的接待计划。

（4）了解一些中外习俗礼节。

（5）了解乘车礼仪。

（6）了解预订车票、船票和机票及预订饭店的程序。

（7）以小组为单位，组织到饭店、车站调查；了解一些饭店的客房、餐饮、商务、休闲等服务项目的服务费用，以便能够合理地做出经费预算。

(8) 了解宴会接待、参观和会见会谈礼仪的基本规范。

(9) 熟悉参观游览和赠送礼品的礼仪要求。

(六) 实训场地及设备要求

(1) 在专用的实训场地组织进行实训。

(2) 准备实训模拟场景所需使用的物品。

(七) 实训重点与难点

(1) 迎访礼实训重点是书面接待计划的制订和大型的接待工作安排。

(2) 迎访礼实训难点是经费的预算。

(八) 实训考核

学生观看小品做现场点评，由教师给小组打分。

专题实训项目三：拜访迎送训练——送客礼

(一) 实训项目：送客礼

(二) 实训目标

(1) 很好地送别客人，让客人离开后依然能感受到那份热情。

(2) 掌握送别的礼仪规范。

(三) 实训内容

(1) 送客人离开（送别）。

(2) 为远道而来的客人送行。

(四) 实训方法

(1) 模拟情景练习。如送商务谈判对手、送前来参观访问的客户、送投诉者、送领导、送老朋友等。

(2) 学生分组自编小品，可与前面的拜访、接待及告别礼结合进行实训。

(五) 实训注意事项或要求

要求分组由学生自己编排小品，认真完成教师安排的实训任务。

(六) 实训场地及设备要求

(1) 在专用的实训场地组织进行实训。

(2) 准备实训模拟场景所需使用的物品。

(七) 实训重点与难点

送客礼实训的重点与难点主要是掌握对远道而来的客人的送行礼节。

(八) 实训考核

学生自己体会评价，由教师给小组打分。

专题实训项目四：拜访迎送训练——方位礼

(一) 实训项目：方位礼

(二) 实训目标

(1) 了解各种方位的讲究。

(2) 能够找到自己所处环境的位置。

（3）在社交场合，能够安排好每个人的位置。

（三）实训内容

（1）观看教学片，学习在社交场合中各种位置的安排规则。

（2）对日常生活中不规范的方位安排进行纠正。

（四）实训方法

（1）给出情景，让学生安排接待客人的位置安排；宴请客人的位置安排；乘车的位置安排；商务谈判的位置安排等。

（2）演示一些错误的位置安排，让学生分析。

（3）用作业的形式让学生画出各种场景的位置安排。

（五）实训注意事项或要求

不能忽视位置的重要性，特别是对一些重要的社交活动，要事先安排好每个人的位置。

（六）实训场地及设备要求

（1）在专用的实训场地组织进行实训。

（2）准备实训模拟场景所需使用的物品。

（七）实训重点与难点

方位礼实训的重点与难点主要是掌握各种情景中主客位置的安排。

（八）实训考核

学生互相观摩、评价，由教师给小组打分。

第五模块　交往礼节训练
专题实训项目一：交往礼节训练——馈赠礼

（一）实训项目：馈赠礼

（二）实训目标

（1）学会在人际交往中恰当地馈赠他人礼物。

（2）能够选择好馈赠的礼物。

（3）掌握馈赠礼物的时机。

（三）实训内容

（1）馈赠物品的选择。

（2）特殊场合的馈赠礼品的礼仪规范。

（四）实训方法

（1）选择馈赠物品的训练（确定送礼的对象及其喜好等）。

（2）设计各种场景（如祝贺、节庆、嘉奖、慰问、做客、迎送、纪念、拒绝、致歉等），练习送礼方式。

（五）实训注意事项或要求

（1）了解不同民族、不同国家的风俗。

（2）注意送礼的禁忌。

（六）实训场地及设备要求

在专用的实训场地或教室均可以进行实训。

（七）实训重点与难点

馈赠礼实训的重点与难点主要是馈赠物品的选择和对送礼禁忌的掌握。

（八）实训考核

学生做评价，由教师给个人打分。

专题实训项目二：交往礼节训练——接受礼

（一）实训项目：接受礼

（二）实训目标：学会正确接受礼品

（三）实训内容：接受礼品的礼仪训练

（四）实训方法

（1）实训场地情景模拟练习，演示送礼和接受礼品的过程。

（2）根据学生兴趣，可以设计一次小型活动，班里学生互赠小礼品。

（五）实训注意事项或要求

（1）选择几件馈赠物品。

（2）做好礼品的包装。

（3）把握好收受礼品的礼仪要求。

（六）实训场地及设备要求

在教室或专用的实训场地均可进行实训。

（七）实训重点与难点

接受礼实训的重点与难点主要是收受礼品的礼仪要求。

（八）实训考核

学生互相观摩评价，由教师给小组或个人打分。

专题实训项目三：交往礼节训练——回赠礼

（一）实训项目：回赠礼

（二）实训目标

（1）懂得礼尚往来的道理。

（2）收受礼物后，能够选择合适的礼品还礼。

（三）实训内容

（1）选择确定回赠礼品的时机。

（2）选择一些可以作为回赠的礼物。

（3）自己动手做简单的礼品包装。

（4）了解送礼的禁忌。

（四）实训方法

（1）实训场地情景模拟练习接受礼物与回赠礼物。

（2）设计不同场景，选择回赠的礼品。

（五）实训注意事项或要求

挑选回赠礼品时要注意对方的禁忌。

（六）实训场地及设备要求

（1）在教室或专用的实训场地均可进行实训。

（2）准备一些小礼品的包装纸，让学生自己动手包装礼品。

（七）实训重点与难点

回赠礼实训的重点与难点主要是学会选择有特点、有纪念意义、让对方喜欢的礼品。

（八）实训考核

学生互相评价，由教师给个人打分。

专题实训项目四：交往礼节训练——拒绝礼

（一）实训项目：拒绝礼

（二）实训目标

（1）具有分辨是否应该接受礼品的能力。

（2）学会委婉地拒绝对方的礼品。

（三）实训内容

（1）拒绝礼品的方法训练。

（2）拒绝礼品的语言技巧训练。

（3）选择退还礼品的时机。

（四）实训方法

（1）设计情景，安排学生现场演练，面对不能接受的礼物拒收。

（2）练习拒绝礼品的语言技巧。

（五）实训注意事项或要求

注意观察他人拒绝礼品的语言技巧。

（六）实训场地及设备要求

在教室或专用的实训场地均可进行实训。

（七）实训重点与难点

拒绝礼实训的重点与难点主要是掌握委婉地拒绝对方礼品的语言技巧。

（八）实训考核

学生之间互相观摩，评价，由教师给个人打分。

第六模块　出行礼仪训练
专题实训项目一：出行礼仪训练——公共场所出行

（一）实训项目：公共场所出行

（二）实训目标

（1）培养学生自觉自愿地遵守公共场所礼仪的意识。

（2）懂得遵守社会公德。

（3）学会在各种公共场所出行的礼仪规范。

（三）实训内容

（1）出行交通礼仪练习。

（2）出行住宿礼仪练习。

（四）实训方法

组织学生观看教学片或进行综合小品表演。

（五）实训注意事项或要求

在日常生活中要注意自己在各种公共场所的行为。

（六）实训场地及设备要求

（1）在专用的实训场地进行实训。

（2）准备观看教学片使用的设备和碟片。

（七）实训重点与难点

公共场所出行实训的重点与难点主要是掌握出行交通礼仪和住宿礼仪。

（八）实训考核

学生观摩学习，由教师给小组打分。

专题实训项目二：出行礼仪训练——涉外出行

（一）实训项目：涉外出行

（二）实训目标

（1）掌握涉外交往的基础知识。

（2）了解涉外交往的基本原则。

（3）学会涉外出行应注意的礼仪规范。

（三）实训内容

（1）涉外交往中的称呼。

（2）涉外馈赠。

（3）外出购物礼仪。

（4）观光游览礼仪。

（四）实训方法

（1）学生自己编排情景小品，与方位礼仪、称呼礼仪、馈赠礼仪、交谈礼仪相结合进行实训。

（2）学生按小组自己分工，充当不同的角色，现场表演出行（要求演示问路、乘车、住宿、用餐、携带物品、打电话等礼仪），并由观看的学生指出问题。

（五）实训注意事项或要求

入乡随俗，注意不同国家或不同地区的禁忌，尊重外方人士，友好交往，友好相处。

（六）实训场地及设备要求

（1）实训场地能提供一些教学片和播放设备。

（2）收集一些国外出行的礼仪要求。

（3）了解涉外交往的礼仪原则。

（4）学习不同国家的礼仪习俗。

（5）做到入乡随俗，尊重各国、各民族的礼仪礼节。

（七）实训重点与难点

涉外出行实训的重点与难点主要是了解各国的习俗禁忌。

（八）实训考核

学生之间互相观摩，评价，由教师给小组打分。

第七模块 宴请礼仪训练
专题实训项目一：宴请礼仪训练——宴请礼

（一）实训项目：宴请礼

（二）实训目标

（1）能够熟练掌握中餐宴请的准备工作。

（2）了解中餐宴请的程序。

（3）学会安排宴会的座次和席位。

（三）实训内容

（1）宴请的准备（根据宴请的目的确定）。

（2）宴请的程序。

（四）实训方法

（1）写一份宴请请柬。

（2）现场模拟宴请。做好迎客、入座、点菜、祝酒、宴席交谈、送客等细节工作。

（3）观看教学片。注意观察宴请和应邀出席宴请的个人的言谈举止及宴会进行的程序。

（4）在日常生活中注意观察别人在宴席上的礼仪。

（五）实训注意事项或要求

（1）注意宴请菜肴的搭配。

（2）把握宴请的气氛。

（3）注意出席宴请人的习俗禁忌。

（4）了解宾客的饮食习惯和口味。

（六）实训场地及设备要求

（1）在专用的实训场地进行实训。

（2）准备观看教学片使用的设备和碟片。

（3）实训场地提供宴请的全部用品。

（七）实训重点与难点

宴请礼实训的重点与难点主要是宴请的准备和对宴请程序的把握。

（八）实训考核

学生现场评价，由教师给个人打分。

专题实训项目二：宴请礼仪训练——赴宴礼

（一）实训项目：赴宴礼

（二）实训目标

（1）了解中餐赴宴的礼仪规范。

（2）掌握出席中餐宴会前应做好的准备工作。

（三）实训内容

（1）应邀礼仪训练。

（2）抵达致意。

（3）赠送礼物。

（4）练习入席程序及席间谈话。

（5）餐巾的使用。

（6）进餐礼仪训练。

（7）练习告退礼节。

（四）实训方法

（1）看教学片，了解赴宴的过程和基本的礼仪规范。

（2）学生分小组练习，分配宴请任务。一方邀请另一方赴宴。以现代社交活动进行模拟宴请，确定宴请邀请人员和出席人员的人数和身份，熟悉赴宴的程序和礼仪。

（五）实训注意事项或要求

（1）了解赴宴的基本礼仪规则。

（2）操作过程要真实，不可嬉闹。

（3）操作中注意接待礼节礼仪规范。

（4）宴请者与赴宴者都应遵循规范要求。

（六）实训场地及设备要求

（1）准备宴请用具。

（2）布置宴请场地。

（3）在专用的实训场地进行实训。

（七）实训重点与难点

赴宴礼实训的重点与难点主要是赴宴的准备和席间话题的选择。

（八）实训考核

学生交流体会，由教师给小组打分。

第八模块　通联礼仪训练

专题实训项目一：通联礼仪训练——电话礼仪

（一）实训项目：电话礼仪

（二）实训目标

（1）掌握正确地接听电话的方法。

（2）学会使用手机和网络的礼仪。

（三）实训内容

（1）打电话和接听电话礼仪的训练。

（2）练习使用手机的礼仪。

（3）网络礼仪的训练。

（四）实训方法

（1）现场模拟打电话、接听电话（给同学、老师、客户、外国客人、领导等）。

（2）了解网上聊天、发电子邮件等的基本礼仪要求。

（五）实训注意事项或要求

注意打电话和接电话的忌讳：①不知道打电话的是谁；②质问对方是谁；③不使用礼貌

用语；④无休止的"电话粥"。

（六）实训场地及设备要求

（1）在专用的实训场地组织进行实训。

（2）准备实训模拟场景所需使用的物品，如电话、手机、计算机等。

（七）实训重点与难点

电话礼仪实训的重点与难点主要是掌握接听电话的礼仪和网络礼仪。

（八）实训考核

学生评价，由教师给个人打分。

专题实训项目二：通信礼仪训练——书信礼仪

（一）实训项目：书信礼仪

（二）实训目标

学会正确地使用书信礼仪。

（三）实训内容

（1）练习请柬礼仪和书写规范。

（2）练习商务书信礼仪。

（四）实训方法

（1）写一份请柬。

（2）写一封商务书信（公函、通知、贺信等）。

（五）实训注意事项或要求

商务书信要注意格式的正确，内容的完整，字迹的工整。

（六）实训场地及设备要求

可以不在实训场地进行。以作业的形式自己书写，也可以在网上给老师或同学写一封信。

（七）实训重点与难点

书信礼仪实训的重点与难点主要是掌握书信书写的格式和书写的内容。

（八）实训考核

由教师给学生个人评价、打分。

第九模块　求职面试礼仪训练

专题实训项目一：求职面试礼仪训练——求职面试

（一）实训项目：求职面试

（二）实训目标

（1）拥有正确的心态去求职面试。

（2）了解面试的礼仪规范。

（3）能够准备好求职信。

（三）实训内容

（1）写一封求职信。

（2）求职面试礼仪训练。

(四) 实训方法

(1) 模拟准备求职信和个人简历。

(2) 让学生自己设计情景，分小组模拟求职应聘练习。面试礼仪的训练在情景训练中进行，如面试的穿着打扮、面试的语言、心理准备等。

(五) 实训注意事项或要求

(1) 手写求职信要工整。

(2) 模拟应聘要认真。

(3) 日常到招聘单位接受实际应聘锻炼。

(4) 收集应聘的资料。

(5) 了解应聘的技巧。

(六) 实训场地及设备要求

(1) 在专用的实训场地或教室进行实训均可。

(2) 准备应聘时需要的物品。

(七) 实训重点与难点

求职面试实训的重点与难点主要是掌握求职信的撰写和求职应聘的礼仪规范。

(八) 实训考核

学生现场评价，由教师给小组打分。

专题实训项目二：求职面试礼仪训练——上岗礼仪

(一) 实训项目：上岗礼仪

(二) 实训目标

(1) 掌握正式上岗工作应该注意的礼仪规则。

(2) 给同事留下一个良好的第一印象。

(三) 实训内容

(1) 衣着整洁地上岗。

(2) 维护办公室的清洁卫生。

(3) 不传播小道消息。

(4) 不在办公室干私人事情。

(5) 遵守规章制度，尽职尽责。

(四) 实训方法

(1) 组织学生观看教学片。

(2) 组织学生进行讨论，提出工作中不文明的行为。

(3) 学生提出问题，教师或部分学生解答。

(五) 实训注意事项或要求

(1) 了解在办公室应注意的小节。

(2) 不要把办公室当作自己的私人场所。

(六) 实训场地及设备要求

(1) 在专用的实训场地进行实训。

(2) 准备观看教学片使用的设备和碟片。

（七）实训重点与难点

上岗礼仪实训的重点与难点主要是掌握办公室的礼仪规范。

（八）实训考核

学生自己评价，由教师给个人打分。

第十模块　会议、仪式礼仪训练

专题实训项目一：会议、仪式礼仪训练——谈判礼仪

（一）实训项目：谈判礼仪

（二）实训目标

（1）掌握谈判的技巧。

（2）遵守谈判过程中的礼仪。

（3）学会谈判中的"答话"技巧。

（4）学会谈判中的"听话"艺术。

（三）实训内容

（1）谈判会的准备。

（2）谈判会上的礼仪规范。

（四）实训方法

（1）学生分组练习。以小组为单位做好谈判的准备（人员的配备分工、信息的搜集、目标的选择、计划的拟订、议程准备，谈判策略技巧的制定等）。

（2）每两个小组为一大组，确定谈判的时间、地点、参加谈判的人员等。

（3）小组之间开展模拟谈判。

（五）实训注意事项或要求

（1）谈判会上的礼仪规范。

（2）谈判会上的具体要求。

（3）通过谈判实训，增强学生的团结合作精神。

（4）做市场调查，了解市场行情。

（六）实训场地及设备要求

（1）最好选择在专用的实训场地进行实训，布置谈判会场。

（2）布置谈判座次。

（七）实训重点与难点

谈判礼仪实训的重点与难点主要是把握谈判过程中的各项礼仪规范。

（八）实训考核

由学生自己总结评价，教师给小组打分。

专题实训项目二：会议、仪式礼仪训练——开业庆典仪式礼仪

（一）实训项目：开业庆典仪式礼仪

（二）实训目标

（1）了解开业庆典的程序。

（2）能够协助组织安排开业庆典仪式。

（3）了解开业庆典主持人和主要发言人的配合。

（三）实训内容

（1）开业庆典仪式的组织工作。

（2）模拟主持召开开业庆典。

（四）实训方法

（1）学生分组练习，为自己的"公司"起名，介绍自己"公司"的概况。

（2）模拟召开企业开业庆典。

（五）实训注意事项或要求

（1）确定自己组织的名称。

（2）认真布置场地。

（3）认真安排出席开业庆典的人员。

（4）做好邀请宾客工作，被确定的来宾要认真准备讲话。

（5）主要领导讲话要礼貌客气。

（6）主持人掌握会议程序，控制会场气氛，会场气氛要热烈。

（7）确定会后的活动安排和赠品。

（六）实训场地及设备要求

（1）实训场地能够提供开业庆典需要的简单物品。

（2）布置简单的会议现场。

（3）提出所需设备名单。

（4）做好资金预算。

（5）准备礼仪小姐和剪彩用的彩带、托盘、剪刀等物品。

（七）实训重点与难点

开业庆典仪式实训的重点与难点主要是主持人的形象、语言表述、会场气氛的调节及程序的把握，以及发言人发言稿的准备。

（八）实训考核

学生交流体会，由教师给小组打分。

专题实训项目三：会议、仪式礼仪训练——剪彩仪式礼仪

（一）实训项目：剪彩仪式礼仪

（二）实训目标

（1）了解剪彩仪式的场地布置和用具的准备。

（2）学会合理地选择剪彩人员。

（3）能够安排剪彩仪式的程序。

（三）实训内容

（1）将开业庆典和剪彩仪式同时进行。

（2）做好开业剪彩仪式的几个环节工作。

（四）实训方法

（1）组织学生观看教学片，了解剪彩仪式的程序和基本礼仪规范。

（2）现场模拟开业剪彩仪式。

（五）实训注意事项或要求

（1）每个人都要认真地做好自己的工作。

（2）认真选择剪彩的人员。

（六）实训场地及设备要求

实训场地能够提供一些开业庆典、剪彩仪式需要的物品。

（七）实训重点与难点

剪彩仪式实训的重点与难点主要是程序的把握、主持人的状态和发言人的讲话。

（八）实训考核

学生自己总结评价，由教师给小组打分。

专题实训项目四：会议、仪式礼仪训练——签字仪式礼仪

（一）实训项目：签字仪式礼仪

（二）实训目标

（1）学会参与签字仪式的基本礼仪规范。

（2）能够做好签字仪式的准备工作。

（3）掌握签字桌的摆放和位置的安排。

（三）实训内容

（1）签字仪式的程序。

（2）签字桌的摆放和位置的安排。

（四）实训方法

（1）组织学生观看教学片，了解签字仪式的程序和基本礼仪规范。

（2）现场模拟签字仪式，合影留念。

（五）实训注意事项或要求

（1）正确摆放签字桌。

（2）确定主签人和助签人。

（3）注意主宾的位置安排。

（4）了解参加签字仪式应遵守的礼仪规范。

（六）实训场地及设备要求

（1）实训场地应提供签字桌和椅子。

（2）准备签字的文本。

（3）在签字桌上插放小国旗。

（4）准备香槟。

（5）准备照相机和摄像机等设备。

（七）实训重点与难点

签字仪式实训的重点与难点主要是会场的布置和对签字仪式程序的把握。

（八）实训考核

学生互相观摩、评价，由教师给小组打分。

专题实训项目五：会议、仪式礼仪训练——新闻发布会礼仪

（一）实训项目：新闻发布会礼仪

（二）实训目标

（1）了解新闻发布会的程序。

（2）重视新闻发布会的作用和基本礼仪。

（3）选择召开新闻发布会的时机。

（4）能够组织进行新闻发布会。

（三）实训内容

（1）组织学生观看实况新闻发布会。

（2）学生分组，模拟新闻发布会全过程。

（四）实训方法

（1）组织学生观看教学片，了解新闻发布会的程序和基本礼仪规范。

（2）现场模拟新闻发布会。由学生自己设计新闻发布会的主要内容，确定主持人、确定新闻发言人、确定邀请的嘉宾等。

（五）实训注意事项或要求

（1）认真选择事由。

（2）分工明确。

（3）注意新闻发布会的基本礼仪规范。

（六）实训场地及设备要求

（1）将实训场地布置成新闻发布会现场。

（2）准备新闻发布会需要的相关物品。

（七）实训重点与难点

新闻发布会礼仪实训的重点与难点主要是新闻发布会的程序。

（八）实训考核

学生互相观摩、评价，由教师给小组打分。

参 考 文 献

[1] 周思敏. 你的礼仪价值百万. 北京：中国纺织出版社，2009.
[2] 刘小清. 现代营销礼仪. 大连：东北财经大学出版社，2002.
[3] 周朝霞. 营销礼仪. 北京：中国人民大学出版社，2005.
[4] 张百章，何伟祥. 公关礼仪. 大连：东北财经大学出版社，2005.
[5] 刘逸新. 礼仪指南. 北京：中国纺织出版社，2004.
[6] 金正昆. 涉外礼仪教程. 北京：中国人民大学出版社，1999.
[7] 于立新. 国际商务礼仪实训. 北京：对外经济贸易大学出版社，2003.
[8] 杨眉. 现代商务礼仪. 大连：东北财经大学出版社，2000.
[9] 金正昆. 社交礼仪教程. 北京：中国人民大学出版社，2005.
[10] 方其. 商务谈判：理论、技巧、案例. 北京：中国人民大学出版社，2004.
[11] 陈刚平，周晓梅. 旅游社交礼仪. 北京：旅游教育出版社，2000.
[12] 沈骊. 错误礼仪. 上海：复旦大学出版社，1999.
[13] 李剑锋. 打造成功第一印象. 北京：海潮出版社，2004.
[14] 未来之舟. 服务礼仪. 北京：中国经济出版社，2006.
[15] 施东予. 古今书信礼仪常用词句荟萃. 福州：海峡文艺出版社，1991.
[16] 张蓝. MPA 礼仪手册. 北京：中国商业出版社，2002.
[17] 马保奉. 外交礼仪浅谈. 北京：中国铁道出版社，1996.
[18] 李莉. 实用礼仪教程. 北京：中国人民大学出版社，2002.
[19] 王连义. 怎样做好导游工作. 北京：中国旅游出版社，1993.
[20] 薛建红. 旅游服务礼仪. 郑州：郑州大学出版社，2002.
[21] 胡晓娟. 商务礼仪. 北京：中国建材工业出版社，2003.
[22] 现代礼仪规范手册编写组. 现代礼仪规范手册. 北京：中国致公出版社，2005.
[23] 唐晋. 领导干部大讲堂. 礼仪卷. 北京：国家行政学院出版社，2008.
[24] 李惠中. 跟我学礼仪. 北京：中国商业出版社，2002.
[25] 吕维霞. 现代商务礼仪. 2 版. 北京：对外经济贸易大学出版社，2006.
[26] 金正昆. 商务礼仪. 北京：北京大学出版社，2005.
[27] 米切尔，考尔. 礼仪. 杨俊峰，胡晓慧，译. 沈阳：辽宁教育出版社，1999.
[28] 李作南，李仁孝. 社交与礼仪. 呼和浩特：内蒙古教育出版社，1999.
[29] 何浩然. 中外礼仪. 大连：东北财经大学出版社，2005.
[30] 金正昆. 大学生礼仪. 北京：中国人民大学出版社，2007.
[31] 陈恒. 旅游交际礼仪. 大连：大连理工大学出版社，2008.
[32] 赵关印. 中华现代礼仪. 北京：气象出版社，2003.
[33] 杨亦. 社交礼仪. 北京：蓝天出版社，2003.
[34] 舒伯阳，刘名俭. 旅游实用礼貌礼仪. 天津：南开大学出版社，2000.